YO-EBU-996

dictionnaire
de
citations
de la
littérature
québécoise

Éditeurs: LES ÉDITIONS LA PRESSE
ALAIN STANKÉ, Directeur
7, rue Saint-Jacques
Montréal H2Y 1K9
(514) 874-6981

*Maquette
de la couverture
et Conception
graphique:*   JEAN PROVENCHER

*Distributeur exclusif
pour le Canada:*   LES MESSAGERIES INTERNATIONALES
DU LIVRE INC.
4550, rue Hochelaga, Montréal H1V 1C6, Qué.
(514) 256-7551

*Distributeur exclusif
pour l'Europe:*   LIBRAIRIE HACHETTE
79, boul. Saint-Germain
PARIS VIe (France)

Tous droits réservés: ÉDITIONS LA PRESSE
© Copyright, Ottawa, 1974

Dépôt légal: BIBLIOTHÈQUE NATIONALE DU QUÉBEC
1er trimestre 1974

ISBN 0-7777-0082-4

dictionnaire de citations de la littérature québécoise

choisies par
DAVID STRICKLAND

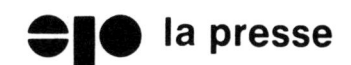

◐|● la presse

Du même auteur

QUOTATIONS FROM ENGLISH CANADIAN LITERATURE
  (Modern Canadian Library, Toronto)
ENCYCLOPÉDIE DU THÉÂTRE AU CANADA FRANÇAIS (à paraître)
ENCYCLOPEDIA OF CANADIAN THEATRE (à paraître)

MINISTRY OF EDUCATION, ONTARIO
COMMUNICATION SERVICES BRANCH
13TH FLOOR, MOWAT BLOCK
TORONTO, ONTARIO M7A 1L3

Ref.
848
.02
S917

A Evelyn

*... que ce travail soit aussi grand
que sa confiance en moi.*

La majorité des citations qui suivent ont été extraites d'œuvres d'auteurs du Québec. Toutefois, certaines de ces citations sont attribuables à des écrivains qui, quoique ayant vécu au Québec ou écrit sur notre pays, ne sont pas nécessairement de pure souche québécoise; je pense notamment à Louis Hémon. Ce fait n'enlève rien à la valeur de leur témoignage.

                David Strickland

*C'est le destin inévitable de ces sortes de compilations
de rester toujours, et quasi nécessairement, incomplètes.*

Introduction à « *Figures canadiennes* », ELIE-J. AUCLAIR

... lis cet ouvrage, si tu veux désormais connaître la société.

Le Chercheur de trésors, PHILIPPE AUBERT DE GASPÉ (fils)

a

l'abandon

Cet homme est parti. Il m'a abandonnée comme un vieux pain noir qu'on rejette après l'avoir rompu.
Les Chambres de bois, ANNE HÉBERT

Que celles qui en ont été les victimes et dont le cœur a senti tous les pas de son agonie ou la douleur cuisante de l'abandon regardent dans ce sombre passé et nous disent leur infortune: l'homme peut en être malade, la femme en meurt.
L'Épreuve, PAUL-ÉMILE PRÉVOST

l'abondance

Nous sommes des pays surproducteurs et nous ne savons comment nous y prendre pour nourrir les pays sous-alimentés...
Cul-de-sac, YVES THÉRIAULT

l'absence

Malheureusement, l'absence est ennemie de l'amour.
Homme du Nord, HARRY BERNARD

On dit que les absents ont toujours tort: il est donc probable que, à l'heure qu'il est, vous ne pensez déjà plus à moi...
Jean Rivard, ANTOINE GÉRIN-LAJOIE

abuser

Bien user, c'est sagesse; abuser, c'est folie.
Satire contre la paresse, MICHEL BIBAUD

Quand un homme abuse d'un bien, il mérite d'en être privé;...
Le Conseiller, UN COMPATRIOTE

acadien

Sûrement, la mer détient le monopole des ressources qui ont facilité la survivance de la race acadienne.
Vers le triomphe, EDDY BOUCHARD

l'accueil

... ce qui distingue l'accueil des colons canadiens, c'est qu'il s'exprime par des commandements:
Vous allez rester à souper.
Vous allez rester à veiller.
Alexandre Chenevert, GABRIELLE ROY

l'acte

... nous devons poser les actes et quel que soit leur poids je sais que nous devons le porter.
La Vallée sacrée, HÉLÈNE FECTEAU

L'homme par l'acte s'engage. C'est un acte qu'ils exigent.
Le Beau Risque, FRANÇOIS HERTEL

Mes actes n'engagent que moi...
Ainsi tu es roi, FRANÇOIS DE TÉRAMOND

s'adapter

D'ailleurs on apprend à se faire à tout dans le monde, à la misère comme à la jouissance.
Geneviève, ALPHONSE GAGNON

Quand je m'adapte, je me limite.
Le Funambule, WILFRID LEMOINE

... on se fait à tout; on s'habitue à tout. Je me demande s'il y a un seul genre de vie auquel les hommes, en fin de compte, ne puissent pas s'adapter.
Alexandre Chenevert, GABRIELLE ROY

Savoir s'adapter rapidement, cela est le propre de la femme.
La Femme du ministre, THÉRÈSE THIBOUTOT

l'adieu

Je te quitte maintenant. Nous nous reverrons bientôt. Je dis bientôt, parce qu'il paraît qu'après vingt ans les années passent beaucoup plus vite.
Objets trouvés, SYLVAIN GARNEAU

Il ne faut jamais dire adieu, cela porte malheur.
Les Chambres de bois, ANNE HÉBERT

l'admiration

... l'admiration étrangère stimule un peuple en voie de se former.
Au large de l'écueil, HECTOR BERNIER

... un sot en trouve toujours de plus sots que lui pour l'admirer.
Le Conseiller, UN COMPATRIOTE

l'adolescent

... âge indéfinissable des pré-adolescents, mélange d'homme et de naïvetés cruelles: êtres à demi achevés, faits pour intimider les adultes et être intimidés par eux; temps d'incertitude.
Tête blanche, MARIE-CLAIRE BLAIS

Les adolescents vivent; ils ne se questionnent pas;....
L'Appartenance, JEAN-CLAUDE CLARI

Par définition, l'adolescent, c'est l'être bouleversé, déboussolé par excellence...
Le Raton laveur, MARC DORÉ

A l'époque de la croissance, on est riche de vie, on ne croit pas aux excès, et pourtant c'est l'époque du grand duel entre la vie et la mort:...
Vézine, MARCEL TRUDEL

l'adulte

Qu'est-ce qui est plus ennuyeux qu'un adulte? Un autre adulte.
Le Poisson rouge, ROCH CARRIER

... lorsqu'on devient homme, on préfère de beaucoup les grands mensonges qui bouleversent peut-être notre existence mais qui nous permettent de nous battre et nous donnent ainsi une raison de vivre aux petites vérités quotidiennes qui nous rendent à tous la vie insupportable et négative.
Isabelle, PIERRE DAGENAIS

Il faudrait faire quelque chose de grand qui prouverait que nous sommes des adultes.
Le Fou de l'île, FÉLIX LECLERC

les affaires

Les affaires ne s'apprennent pas dans les livres mais dans la vie.
Virginie, MARCEL DUBÉ

En affaire, le mensonge est une clé importante du succès.
Virginie, MARCEL DUBÉ

... il n'existe, en affaires, pas de parenté. Au plus fort le mégot.
La Terre que l'on défend, HENRI LAPOINTE

C'est ennuyeux d'être dans les affaires: il faut tenir compte de l'opinion de tout le monde.
Quand j'aurai payé ton visage, CLAIRE MARTIN

l'affection

Une grande affection, c'est le grand bonheur de la vie, mais aux grandes joies les grandes douleurs.
Angéline de Montbrun, LAURE CONAN

l'âge

Le jeune homme a son but, l'homme mûr ses déveines,
Bien que le vieillard soit le plus sage des trois.
Exaltation, GEORGES BOITEAU

On aime si vite à dix-huit ans.
Souffrida, JOSEPH BOURGET

Lorsqu'on a trente-huit ans, on ne s'arrête pas à penser à la vanité de nos bonheurs...
Isabelle, PIERRE DAGENAIS

Quelle volupté que de se sentir humain à vingt et un ans et de croire qu'on a compris des choses que les autres ne comprennent pas!
Nathalie, MARCEL DUBÉ

A vingt ans, tout est possible. A vingt ans, on ne doute pas qu'il faille tout lire.
Lettres à une provinciale, ROGER DUHAMEL

A vingt ans, on veut tout, on a droit à tout, toutes les portes sont ouvertes. A trente, quelques-unes se sont déjà fermées. A quarante, beaucoup sont closes qu'on ne forcera pas.
Lettres à une provinciale, ROGER DUHAMEL

L'âge heureux, c'est l'âge du grand appétit qui est aussi l'âge de la boulimie livresque.
Lettres à une provinciale, ROGER DUHAMEL

Je n'ai rien vu
Je n'ai rien goûté
Je n'ai rien souffert
Et soudain l'âge bondit sur moi comme une panthère noire.
Demain seulement, ALAIN GRANDBOIS

Tu auras bientôt trente ans, l'âge des enfantillages est passé.
Le Temps des Fêtes, ELOI DE GRANDMONT

Avoir quinze ans, quelle tristesse.
Quand reviennent les outardes, BERTHE HAMELIN-ROUSSEAU

A vingt ans on n'a pas la passion de détruire: l'amour de la vie nous tient loin des ruines; nous voulons l'action, la fécondité, le mieux être...
Marcel Faure, JEAN-CHARLES HARVEY

... trente-cinq ans, l'âge idéal du magnétisme masculin.
Tu vivras trois cents ans, JEAN-CHARLES HARVEY

A qui se vouer quand on a quinze ans, des mères ambitieuses, le cœur ouvert, prêt à saigner au moindre caprice?
Rimbaud, mon beau salaud, CLAUDE JASMIN

Tu me rappelles l'âge où hélas ignorant
Les douleurs de la vie, je marchais confiant
Dans le sentier fleuri qui s'ouvre à la jeunesse;....
Le Vieil Orme du manoir, ÉDOUARD LAVOIE

A vingt ans, mon ami
Comme la vie est belle!
Le cœur n'a pas frémi
Sous la peine cruelle
Que l'on ressent, hélas!
Lorsque le poids de l'âge
Nous indique, ici-bas,
L'approche de l'orage.
A mon ami de vingt ans, ÉDOUARD LAVOIE

Quand le cœur, à seize ans, sourit aux premiers rêves
Des premières amours,
Il sent vibrer en lui des affections brèves
Qu'il croit garder toujours.
Les Premières Amours, OSCAR LEMYRE

Oh! mais vous savez qu'à mon âge, rien n'est beau comme au vôtre.
A la douce mémoire, MICHELLE LE NORMAND

... à vingt ans, il me semble qu'il vaut mieux voir la vie en rose.
Fin de semaine, MICHELLE LE NORMAND

... mais pourquoi les gens, la trentaine passée, sont-ils souvent sans enthousiasme?
Le Nom dans le bronze, MICHELLE LE NORMAND

L'ennui de nos vingt ans
C'est de ne jamais avoir
Autre chose que l'espoir.
L'Ennui de nos vingt ans, RAYMOND LEVESQUE

Elle soutenait ses dix-huit ans avec une insolente impudeur.
Le Dauphin octogénaire, PIERRE DE LIGNY BOUDREAU

... j'ai bientôt quarante ans; je suis à l'âge où l'ambition fermente;...
Coups d'œil, ALPHONSE LUSIGNAN

A vingt ans, les garçons... sont toute pudeur et tout ingénuité.
Quand j'aurai payé ton visage, CLAIRE MARTIN

Quarante ans, c'est le bel âge pour une femme.
On n'est pas sorti du bois, DOMINIQUE DE PASQUALE

... après trente ans une femme, ça vieillit plus...
On n'est pas sorti du bois, DOMINIQUE DE PASQUALE

... entre vingt et vingt-cinq ans [c'est] l'âge des mansardes, de l'instabilité, du provisoire.
La Cloison, MINOU PETROWSKI

A quarante ans, le temps passe vite, on ne pense plus à demain qu'il est déjà là.
Vieillir au Québec, HUBERT DE RAVINEL

A soixante ans le temps est, pour une grande partie, au passé, l'avenir est une échéance.
Vieillir au Québec, HUBERT DE RAVINEL

... chez un homme, quel mal y a-t-il à paraître son âge?
Ce qu'il faut de regrets, PAULE SAINT-ONGE

Une enfant de seize ans vit hier, aujourd'hui et surtout demain, mais pas dans le passé.
Une visite à la mer, CHARLES SOUCY

L'âge me pèse et parfois il me semble que mes pensées me quittent et vont très loin, où je ne peux plus les atteindre.
N'Tsuk, YVES THÉRIAULT

Chez les miens, l'âge ne se compte pas en années mais en survivance.
N'Tsuk, YVES THÉRIAULT

Il avait seize ans, c'est l'âge d'or.
Le Ru d'Ikoué, YVES THÉRIAULT

A quarante ans, l'âge des illusions est passé depuis longtemps...
Les Brèves Années, ADRIEN THÉRIO

J'suis plus vieux que toi,... Quand t'auras l'expérience que j'ai, tu pourras te permettre d'avoir raison.
Les Brèves Années, ADRIEN THÉRIO

Quand t'arrives à quarante ans pis que tu t'aperçois que t'as rien en arrière de toé, pis que t'as rien en avant de toé, ça te donne envie de toute crisser là, pis de toute recommencer en neuf!
Les Belles-sœurs, MICHEL TREMBLAY

Seize ans! c'est encore l'enfance pour un homme.
Louise Genest, BERTRAND VAC

agir

Mieux vaut se lancer dans l'inconnu que tout supputer, tout calculer.
Le Plat brisé, GÉRALD LESCARBEAULT

Agir, c'est le but de la vie.
Demain, JEAN MARTINEAU

Je me vois comme un objet inanimé parmi d'autres, et je n'ai plus, je le vois bien, qu'une seule chose à faire pour revendiquer mon statut d'homme: bouger.
Le Réveil, CLAUDE ROBITAILLE

Il faut, aujourd'hui, sous peine de vivre inutilement une vie incohérente et honteusement stérile, il faut être homme d'action!
Lettres à Claude, FERNAND SAINT-JACQUES

l'agonie

On est si seul dans l'agonie.
Tête blanche, MARIE-CLAIRE BLAIS

l'agriculteur

Il y a dans la classe agricole, avec toute sa frugalité, sa simplicité, ses privations apparentes, mille fois plus de bonheur et je pourrais dire de véritable aisance, que chez la grande majorité des habitants de nos cités, avec leur faste emprunté et leur vie de mensonge.
Jean Rivard, ANTOINE GÉRIN-LAJOIE

l'agriculture

Notre jeune contrée a un plus pressant besoin d'agriculture que de soldats.
La Terre que l'on défend, HENRI LAPOINTE

Rien n'est meilleur que l'agriculture, rien n'est plus beau, rien n'est plus digne d'un homme libre.
Restons chez nous, DAMASE POTVIN

l'aide

Tu parles de me rendre des services parce qu'en effet, sans moi, de mauvais chiens allaient peut-être te faire périr dans les plus cruels tourments;...
Les Deux Anneaux, J. PHELAN

l'alcool

Pour apaiser ses remords et oublier son chagrin, il court à l'auberge voisine, et s'enivre!
L'Ivrogne, C. CHINIQUY

Un peu de conscience surnage presque toujours à travers les fumées de l'alcool: conscience de brute le plus souvent et où d'ordinaire seuls les plus mauvais instincts transparaissent.
La Terre, ERNEST CHOQUETTE

... quelle puissance de perversion se trouve dans la boisson, puisque par elle on fait faire à un homme des actions dont il aurait horreur hors le temps d'ivresse.
Le Conseiller, UN COMPATRIOTE

L'alcool, en créant un nouvel éclairage, supprime les masques et le mensonge de la vie.
La Fin des haricots, JEAN-LOUIS GAGNON

... plus je bois, plus je me sens coupable.
Le Temps sauvage, ANNE HÉBERT

... il est trop facile de faire rire les gens qui ont le verre à la main.
Le Fou de l'île, FÉLIX LECLERC

l'almanach

Une maison pas d'almanach, j'ai pas encore vu ça... C'est plus que rare.
Marie-Didace, GERMAINE GUÈVREMONT

l'amant

Pourquoi languir, amants fidèles? Hâtez-vous de vous rendre heureux.
A une jeune demoiselle, ANONYME

Il serait charitable aux anciens amants de ne pas chercher à nous revoir quand nous avons dépassé un certain âge.
Quand j'aurai payé ton visage, CLAIRE MARTIN

l'ambition

Devenir quelqu'un! Réaliser quelque chose! Ah! que la vie vaut d'être vécue quand on a vingt ans et de tels enthousiasmes dans le cœur!
Les beaux jours viendront, CHARLES-H. BEAUPRAY

Je veux être vainqueur pour ne pas être zéro.
Héroïsme, PAUL-ÉMILE BELLEAU

Elle avait la sourde patience des ambitieux, elle attendit.
Vers la gloire, HARRY BERNARD

Vous êtes trop ambitieux... Vous aimez trop la compétition. Méfiez-vous de votre orgueil, mon enfant. Il pourrait vous conduire en enfer.
Une saison dans la vie d'Emmanuel, MARIE-CLAIRE BLAIS

Rêves d'ambition, d'honneur, de renommée.
Vous n'étiez qu'un mirage, une vaine fumée.
Les Ages, HENRI-RAYMOND CASGRAIN

L'amour peut-il vraiment remplacer l'ambition?
Qui est Dupressin?, GILLES DEROME

Dans son désir effréné de faire grand, il labourait grand, mais très superficiellement...
Le diable est aux vaches, JEAN DE LA GLÈBE

On ne court jamais après ce qu'on croit posséder avec certitude.
Les Demi-civilisés, JEAN-CHARLES HARVEY

Avec les simples munitions de ma voix j'ambitionnais de fendre les emblèmes.
Stress, GILBERT LANGEVIN

Déjà tes ambitions me dépassent. Je m'essouffle à te suivre.
Deux femmes terribles, ANDRÉ LAURENDEAU

Un gars qui a les yeux plus hauts que le troupeau, il reçoit un coup de masse sur la tête pour que la tête soit à l'égalité des autres.
Le Voleur de bois, FÉLIX LECLERC

...je sais, je sens où je veux arriver, oui mais! oui mais j'arrive souvent tout à fait à côté.
Le Funambule, WILFRID LEMOINE

Je prierai et je besognerai tant, voyez-vous, que j'y mettrai ma vie plutôt que de m'en revenir les mains vides.
Au cap Blomidon, ALOMIÉ DE LESTRES

Moi, je veux réussir, devenir quelqu'un. Je le dis sans mentir. J'ai une ambition et voilà.
Aaron, YVES THÉRIAULT

Jusqu'ici, l'ambition désordonnée de l'homme blanc n'a fait qu'égratigner la terre ici et là.
N'Tsuk, YVES THÉRIAULT

... un homme sans grande ambition qui s'était contenté de monter en prestige, en grade et en responsabilité selon une courbe régulière et sans effort.
Les Vendeurs du temple, YVES THÉRIAULT

... je ne suis pas né pour mener une vie de bourgeois. Je suis né pour parcourir le temps et l'espace, pour remonter le fleuve de la vie vers sa source...
La Dernière sortie de lady Barbara, MICHEL TREMBLAY

l'âme

Toute âme est une fleur vivante dont le parfum est Dieu lui-même.
Journal d'un étudiant, JEAN DES BOIS

Mon âme n'est plus qu'un désert sans écho où le vent seul du désespoir souffle, sans même y réveiller une plainte.
Chroniques et Voyages, ARTHUR BUIES

L'homme perd tant s'il perd son âme; et la richesse, c'est souvent du bois qui sert à attiser le feu de l'enfer.
Le Vieux Muet, J.-B. CAOUETTE

... il est des mots, de simples soupirs même, qui dévoilent mieux l'âme que la plus complète confession.
La Terre, ERNEST CHOQUETTE

Peut-être l'âme de certains hommes se détruit-elle en même temps que leur corps!
Les Témoins, EUGÈNE CLOUTIER

Pour se soustraire tout à fait à l'esprit du monde, il faut une âme très forte et très noble. Or, les âmes fortes sont rares, et les âmes nobles aussi.
Angéline de Montbrun, LAURE CONAN

On sent que l'âme humaine est sœur de la nature,
Et que les grands espoirs sont nés des printemps clairs,
Mais que par les midis flamboyants rien ne dure
Au-delà de l'élan des épis et des chairs.
Poème livresque, ALFRED DESROCHES

... l'âme s'use à force de se contenir.
Virginie, MARCEL DUBÉ

Il y a des âmes qui naissent blessées;...
Tentations, GÉRARD MARTIN

s'amender

Quand on ne peut plus rien faire d'autre, on s'amende.
Saint-Pépin, P.Q., BERTRAND VAC

l'américanisme

Le saxonnisme brutal d'autrefois est devenu l'insinuant américanisme; une lutte nouvelle s'engage entre l'esprit méditerranéen de la petite France américaine et l'instinct accapareur de l'américanisme.
Le Français, DAMASE POTVIN

l'Amérique

La peau carapacée d'asphalte et de ciment
Le continent
Porte ses villes
Comme très anciennes blessures.
Planète, GILLES VIGNEAULT

l'ami

Elle m'a dit: Soyons amis, mais sans excès,
Sans rien de ces horreurs que l'amour autorise.
Sagesse, LOUIS DANTIN

Un ami qui s'éloigne peut devenir un ennemi.
Maryse, DIELLE DORAN

On ne choisit pas ses amis... On les prend comme ils viennent.
La Sortie, JACQUES FERRON

C'est bien d'avoir eu un ami, même si l'on va mourir.
Le Dernier des roseaux, PIERRE OLIVIER

De tous les biens que nous recevons... aucun ne nous fait plus de mal malgré tout que les amis, avec leur confiance en nous, leur espoir, leur attente.
La Montagne secrète, GABRIELLE ROY

Jusqu'à présent, je n'avais jamais eu d'amis. Ça n'a pas servi à grand-chose...
Les Brèves Années, ADRIEN THÉRIO

...à quoi sert d'avoir de bons amis si on ne peut en rire?
En guettant les ours, (VIEUX DOC) Edmond Grignon

On a beaucoup d'amis qui parlent. On a peu d'amis qui se taisent.
Le Café de la baie, GILLES VIGNEAULT

l'amitié

...il faut donner aux amis ce qu'ils attendent de vous, rien d'autre. L'amitié se doit de rester à l'extrême limite de la discrétion.
Le Soleil sur la façade, ANNE BERNARD

Il y a des esprits faits pour se comprendre, comme il y a des mentalités si différentes qu'elles ne peuvent que s'ignorer toujours ou se combattre sans cesse, et c'est de la communauté d'idées et de sentiments que naissent les amitiés sincères et durables.
Le Débutant, ARSÈNE BESSETTE

Pour mesurer la profondeur, la superficie d'une amitié véritable, il faut avoir connu, avoir sondé le cœur d'un être qui souffre.
Vers le triomphe, EDDY BOUDREAU

...il est devenu plus facile d'aller à la lune qu'à son voisin.
Lettres d'Amour, MAURICE CHAMPAGNE

...il faut si peu de chose pour changer l'amité en indifférence.
Angéline de Montbrun, LAURE CONAN

...l'amité sans confiance, c'est une fleur sans parfum.
Angéline de Montbrun, LAURE CONAN

C'est peut-être dans l'amité que l'entente peut devenir plus grande et plus durable, parce que l'amitié vit dans le calme et que la confiance s'est formée peu à peu...
Lettres de Fadette, FADETTE (Mme Maurice Saint-Jacques)

On se parlait pas—les Canadiens français, ça se parle pas—mais on se comprenait, d'une certaine façon.
Les Écœurants, JACQUES HÉBERT

L'amitié est un remède infaillible contre le spleen, pour des âmes qui savent la sentir;...
Visite à un village français, JAMES HUSTON

L'amitié, ce n'est pas de tout pardonner, ce n'est pas d'accepter les gens comme ils sont mais de voir ce qu'ils pourront devenir et de les aider.
Deux femmes terribles, ANDRÉ LAURENDEAU

Comme l'amour, l'amitié n'a pas besoin de beaucoup de paroles.
Le Fou de l'île, FÉLIX LECLERC

Rien, chez nous, n'était aussi inconnu que l'amitié.
Quand j'aurai payé ton visage, CLAIRE MARTIN

... malgré la divergence de leurs opinions... leur étrange camaderie durait à cause même de cet attrait mutuel qu'éprouvent souvent les natures contraires.
Bonheur d'occasion, GABRIELLE ROY

l'amour

Amour, amour! ton véritable nom est jalousie!
Le Tombeau du mont St-Grégoire, EUGÈNE ACHARD

... la guerre n'est pas éternelle, la paix n'est pas éternelle, mais l'amour est éternelle.
L'Arc de Triomphe, LENA ALLEN SHORE

L'amour fait qu'un homme intelligent écoute pendant des heures une sotte.
Madame Homère, PIERRE BAILLARGEON

L'amour est éphémère
Et sans sincérité,
Pourquoi tant de mystère
Si peu de vérité?
Fragment iroquois, JOSEPH-GUILLAUME BARTHE

L'amour est un poisson d'avril.
Le Poisson d'avril, JOSEPH-GUILLAUME BARTHE

Passer sa vie à chérir ce qu'on aime,
Se voir payer d'un trop juste retour,
Le cœur nous dit que c'est le bonheur même:
C'est ce qui fait les plaisirs de l'amour:...
Les Plaisirs de l'amour, JOSEPH-GUILLAUME BARTHE

L'amour est le petit cor au pied du cœur. C'est ce qui explique que ça soit si douloureux quand on nous marche dessus.
Nos immortels, GERMAIN BEAULIEU

... l'amour n'est ni raisonnable, ni raisonné. C'est une évidence, une institution.
Le Soleil sur la façade, ANNE BERNARD

C'est vrai que tu es en amour, dans le bon temps, quand rien ne fait reculer. Ça se passera; tu feras comme les autres.
L'Homme tombé, HARRY BERNARD

C'est une des désillusions de l'amour. On voudrait ne faire qu'un et l'on sent, implacable, le vide affreux entre soi et l'objet aimé.
L'Homme tombé, HARRY BERNARD

L'Amour me semble un capricieux personnage, aussi avare de ses dons que prodigue de ses mensonges...
Au large de l'écueil, HECTOR BERNIER

L'amour sait toujours vaincre, il a bravé la mort,
Il sauve de l'écueil et nous conduit au port.
Le Pèlerin d'amour, JEAN BERTHOS

L'amour est souverain, que la mort ne peut vaincre
Et malheur à l'amant qui ne peut s'en convaincre!
Le Pèlerin d'amour, JEAN BERTHOS

... l'amour est un maître
Qu'à vouloir étouffer, l'on fait toujours renaître.
Le Pèlerin d'amour, JEAN BERTHOS

Aimer, c'est lent mourir à chaque jour nouveau.
Le Pèlerin d'amour, JEAN BERTHOS

La fin d'une vie n'est rien à côté de la fin de l'amour.
Tête blanche, MARIE-CLAIRE BLAIS

C'est l'amour qui pousse, qui donne des élans au cœur et des idées en tête.
Sur la brèche, BÉATRIX BOILY

Les amours les plus durables naissent souvent de mouvements spontanés, et avoués, de répugnance et d'agressivité réciproques.
Lettres d'amour, MAURICE CHAMPAGNE

Ceux qui croient que l'homme est mauvais ou pêcheur, comment peuvent-ils risquer d'aimer quelqu'un? de s'abandonner à un autre?
Lettres d'amour, MAURICE CHAMPAGNE

L'homme s'en va vers l'amour
Ainsi est le pacte terrestre
Avec la grande réalité de l'esprit.
Trans-Terre, J. CHAPDELAINE

Ne dis pas que l'Amour ne vit qu'un instant,
Puisque sa flamme, ami, jamais ne s'est éteinte;
C'est ton cœur méprisable et toujours inconstant,
Qui ne sait mériter son immortelle étreinte.
L'Immortelle Étreinte, JEAN CHARBONNEAU

... l'amour est l'aboutissement normal de ce voyage au royaume de l'enfance, de cette quête de la tendresse, de la douceur, de la pureté originelle.
Article, PIERRE CHATILLON

L'amour ressemble à tous les autres sentiments: il modifie à son gré notre organisation et peut nous faire accomplir des miracles de hardiesse, des prodiges d'opiniâtreté.
L'Héroïne de Chateauguay, ÉMILE CHEVALIER

... un amour réciproque finit fréquemment par embraser celui qui reçoit les soins et celle qui les donne.
Le Pirate du St-Laurent, ÉMILE CHEVALIER

Mais aujourd'hui, parmi nous,
Cupidon est si canaille.
Il nous blesse, voyez-vous,
L'on soupire, et puis il raille.
Trahison, RODOLPHE CHEVRIER

Je t'attendais, amour. Barbare et radieux
Sous ton manteau divin taillé dans une aurore,
Tu devais sur mon cœur frapper d'un poing sonore,
J'allais appartenir à la race des dieux.
Les Dunes, ROBERT CHOQUETTE

« C'est fou, mais... en amour, crois-moi, les jeunes filles commencent aussi bien en apparence par détester que par aimer. »
La Terre, ERNEST CHOQUETTE

Psychologiquement l'amour est une passion; ça n'en serait plus une s'il était permis de l'emprisonner dans une aussi complète et aussi patiente réserve.
La Terre, ERNEST CHOQUETTE

Or, n'avez-vous aimé? Vous aimais-je moi-même? Nous ne pensions plus guère à ce troublant problème. La pensée en est loin et le cœur est ailleurs.
Souvenir de plage, ALONZO CINQ-MARS

L'amour maternel remplit la femme toute entière, c'est même la dernière pulsation de son cœur.
Bleu-Blanc-Rouge, ÉVA CIRCÉ

Les bras d'une femme ne doivent servir qu'à l'amour. Tout autre usage les avilit.
Hôtel Hilton, Pékin, EUGÈNE CLOUTIER

Je recherchais peut-être l'équilibre entre l'acte charnel et les sentiments, qu'on les nomme amitié ou amour.
Les Témoins, EUGÈNE CLOUTIER

L'amour d'une femme pour un homme ne sort jamais que très accidentellement de la zone de chair.
Les Témoins, EUGÈNE CLOUTIER

C'est un avertissement à l'homme de se méfier de l'amour, de ne céder qu'avec crainte à ses entraînements et surtout de ne jamais oublier que toujours la raison doit présider en maîtresse aux moindres manifestations de ce sentiment.
L'Erreur de Pierre Giroir, JOSEPH CLOUTIER

Dans le monde on plaint ceux qui tombent du faîte des honneurs, des grandeurs. Mais la grande infortune, c'est de tomber des hauteurs de l'amour.
Angeline de Montbrun, LAURE CONAN

Heureux!... oui ils le sont, car ils ont l'amour et tout est là.
Angéline de Montbrun, LAURE CONAN

Le grand crime contre l'amour, c'est de ne plus le rendre.
Angéline de Montbrun, LAURE CONAN

Rien n'est petit dans l'amour. Ceux qui attendent les grandes occasions pour prouver leur tendresse ne savent pas aimer.
Angéline de Montbrun, LAURE CONAN

Quelle soif de naufragé peut se comparer à mon besoin d'aimer?
Angéline de Montbrun, LAURE CONAN

Quand elle est là, tout disparaît à mes yeux, et je ne sais plus au juste s'il est nuit ou s'il est jour.
Angéline de Montbrun, LAURE CONAN

... c'est le froid, c'est l'aride, c'est le terne qui fait le fond de la mer, et ce n'est pas l'amour qui fait le fond de la vie.
Angéline de Montbrun, LAURE CONAN

L'Amour chez l'homme est comme ces feux de paille qui jettent d'abord beaucoup de flammes, mais qui bientôt n'offrent plus qu'une cendre légère que le vent emporte et disperse sans retour.
Angéline de Montbrun, LAURE CONAN

... l'amour, aussi bien que la faim, est une source de convoitise.
Clairière, M. CONSTANTIN-WEYER

Il en est presque toujours ainsi dans les campagnes québécoises: une certaine pudeur, une grande timidité empêchent les jeunes gens de s'exprimer leur amour par des paroles; ils ne sont pas habiles à ce jeu.
La Terre ancestrale, LÉO-PAUL CÔTÉ

L'amour n'est plus qu'un geste
Mince stalactite
Dans les cavernes de la mémoire.
Les Rochers du suicide, RONALD DESPRÉS

L'amour nous a donné des âmes si naïves
Que nous sommes heureux sans nous en étonner.
Lune de miel, ALFRED DESROCHERS

Moi, je dis que l'on n'enseigne ou que l'on n'apprend bien que si l'on aime; un cœur chaud au fond de la poitrine stimule les talents et les vertus.
L'Ampoule d'or, LÉO-PAUL DESROSIERS

Mon amour, il m'enveloppe maintenant comme une robe de feu que je ne peux plus arracher.
L'Ampoule d'or, LÉO-PAUL DESROSIERS

Rien n'est plus doux que l'amour, rien n'est plus fort, plus élevé, plus étendu, plus délicieux;...
L'Ampoule d'or, LÉO-PAUL DESROSIERS

... l'amour est une vie de l'esprit qui cherche à prendre corps.
Lettres à une provinciale, ROGER DUHAMEL

Je ne prétends pas que l'amour soit disparu de notre civilisation, qu'il en soit évacué, comme on écrit aujourd'hui.
Lettres à une provinciale, ROGER DUHAMEL

Mystère insondable du cœur humain qui s'attache à une créature malgré ses vices!
Récits exotiques, EFFEM

D'aucuns prétendent que l'amour, parce qu'il est aveugle, cause bien des déceptions;...
Maudits Français, NATHALIE FONTAINE

La perte d'un homme laisse un trou, mais ce n'est pas une raison pour s'y enterrer.
Les Terres noires, JEAN-PAUL FUGÈRE

Un peu d'amour pour ce soir, c'est tout ce que je demande.
Les Aventures de Lurick, DANIEL GAGNON

L'amour réciproque fait foi de tout.
Une famille—Deux cultures, FLEUR GARNEAU-WHITWORTH

Comme elles sont brèves les minutes qui sont données à ceux qui s'aiment, avant les séparations définitives.
Billets de Geneviève, GINEVRA

L'amour est un don qui doit servir chaque jour, autrement il n'a pas rempli la mission pour laquelle il est fait; c'est un amour mesquin et égoïste.
Billets de Geneviève, GINEVRA

Le véritable amour, l'amour sérieux, profond, a semblé de tout temps incompatible avec la gaîté; et l'on est porté à se demander si celui qui plaisante et rit à tout propos est susceptible d'aimer et d'être aimé.
Jean Rivard, ANTOINE GÉRIN-LAJOIE

Assez souvent l'amour est accompagné d'un sentiment de tristesse; on va même jusqu'à dire que l'homme le plus spirituel devient stupide quand cette passion s'empare de lui.
Jean Rivard, ANTOINE GÉRIN-LAJOIE

Si tu savais pourtant combien c'est triste d'être amoureux, et de vivre si loin de son amie.
Jean Rivard, ANTOINE GÉRIN-LAJOIE

L'amour n'est pas un retranchement ou une retraite; c'est une impulsion, un moteur!
Les Pigeons d'Arlequin, MICHEL GRECO

« Dire que je me serais arraché le cœur pour lui. Un chignon de pain sur le coin de la table, je m'en serais contentée, pourvu que lui fût tout proche. Je demandais rien pourtant. Rien que de le voir lever la vue sur moi, de temps à autre, même sans le faire exprès. »
Le Survenant, GERMAINE GUÈVREMONT

Si tu étais sans esprit et sans âme, tu aurais les traits de Cléopâtre et je ne t'aimerais pas.
Les Demi-civilisés, JEAN-CHARLES HARVEY

J'ai besoin d'un dieu terrestre à mes côtés, un dieu tangible à qui je vouerai un culte éternel...
Les Demi-civilisés, JEAN-CHARLES HARVEY

Que reste-t-il à l'homme, quand la foi en l'amour disparaît?
Les Demi-civilisés, JEAN-CHARLES HARVEY

...l'amour... vient aisément à celui qui ne veut pas le prendre au sérieux.
Les Demi-civilisés, JEAN-CHARLES HARVEY

« ...je me suis traînée à ses pieds pour qu'il me garde et me prenne encore une nuit, rien qu'une autre nuit... »
Les Chambres de bois, ANNE HÉBERT

L'amour c'est une maladie; quand c'est fini, c'est bien fini...
Un grand mariage, ANNE HÉBERT

L'amour—le vrai amour—avait passé près d'elle... Une grande flamme chaude et claire qui s'était éloignée pour ne plus revenir.
Maria Chapdelaine, LOUIS HÉMON

Même quand ce n'est pas bien beau, l'amour fait trouver du beau partout!
Souvenirs de relâche, ÉMILE LAMBERT

L'amour fait les fronts radieux.
La Fileuse à la fenêtre, BLANCHE LAMONTAGNE

L'Amour n'est pas l'amour...
C'est un carrefour
Où les filles entrent en chantant
En ressortent en plaurant...
La mer n'est pas la mer, FÉLIX LECLERC

Moi, j'aimerais ça si les Canadiens pouvaient s'organiser pour que l'amour reste au pays après les Fêtes.
Le Voleur de bois, FÉLIX LECLERC

...puisque tu as la chance de posséder un grand amour, donne-toi à lui complètement, sans te soucier des autres.
La Famille Plouffe, ROGER LEMELIN

Est-ce possible que j'aie compris, avant même que je sache parler, que l'amour ne m'avait pas conçu?
Le Funambule, WILFRID LEMOINE

Tu ne veux pas être amoureux, mais tu l'es.
Le Funambule, WILFRID LEMOINE

Comment appelles-tu l'amour qui bloque toutes les issues et qui étouffe?
Le Funambule, WILFRID LEMOINE

Et si méchanceté et amour ne signifiaient qu'une seule et même chose?
Le Funambule, WILFRID LEMOINE

Pleurez, pleurez toujours, pauvres femmes aimantes,
Vos pleurs sont des trésors qui compteront un jour
Pour les ingrats d'hier, dont les âmes méchantes
N'auront, pour se sauver, que vos larmes d'amour.
Cruel Amour, OSCAR LEMYRE

Prenez garde à l'amour, aux papillons menteurs,
Qui vous trompent souvent, quand ils viennent vous dire
Des mots si doux, si doux et si faux que j'en meurs
Gardez bien votre cœur, si vous voulez sourire.
Petite Violette, OSCAR LEMYRE

Ce n'est seulement en France
Que commande Cupidon,
Mais en la Nouvelle-France,
Comme entre vous, son brandon
Il allume; et de ses flammes
Il rôtit nos pauvres âmes,
Et fait planter le bourdon.
Les Muses de la Nouvelle-France, MARC LESCARBOT

... l'amour sera toujours au-dessus de la morale et des lois,...
La Montréalaise, ANDRÉE MAILLET

tu es le mai de mon hiver le baiser sur ma plaie
je te consacre caresse et oasis et crème légère
je t'étends comme une plage sous mon corps sombre
où se meurt mon exil de soldat
Poème d'amour mai, ANDRÉ MAJOR

l'amour est à ceux qui ont le temps de vivre
Quelle loi, ANDRÉ MAJOR

l'amour est clandestin comme la libre parole
il faudrait y croire jusqu'au dernier regard
parce qu'il change la vie—ô félin qui ronge les liens
L'Avenir rouge, ANDRÉ MAJOR

vingt filles ont passé en moi
vingt coups de vent
je m'étais trompé sur l'amour
j'avais des yeux d'enfant
un cœur facile à ravager
Poème d'amour mai, ANDRÉ MAJOR

Il est toujours difficile d'avouer son amour à une femme dont on ignore les sentiments.
Quand j'aurai payé ton visage, CLAIRE MARTIN

Les mouvements du cœur me paraissaient honteux. Les signes extérieurs de l'amour encore plus.
Quand j'aurai payé ton visage, CLAIRE MARTIN

... les hommes ne sont pas les femmes et... ils sont incapables de vivre leur vie tout autour de l'amour.
Quand j'aurai payé ton visage, CLAIRE MARTIN

... un homme qu'on a aimé d'amour mérite rarement d'être aimé d'amitié.
Quand j'aurai payé ton visage, CLAIRE MARTIN

L'amour est, comme toutes choses, un sentiment qui évolue. Il perd et il acquiert et, ce qu'il perd, il est trop facile de le trouver ailleurs.
Quand j'aurai payé ton visage, CLAIRE MARTIN

Faut-il que les humains jugent l'amour fragile pour toujours l'étayer de mensonges, pour toujours croire qu'il ne résistera pas à telle vérité. Pourtant, je sais le mien capable de résister à n'importe quel aveu.
Quand j'aurai payé ton visage, CLAIRE MARTIN

... il faut savoir faire l'amour sans se laisser aller à aimer.
Quand j'aurai payé ton visage, CLAIRE MARTIN

Crois-tu encore, à ton âge, qu'un homme peut t'aimer? Non, non jamais l'homme ne nous aimera. Nous ne sommes qu'un gibier, qu'un morceau de viande, pour ce ruffian. Il nous convoite, il nous corrompt.
Tentations, GÉRARD MARTIN

... si l'amour est le mal, la vie n'est qu'un piège,...
Tentations, GÉRARD MARTIN

L'âme canadienne est encore trop neuve pour inspirer à la masse de nos populations un amour enthousiaste.
La Voix du passé, LÉON MERCIER-GOUIN

L'amour des hommes, c'est noble, mais l'amour des femmes ça réussit davantage!
Sur le Golgotha, ALBERT-G. PAQUETTE

L'amour est ce qui nous berce pour endormir nos douleurs, c'est l'espérance en action.
Cœurs et Homme de cœur, ANTONIO PELLETIER

L'amour c'est l'aile de l'âme qui nous élève au-dessus des vicissitudes de la vie.
Cœurs et Homme de cœur, ANTONIO PELLETIER

... l'amour extrême et délaissé, chez une femme, fait sourdre les pleurs abondants de leurs voies profondes et va même jusqu'à l'épuiser, la femme, et la faire mourir:...
Cœurs et Homme de cœur, ANTONIO PELLETIER

C'était, en un mot, chez lui, la lutte entre l'amour qu'il rêvait sans tache et le flirt qu'il soupçonnait amusant.
L'Appel de la terre, DAMASE POTVIN

Les amoureux des régions primitives ont parfois, dirait-on, du sang de héros dans les veines.
La Rivière-à-Mars, DAMASE POTVIN

L'Amour, non seulement n'est pas aimé comme il le faudrait par ses créatures, mais il ne peut pas déverser comme il le voudrait les flots de son amour dans les cœurs.
Journal, GÉRARD RAYMOND

Si tu souffres, amour, je n'ai pas su t'aimer.
Tes douleurs, SIMONE ROUTHIER

Quelle fatalité terrible quand un homme rencontre,... une autre femme avec qui il serait heureux de partager sa vie si la première n'était pas là!
Ce qu'il faut de regrets, PAULE SAINT-ONGE

C'est comme la Foi: comment la retrouver, après qu'on l'a perdue?
Ce qu'il faut de regrets, PAULE SAINT-ONGE

Il y a un amour qui parle et un amour qui ne parle pas. Il y a des hommes qui sont muets sur tout ce qui pourrait rendre leurs femmes heureuses. Ils gardent cela bien serré dans leur gorge...
La Dalle-des-morts, FÉLIX-ANTOINE SAVARD

... c'est l'amour qui fait la terre belle, et c'est l'amour qui fait battre le cœur.
Mais c'est l'amour aussi qui le tue sans blessure apparente.
La Folle, FÉLIX-ANTOINE SAVARD

Je suis seule, enfermée, seule, avec toi, amour cruel et redoutable.
Et c'est toi seul qui, durement, impitoyablement, commande les battements de mon cœur.
La Folle, FÉLIX-ANTOINE SAVARD

... l'amour n'a pas d'âge.
Un million pour un casse-tête, OSCAR SEGUIN

Il n'est rien de plus cruel qu'un amour passionné: aucune plainte ne l'émeut que la sienne.
Les Pierres de mon champ, MARGUERITE TASCHEREAU

L'Amour est une réserve sacrée d'énergie,...
Cul-de-sac, YVES THÉRIAULT

... il faut l'amour, le vrai, celui des romans, il en faut un peu. Et ça se bâtit avec l'attirance, cet amour-là, avec la chair,...
Le Dompteur d'ours, YVES THÉRIAULT

L'amour, ça vit au cœur,... ça vit au cœur, mais aussi dans la chair.
Le Dompteur d'ours, YVES THÉRIAULT

l'amour-propre

Il est de la nature de l'homme de s'aimer constamment;...
Pouvoirs de la raison et des passions, ANONYME

s'amuser

Les gens qui travaillent ont le droit de rigoler.
Les Remparts de Québec, ANDRÉE MAILLET

les ancêtres

Ah! nous pouvons être fiers de notre ascendance car si nos ancêtres n'avaient pas eu les solides qualités françaises, qui leur ont permis de tenir, de lutter, de s'établir, où serions-nous à présent?
Sur la route d'Oka, AIMÉ CARMEL

«... quels misérables nous serions, si nous n'étions pas fiers de nos ancêtres! »
Angéline de Montbrun, LAURE CONAN

Ici, l'on respecte pieusement le travail grossier de l'aïeul, l'humble croix de bois, simple et vieillie...
La Croix de Saint-Norbert, frère MARIE-VICTORIN

... on sait la fierté des gens à retracer dans leur ascendance le moindre personnage qui n'ait pas été seulement un habitant, mais un pionnier, ou un sergent, ou même un notaire,...
Vézine, MARCEL TRUDEL

Ils n'ont pas vécu en vain ceux qui sont venus avant nous, puisque nous sommes ici,...
Aaron, YVES THÉRIAULT

l'ange

Il est dans le destin des hommes d'avoir des anges!
L'Ange de Dominique, ANNE HÉBERT

les Anglais

Vous n'avez pas su... les Anglais s'en viennent pour nous détruire. Ils volent les femmes, brûlent les maisons et les bâtiments. Ils tuent les habitants qu'ils rencontrent et seront ici d'un moment à l'autre.
La Bataille de Jérémie, HARRY BERNARD

Le peuple ne parlait que de droits outragés, le moindre rassemblement devenait prétexte à fulminer contre les Anglais.
La Bataille de Jérémie, HARRY BERNARD

Dès l'instant où la puissance française fut chassée d'Amérique, l'Anglo-Saxon entreprit la conquête des âmes et des intelligences.
Discours du 12 janvier 1916, HENRI BOURASSA

Ils vivaient avec leurs mœurs d'un autre âge. Ils n'avaient qu'une crainte: la venue de l'Anglais. Et l'Anglais est venu.
La Terre, ERNEST CHOQUETTE

Quand un Canadien français a bu, il se sent riche, important, étranger et il parle anglais.
Le Raton laveur, MARC DORÉ

Avec les Anglaises, il ne faut jamais discuter. On a toujours tort. Surtout lorsqu'on a raison parce qu'alors on a tort d'avoir raison. Chaque Anglaise est un pape dans son genre.
La Fin des haricots, JEAN-LOUIS GAGNON

On vit jusqu'à quel point ces nobles Anglais s'adaptent à tous les milieux,...
Les Demi-civilisés, JEAN-CHARLES HARVEY

« Depuis trois cents ans les Anglais voudraient nous voir disparaître et ils ont toujours manqué leur coup, parce que nous étions là, nous le clergé, la tête de la Résistance. »
La Famille Plouffe, ROGER LEMELIN

« C'est simple: on a été, on est contre, pis on sera toujours contre les Anglais. »
La Famille Plouffe, ROGER LEMELIN

Au fond, qu'est-ce qu'un Anglais? Il n'apprend pas l'histoire comme nous l'apprenons; il est fier de sa propre langue, il ne comprend pas pourquoi nous tenions à la nôtre.
Le Nom dans le bronze, MICHELLE LE NORMAND

Épouser un étranger, épouser un Anglais, élever des enfants anglais, c'était une défection.
Le Nom dans le bronze, MICHELLE LE NORMAND

... il était anglais,...
Ce prestige... lui conférait un peu de l'attrait des personnages de rêve,...
Le Nom dans le bronze, MICHELLE LE NORMAND

Fiers Anglais, l'Amour me convie
A chanter votre auguste nom.
Votre sort est digne d'envie,
Vous faites régner la raison;...
Chanson, JOSEPH QUESNEL

... les Anglais d'Ottawa... qui nous mangerons de la laine su'le dos.
Trente arpents, RINGUET

... l'Anglais...
c'était l'ennemi héréditaire, proposé par l'histoire, l'école, l'entourage,...
Alexandre Chenevert, GABRIELLE ROY

Magnifique!... Plus fort! Parlez des « maudits » Anglais maintenant.
Saint-Pépin, P.Q., BERTRAND VAC

...—ça prend des Anglais pour nous envoyer des gars qui parlent pas français. Y s'croient des vrais maîtres, y'a pas à dire!
Les Vendeurs du temple, YVES THÉRIAULT

l'anglais

... mais moi aussi je suis patriote: je ne parle pas anglais.
Cotnoir, JACQUES FERRON

... ses phrases étaient parsemées de mots anglais que je n'aurais pas pu comprendre quand même je l'aurais voulu.
Jean Rivard, ANTOINE GÉRIN-LAJOIE

« ... si les langues mortes mènent à Dieu et aux humanités, moi je préfère l'anglais qui est vivant; et si je suis adroit, je saurais bien, un jour, trafiquer dans cette langue, maîtresse, entre toutes, des biens de ce monde. »
Un grand mariage, ANNE HÉBERT

... en te parlant en anglais, c'était une concession envers toi, une sorte d'hommage.
Aaron, YVES THÉRIAULT

Tu y apprendras l'anglais, à le lire et à l'écrire, puisque ce sera plus pratique pour toi que le français.
Le Roi de la Côte Nord, YVES THÉRIAULT

l'Angleterre

Salut, fière Albion; salut, reine des mers,
Ton palais qui s'élève aux frais de l'univers,
S'enrichit chaque année,...
A Albion, P. CHAUVEAU

... l'Angleterre, la mangeuse d'hommes et d'argent, qui avait envoyé des militaires jusque dans la paroisse pour traîner les jeunes à la guerre;...
Vézine, MARCEL TRUDEL

l'angoisse

« Vas-tu passer toute ta vie le cœur serré, dans l'angoisse de même? Rien qu'à te regarder, il se forme une brume dans la maison.
Tu vas devenir invivable. »
Marie-Didace, GERMAINE GUÈVREMONT

« La seule chose qui me sépare de l'arbre ou de la motte, c'est l'angoisse. »
Le Torrent, ANNE HÉBERT

l'animal

Tu es l'animal,... l'animal sans raison autre que ton instinct. Tu ne crois qu'en la chair.
La Fille laide, YVES THÉRIAULT

l'anneau

Qu'il soit d'or ou d'argent l'anneau reste un symbole
Qui garde une promesse en son contour étroit;
Le river à jamais n'est pas chose frivole
Pour celui qui le donne et pour qui le reçoit.
L'Anneau, JEAN-LOUIS GUAY

l'anonymat

Plus d'une insulte se paie, plus d'une haine s'assouvit dans l'impunité de l'anonymat.
Marche ou crève, Carignan, ROBERT HOLLIER

l'antéchrist

Arrête! T'en parles comme de l'antéchrist.
Marie-Didace, GERMAINE GUÈVREMONT

l'apathie

Bien pauvre est le martyre où l'on s'offre sans ardeur.
Une saison dans la vie d'Emmanuel, MARIE-CLAIRE BLAIS

La masse dort, malgré tout ce qui se passe ici, car le cœur en est mort, rongé par la peur, le respect artistique, le romantisme et le conservateurisme.
Manifeste infra, CLAUDE PÉLOQUIN

l'apparence

... souvent de séduisants dehors ne servent qu'à voiler une honteuse perversité de cœur.
Le Témoignage de la morte, JOSEPH-G. BOURGET

Les apparences nous plaisent plus que la réalité, surtout quand elles sont favorables à la satisfaction de notre moi.
Le Pirate du St-Laurent, ÉMILE CHEVALIER

Qu'importe la forme, pourvu que le fond soit bon.
Le Conseiller, UN COMPATRIOTE

Être est devenu moins important que paraître.
Lettres à une provinciale, ROGER DUHAMEL

Élévation sociale n'est pas synonyme d'élevation morale!
Maudits Français, NATHALIE FONTAINE

Il est bien vrai que souvent les apparences sont contre nous, mais défiez-vous encore plus des apparences que de nous.
L'Avant-lever, ALPHONSE POITRAS

l'appétit

... l'appétit, c'est comme le gouvernement, quand il va, tout va,...
Le Français, DAMASE POTVIN

apprendre

... j'ai appris moins de choses dans les écoles que dans la rue.
Les Remparts de Québec, ANDRÉE MAILLET

Faut-il que tous ils apprennent à mourir avant d'apprendre à vivre?...
Aaron, YVES THÉRIAULT

Rien de ce que je sais ne t'importe, et tout ce que tu dois apprendre, je n'en saurais que faire.
N'Tsuk, YVES THÉRIAULT

l'arbre

L'Arbre ne survit qu'en absolu de solitude.
Je te dis de mon sang, HÉLÈNE FECTEAU

L'arbre est l'ennemi du colon défricheur; le premier a tellement fait souffrir le second, pendant les premières et dures années de l'« établissement », qu'il semble que les deux, pourtant naturellement amis, ne pourront jamais plus se souffrir l'un l'autre. Il faut que l'un d'eux disparaisse, et c'est l'arbre.
Le Français, DAMASE POTVIN

l'arbre généalogique

Ah, c'est une belle trouvaille que ces arbres généalogiques, un par famille. Et comme c'est utile. On sait au moins d'où l'on vient si l'on ignore où l'on va, n'est-ce pas?
Sur la route d'Oka, AIMÉ CARMEL

« Mon arbre généalogique à moi,... il commence avec moi, et tout le passé n'est que misère et sottises. »
Un grand mariage, ANNE HÉBERT

l'architecture

C'est l'architecture qui exprime d'abord une civilisation.
Cotnoir, JACQUES FERRON

l'argent

Les armes à feu sont interdites. Mais l'argent c'est l'arme absolue, promise en toute saison et qui fait la loi.
Le Choix des armes, HUBERT AQUIN

C'est pas à rôdailler des nuits blanches que les écus tombent dans le sac!
Sur la brèche, BÉATRIX BOILY

... A quoi bon plaisanter? mon rire sonne faux
En ce monde où l'argent est me dieu qu'on proclame.
L'Orgue de barbarie, ÉMILE CODERRE

Fuir! fuir, mais fuir où? Le monde a clos ses portes à ceux qui n'ont pas la bourse bien garnie.
Maudits Français, NATHALIE FONTAINE

Cette fatale nécessité de gagner de l'argent, qui fait le tourment de chaque minute de mon existence, a desséché mon imagination, éteint ma gaieté; elle a ruiné ma santé.
Jean Rivard, ANTOINE GÉRIN-LAJOIE

Il avait faim d'or, nourriture de permanence, d'éternité.
Un homme et son péché, CLAUDE-HENRI GRIGNON

L'invasion du capital étranger nous est profitable: elle nous permet d'exister.
Marcel Faure, JEAN-CHARLES HARVEY

« Elle veut gagner de l'argent, beaucoup d'argent, sortir de la misère et de l'ignorance. Plus rien d'autre ne compte pour elle... »
La Mercière assassinée, ANNE HÉBERT

Les hommes ici n'ont d'oreilles, d'âme, de sentiments que pour l'argent; et, Dieu me le pardonne, depuis que je vis avec eux je crois que je leur ressemble.
Visite à un village français, JAMES HUSTON

« De l'argent,... ne le méprise pas, c'est la puissance et le respect.
Le Fou de l'île, FÉLIX LECLERC

A la mort de leur mère
Tous les fils sont venus
Pour parler au notaire
Afin d'avoir des écus.
L'Héritage, FÉLIX LECLERC

... quand on a de l'argent, on a tout avec aux yeux du monde.
La Fille du brigand, EUGÈNE L'ÉCUYER

Je veux du bien aux miens. Et le bien, c'est l'argent,...
La Montréalaise, ANDRÉE MAILLET

... je n'étais pas bien grand le jour où je me dis que jamais je ne me donnerais autant de mal pour gagner de l'argent...
Quand j'aurai payé ton visage, CLAIRE MARTIN

Quand on n'est préoccupé que de respectabilité et d'argent, je pense que la maison est toujours ennuyeuse.
Quand j'aurai payé ton visage, CLAIRE MARTIN

Vu qu'on est pauvre, on est des crasses
Aux saints yeux des champions d'la Race:
Faut d'l'argent pour être « homme de bien »?
J'parl' pour parler, JEAN NARRACHE

L'argent me sert surtout à préserver le droit d'avoir une vérité en marge de celle qui est tracée par le monde environnant.
Fuir, ALICE PARIZEAU

La passion de l'argent rend chaque jour ce monde canadien plus brutal et plus vaniteux.
Les Dames Le Marchand, ROBERT DE ROQUEBRUNE

... c'est une drôle de vie! Ou bien tu gagnes quasiment rien et t'as du temps en masse pour dépenser, ou bien tu gagnes le double et t'as pas une miette de chance de dépenser une cenne.
Bonheur d'occasion, GABRIELLE ROY

—Tu sais, l'argent fait pas le bonheur.
Un voyage de noces, JEAN SIMARD

... de nos jours, la richesse, c'est le pouvoir.
Pour la patrie, JULES-PAUL TARDIVEL

« Riche et opprimé, c'est infiniment mieux que pauvre et persécuté. L'argent achète les compensations. »
Aaron, YVES THÉRIAULT

Vous croyez donc qu'avec de l'argent, tout s'arrange?
Le Dompteur d'ours, YVES THÉRIAULT

Rien ne résiste au billet de banque.
Les Vendeurs du temple, YVES THÉRIAULT

La fortune proche amenait l'instinct de puissance. On avait acquis la force en entrevoyant la richesse.
Les Vendeurs du temple, YVES THÉRIAULT

... c'est pas en j'tant not' argent dur à gagner aux quat' vents qu'on s'ramasse un p'tit peu de biens.
Les Vendeurs du temple, YVES THÉRIAULT

Quand on court après la fortune
On risque de perdre l'amour.
Le Rendez-vous, GILLES VIGNEAULT

l'aristocratie

Sur cette terre encore sauvage
Les vieux titres sont inconnus:
La noblesse est dans le courage
Dans les talents, dans les vertus.
L'Avenir, FRANÇOIS-RÉAL ANGERS

L'aristocratie, ça n'existe guère au pays. A part quelques exceptions, nous sommes tous fils, petits-fils, arrière-petits-fils de colons et d'hommes de la terre.
L'Homme tombé, HARRY BERNARD

l'armée

Quand on peut pas se trouver une job, y a toujours l'armée.
Bonheur d'occasion, GABRIELLE ROY

... l'armée c'est la vraie place pour un gars comme moi. Pas de métier, pas gros d'instruction; c'est encore là que je suis le mieux.
Bonheur d'occasion, GABRIELLE ROY

Un gars oublie ses petites misères quand il est dans l'armée.
Bonheur d'occasion, GABRIELLE ROY

l'art

Les arts n'ont droit à l'existence que s'ils parviennent à s'industrialiser, comme tout le reste.
Le Dernier Beatnik, EUGÈNE CLOUTIER

L'art n'a donc qu'un seul but: le beau. Quand une œuvre y parvient, on peut être satisfait: elle est complète.
L'Art et la Jeunesse, PIERRE-J. DUPUY

... l'art est affaire d'esprit, mais affaire d'esprit selon le mode humain.
Convergences, JEAN LE MOYNE

... le monde de l'art... était vaste, embrassait l'homme tout entier: son ennui, sa pensée, ses rêves, sa souffrance, des joies douloureuses, des sommets, des abîmes...
La Montagne secrète, GABRIELLE ROY

l'artiste

Pauvres artistes, la gloire leur vient quand ils sont enterrés!
L'Homme tombé, HARRY BERNARD

L'artiste meurt avant sa mort. Tu cesses de l'aimer, il meurt.
Hôtel Hilton, Pékin, EUGÈNE CLOUTIER

Avec les artistes, il faut souvent prendre des gants avant de les mettre en face de certaines réalités.
Isabelle, PIERRE DAGENAIS

... en peinture, en sculpture et en architecture, nous sommes, à de rares exceptions près, des primitifs;...
Marcel Faure, JEAN-CHARLES HARVEY

Apprends que pour devenir artiste
Faut d'abord passer par la liste des approuvés...
Coutumance, FÉLIX LECLERC

Les artistes sains ennuient le monde, qui pourtant les méprise s'ils sont malsains.
Danseurs en mer, ROLAND LORRAIN

... toi t'es un artistique
Qui crèv' de faim à faire de l'art,
Au lieu d'être comm' les gens pratiques
Pétant d'santé à s'fair' du lard...
Engueulade à un idéaliste, JEAN NARRACHE

l'ascenseur

Il n'existe rien de moins aventureux qu'un ascenseur: il bouge mais il est fixé dans une gaine.
Haut les mains!, ROGER LEMELIN

l'athlète

—Ignorez-vous que c'est à la ville que se forment les athlètes? C'est là que la force d'un homme ne se mesure pas à la taille: tel nain ferait mordre la poussière à quantité de géants de la campagne.
La Terre que l'on défend, HENRI LAPOINTE

l'attente

J'attends parce qu'un jour il y aura des roses,
J'attends parce qu'un jour il y aura des fleurs,
J'attends parce qu'un jour il y aura des choses,
Mais des choses d'espoir et des choses d'ardeur.
Pour vous, JEANNINE BÉLANGER

... rien n'est plus délicieux que l'attente de ce qui paraît inéluctable.
Le Soleil sur la façade, ANNE BERNARD

... l'attente est une fièvre comme une autre.
Angéline de Montbrun, LAURE CONAN

Les heures couleront à la lampe de l'attente
Le jour rejoindra les eaux de ma prière
Je ne sais si tu viendras
Comme le premier soleil à la nuit de la mort.
Qu'importe le limon, FERNAND DUMONT

... le combat est moins pénible que l'attente.
     Les Terres noires, JEAN-PAUL FUGÈRE

Maintenant le temps est fait pour attendre.
     Et puis tout est silence, CLAUDE JASMIN

La joie est dans l'attente, mais les enfants ne le savent pas.
     Le Manège ivre, MARCELLE McGIBBON

C'est obligeant, pour une femme qui attend, de voir comme il y a peu d'hommes possibles.
     Les Mains nues, CLAIRE MARTIN

On aurait pu dire de lui qu'il passait son temps, le jour, à attendre la nuit; la nuit, à attendre le jour.
     Alexandre Chenevert, GABRIELLE ROY

M'attendrais-tu jusqu'à ce que le monde se soit guéri?
     Bonheur d'occasion, GABRIELLE ROY

l'aube

Quelle heure sinistre que l'aube, ce moment vague entre le jour et la nuit, lorsque le corps et la tête flanchent tout à coup et nous livrent au pouvoir occulte de nos nerfs.
     Kamouraska, ANNE HÉBERT

l'automne

Le ciel est gris, le vent est froid, la terre est rousse;
L'automne est revenu, par septembre apporté,
Et les arbres, devant la mort du bel été,
Pleurent des larmes d'or et de sang sur la mousse.
     Rondel d'automne, ALFRED DESROCHERS

L'époque où les feuilles jaunies
Qui se parent d'un reflet d'or,
Émaillent la forêt qui dort
De leurs nuances infinies.
     La Forêt canadienne, LOUIS FRÉCHETTE

... l'automne en Canada est souvent la plus belle saison de l'année, et dans les bois plus que partout ailleurs;...
     Jean Rivard, ANTOINE GÉRIN-LAJOIE

Partout l'automne est mélancolique, chargé du regret de ce qui s'en va et de la menace de ce qui s'en vient;...
     Maria Chapdelaine, LOUIS HÉMON

C'est la saison de mort! c'est la saison de deuil!
L'Automne, ÉDOUARD LAVOIE

Hélas, le souffle de l'automne
Est venu glacer le vallon;
La nature entière frissonne
Aux caresses de l'aquilon.
Les oiseaux sont partis!, NAPOLÉON LEGENDRE

Automne, saison favorable aux veillées autour des feux de rondins, saison d'épluchettes et des premières truandailles,...
En automne, CLÉMENT MARCHAND

... autour de nous, tout est si reposant! Le beau jour d'automne meurt en beauté!
Dans le bois, SYLVAIN

l'autorité

Pour avoir de l'autorité, y faut parler en toffe. Si tu parles comme un élève de cours de diction, tu vas faire rire de toé.
La Farce de l'ordre, PHILIPPE EMOND

Il y a une loi pour tout dans le monde: une pour le temps, une pour les plantes, une pour la famille. Seul le maître, et non le fils, doit commander dans la maison.
Marie-Didace, GERMAINE GUÈVREMONT

... là où existe le principal de l'autorité, là repose un élément de bien,...
Le Sagamo du Kapskouk, JOSEPH TACHÉ

l'avarice

—Une jolie châtelaine qui ne dépensait pas, on l'accusait de pingrerie.
Les Demi-civilisés, JEAN-CHARLES HARVEY

l'avenir

L'avenir à tous ceux qui vivent
Ménage quelques heureux jours.
Mes souhaits, ANONYME

Ton avenir est sombre... très sombre, il s'éteint comme la chandelle.
Une saison dans la vie d'Emmanuel, MARIE-CLAIRE BLAIS

Consolez-vous en pensant au futur,... Ne regardez pas en arrière.
> *Une saison dans la vie d'Emmanuel,* MARIE-CLAIRE BLAIS

Oublions le passé. Préparons l'avenir.
> *Vers le triomphe,* EDDY BOUCHARD

L'avenir... je ne sais trop pourquoi cette grande figure voilée me fait trembler.
> *Souffrida,* JOSEPH BOURGET

Dans la paix profonde
Aie confiance en demain
Et tu suivras ton chemin
Jusqu'au bout du monde.
> *Le Son du clavier,* JACQUES BUISSON

Quand l'avenir apparaît trop horrible il faut songer à ceux qui sont plus malheureux que soi.
> *Angéline de Montbrun,* LAURE CONAN

C'est une tenace faiblesse humaine de toujours vouloir deviner ce qui nous adviendra.
> *Lettres à une provinciale,* ROGER DUHAMEL

C'est ici que j'attends mon avenir. Cet étrange avenir qui fermera la porte au présent.
> *La Femme-prétexte,* MARIANNE FAVREAU

Pourtant, je crois au présent. J'espère en l'avenir.
> *Le Beau Risque,* FRANÇOIS HERTEL

Mon cerveau nage dans des fumées opaques, il ne ménage rien, qu'il travaille et il n'échafaude que des plans pour de plus grandes plages de bonne paresse.
> *Rimbaud, mon beau salaud,* CLAUDE JASMIN

Heureux l'homme qui a hâte à demain,...
> *Le Voleur de bois,* FÉLIX LECLERC

Le temps que dure l'avenir n'appartient qu'aux poètes.
> *Le Temps que dure l'avenir,* JEAN-PIERRE LEFEBVRE

Salut à l'espoir, l'avenir;
A leurs chants sonnant dans l'espace.
C'est demain que l'on voit venir.
> *Le Béret,* OSCAR LEMYRE

On fait des projets pour l'avenir et crac! un pied qui glisse et tout s'en va dans le courant.
La Rivière-à-Mars, DAMASE POTVIN

Maintenant que le passé est réglé, je veux travailler à préparer l'avenir.
Journal, GÉRARD RAYMOND

Quand on remet toujours à plus tard, on finit par rien avoir.
Bonheur d'occasion, GABRIELLE ROY

Il avait songé à l'avenir, s'était bâti une vie future.
Agaguk, YVES THÉRIAULT

Il sera ce que je le ferai,...
La Fille laide, YVES THÉRIAULT

Je m'en vais seul et je le sais.
Le chemin pourrait être pire.
Je ne sais où j'arriverai
Ni quand si tant est que j'arrive.
Perspective, GILLES VIGNEAULT

l'aventure

Je tiens ce maladif instinct de l'aventure,
Dont je suis quelquefois tout envoûté, le soir;...
Je suis un fils déchu, ALFRED DESROCHERS

Et nous sommes pareils au bateau languissant,
Qui rêve d'archipels, d'inconnu, d'aventures,
Mais dont frissonne, seule, aux brises, la voilure!
Bateau captif, ROSAIRE DION-LÉVESQUE

...insurmontable reste l'appel des horizons lointains...
Partance II, JOYCE YEDID

...irrésistible est la clameur des terres étrangères...
Partance II, JOYCE YEDID

l'avocat

...les avocats de premier ordre, c'est-à-dire les avocats de talent transcendants, sont presque seuls à recueillir les avantages attachés à la profession.
Jean Rivard, ANTOINE GÉRIN-LAJOIE

Dans l'étude de ses moyens, voyez-vous, l'avocat est sans cesse excité par deux des plus puissants mobiles du cœur humain, l'orgueil et l'amour du gain:...
Jean Rivard, ANTOINE GÉRIN-LAJOIE

Si nous vivions encore au temps où les gens se vendaient au diable, c'est vers les bas fonds de la vie publique que Méphisto dirigerait nos jeunes avocats.
Les Demi-civilisés, JEAN-CHARLES HARVEY

avril

Avril, comme un nectar, nous grise d'allégresse,
Fait couler dans nos cœurs une sève sans cesse
Pleine d'un espoir qui console et rajeunit:...
Resurrexit, ULRIC-L. GINGRAS

b

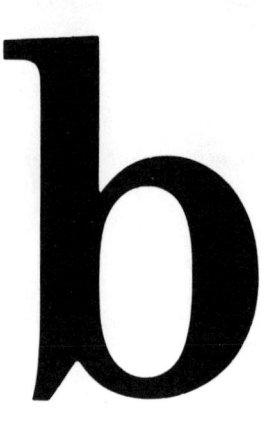

le baiser

Baisers, baisers, brindilles de bonheur
Aux jours de joie, aux heures de folie,
Qu'adviendrait-il de notre pauvre cœur,
S'il n'avait pas votre ivresse infinie!

Baisers, OSCAR LEMYRE

la banalité

Nous n'étions pas la famille aux extrêmes. Notre juste milieu se contentait de la banalité.
Banalité en amour, en art, en vie courante, en ambitions.

Cul-de-sac, YVES THÉRIAULT

Banff

La nature a tout fait pour Banff au point de vue du paysage et l'entreprise moderne n'a plus qu'à y ajouter le confort et le luxe nécessaire.

Mélanges, H. BEAUGRAND

le baptême

Il faudra bientôt faire un catholique du petit hérétique que la cigogne nous a apporté!

La Terre que l'on défend, HENRI LAPOINTE

la beauté

La beauté qu'on adore
C'est l'ange de bonheur
Qui vous sourit encore
Dans le sein du malheur!
Chanson de berger, J.-G. BARTHE

La beauté ne nous laisse pas choisir, elle nous force à tout prendre.
Lettres d'amour, MAURICE CHAMPAGNE

Quand le masque de votre beauté vient à tomber, l'azur de vos beaux yeux bleus lance des éclairs d'acier, un horrible rictus enlaidit votre figure et des serpents, des crapauds, des vipères s'échappent en sifflant de vos lèvres.
Bleu-Blanc-Rouge, ÉVA CIRCÉ

Mais si fragile, si passagère qu'elle soit, la beauté n'est-elle pas un grand don?
Angéline de Montbrun, LAURE CONAN

Tout paraît tellement beau qu'il faut se défier un peu.
Nord-Sud, LÉO-PAUL DESROSIERS

Pourquoi faire la beauté? Ça ne rend pas le monde plus beau?
La Laide, MADELEINE GAGNON-MAHONY

Quand tout ce qui fait ma beauté... physique sera disparu, tu ne voudras même plus me regarder.
Les Demi-civilisés, JEAN-CHARLES HARVEY

—Vous êtes heureux et beaux, heureux parce que beaux... Il n'y a pas de bonheur sans beauté.
Tu vivras trois cents ans, JEAN-CHARLES HARVEY

Que voulez-vous, enfin, qu'il fasse,
Devant votre jeune beauté?
Le poète est tout dérouté.
Dilemme, OSCAR LEMYRE

Vous êtes trop belle,... pour demeurer dans ce monde que le Christ a maudit; vous vous perdriez,...
Tentations, GÉRARD MARTIN

Tu étais belle et nue
Nue belle et blonde
Cette image est là qui compte
A travers mes âges et mes rêves accumulés.
Navacelles, JEAN-GUY PILON

La beauté, comprends-tu, c'est rien: c'est l'homme qui compte.
Vézine, MARCEL TRUDEL

La beauté, que voulez-vous, me surprend. Toujours, du reste, elle est infiniment surprenante. Qu'est-ce au juste: on dit le beau, la beauté, mais qu'est-ce?
A quoi cela sert-il?
On ne le sait pas, dans le fond, vous non plus n'est-ce pas?
La Montagne secrète, GABRIELLE ROY

La beauté, le relief audacieux du visage humain, qui préside la marche en avant des corps ainsi que l'entrave précède le navire.
Le Départ, JEAN SIMARD

... ce n'est pas à dire qu'une sorte de beauté seulement est belle. On voit la beauté que l'on aime.
La Fille laide, YVES THÉRIAULT

Il lui faut la beauté... Sans ça, qu'est-ce qui lui resterait?
Le Samaritain, YVES THÉRIAULT

C'est ainsi que lorsque j'ose
Offrir à votre beauté
Une rose, en cette rose
Sont tous, en cette rose
Sont tous les jardins d'été.
Chanson, GILLES VIGNEAULT

le bébé

Quand je pense qu'on aurait pu l'éviter ce maudit bébé.
Les Aventures de Lurik, DANIEL GAGNON

Vous n'avez jamais lavé de couches? C'est écoeurant et merveilleux.
Il s'agit tout simplement de voir plus loin que les couches.
Le gouffre a toujours soif, ANDRÉ GIROUX

Sur les rêves de l'avenir,
Oui, mon âme en riant s'élance;
Je vois mon bonheur à venir
Dans ce berceau que je balance.
Chant d'une mère, NAPOLÉON AUBIN

le bedeau

Le bedeau est l'initiateur général et, pourrait-on dire, le pouvoir derrière l'autel.
Vieilles Choses, Vieilles Gens, GEORGES BOUCHARD

Les bedeaux ainsi que les ménagères de nos braves curés campagnards n'ont pas la langue dans leur poche. C'est, du moins en cette province, la règle générale.
Le Mourant bien portant, PIERRE DAGENAIS

la bénédiction

Heureux les peuples qui gardent pieusement la coutume de la bénédiction paternelle! Ils ont les dons qui font les races fortes; de père en fils, et de siècle en siècle, la bénédiction descend, multipliée, sur les têtes plus nombreuses, et, à chaque génération, plus riche de vertus.
Contes et Propos divers, ADJUTOR RIVARD

le ber

Suivant la tradition, le ber des ancêtres se transmet d'une génération à l'autre, comme un héritage sacré;...
Chez nous, ADJUTOR RIVARD

De mère en fille le ber est venu jusqu'à nous, le ber ancestral, fait du bois franc de l'érable.
Chez nous, ADJUTOR RIVARD

la bibliothèque

Les bibliothèques sont alors les plus beaux lieux du monde, les plus riches en découvertes et en émotions.
Lettres à une provinciale, ROGER DUHAMEL

Bic

Aussi bien, est-ce un endroit d'un pittoresque ravissant que le Bic!
L'Ilet au massacre, JOSEPH-CHARLES TACHÉ

le bien

Le bien se trouve partout; il suffit d'ouvrir l'œil pour l'apercevoir: ouvrons l'œil.
Cœurs et Homme de cœur, ANTONIO PELLETIER

bizarre

Est-ce que cela ne vous semble pas bizarre de ne pouvoir être autre chose que soi, jusqu'à son dernier souffle, et même au-delà, dit-on?
Les Chambres de bois, ANNE HÉBERT

les Blancs

Une fois la conquête faite par les Anglais et les sauvages exterminés par les vices de l'Europe, nos Blancs, vaincus, ignorants et rudes, nullement préparés au repos et à la discipline, n'eurent rien à faire qu'à se grouper en petits clans bourgeois, cancaniers, pour organiser la vie commune.
Les Demi-civilisés, JEAN-CHARLES HARVEY

Les Blancs savent toujours dire de grands mots et donner des conseils... Les Esquimaux, eux, savent vivre... A chacun son savoir.
Agaguk, YVES THÉRIAULT

Le désir d'un Blanc est un ordre.
Le Ru d'Ikoué, YVES THÉRIAULT

le bois

Les chantiers, la drave, ce sont les deux chapitres principaux de la grande industrie du bois, qui pour les hommes de la Province de Québec est plus importante encore que celle de la terre.
Maria Chapdelaine, LOUIS HÉMON

Quand on vit dans le bois plus on s'en rapproche et mieux on le connaît, plus c'est facile. Quand on l'aime, on y est heureux.
Louise Genest, BERTRAND VAC

le bonheur

Pour être heureux, il faut être content,...
Bonheur, ANONYME

... le bonheur doit être plus grand sur le trône que dans une chaumière qui me défend à peine des injures des saisons.
Zélim, ANONYME

Peut-on vraiment apprécier son bonheur pendant qu'on en jouit? Le vrai bonheur, celui qu'on sent et qu'on touche du doigt, ne résiderait-il pas plutôt dans l'attente de l'événement qui nous l'apportera, dans le désir précédant la chose désirée.
Jours de folie, HENRI BEAUPRAY

Il y a des gens qui fuient avec toute la tendresse qu'ils nous doivent... Il y a des bonheurs qui sont faits pour nous et que d'autres emportent sans le savoir...
La Chair décevante, JOVETTE-ALICE BERNIER

Comme on est faible quand on est sur le point d'être heureux.
        La Chair décevante, JOVETTE-ALICE BERNIER

L'échec de la sainteté était aussi l'échec du bonheur.
        Un acte de pitié, MARIE-CLAIRE BLAIS

Le bonheur est un puissant levier qui soulève le monde et le pousse vers son accomplissement.
        Vers le triomphe, EDDY BOUDREAU

... le bonheur est un peu comme l'amour: il est difficile à trouver, et plus encore à conserver.
        Vers le triomphe, EDDY BOUDREAU

Le bonheur comme la vie est fatalement limité:...
        Vers le triomphe, EDDY BOUDREAU

C'est un grand sujet de tristesse de pouvoir donner aux autres le bonheur sans le trouver pour soi.
        La Solitude du boulevard Gouin, JEAN-JACQUES CHARTRAND

Savoir se contenter de ce que l'on a, voilà le secret du bonheur.
        La terre se venge, EUGÉNIE CHENEL

C'est que la pourpre et le velours ne sont pas essentiels au bonheur. Le pauvre est souvent plus heureux que le riche.
        La terre se venge, EUGÉNIE CHENEL

... le plus sûr moyen d'être heureux, c'est de rester à l'endroit où le Bon Dieu a placé chacun de nous.
        La terre se venge, EUGÉNIE CHENEL

La vérité et la justice sont la route; le bonheur est le but.
        Le Pirate du St-Laurent, ÉMILE CHEVALIER

... le bonheur est comme ces essences capiteuses qu'on ne peut prendre sans danger qu'à très petites doses, et encore... bien mélangées.
        Angéline de Montbrun, LAURE CONAN

Comme tous les humains, je cherche inconsciemment les bonheurs terrestres là où jamais personne ne les a trouvés.
        L'Ampoule d'or, LÉO-PAUL DESROSIERS

... le plus court chemin pour arriver au bonheur, c'est de rester Canadiens.
        La Campagne canadienne, ADÉLARD DUGRÉ

Combien est pénible la situation de l'homme dans l'attente de son bonheur!
Angéline, ALPHONSE GAGNON

... le bonheur, c'est la possession de ce que l'on désire.
La Fin des haricots, JEAN-LOUIS GAGNON

Que l'homme est aveugle et coupable
De chercher un bonheur durable
Dans des objets qui vont passer.
Stances morales, P. GARNOT

Il est souvent facile d'émouvoir en offrant un tableau de malheur, de souffrances atroces, de grandes infortunes, mais s'agit-il de peindre le bonheur, le pinceau de l'artiste s'y refuse et ne trace que de pâles couleurs sur le canevas.
Les Anciens Canadiens, PHILIPPE AUBERT DE GASPÉ (père)

N'analysons pas les bonheurs qui sont à notre portée, ni ceux que nous n'avons pas eus. Les uns et les autres sont faits de vapeurs irisées, comme les bulles de savon qui reflètent tout au ciel.
Billets de Geneviève, GINEVRA

Quand le bonheur aura parcouru toute la terre,
Peut-être il entrera dans nos vastes déserts.
Salut aux exilés, ANTOINE GÉRIN-LAJOIE

Un peu de courage et de persévérance, voilà en définitive ce qu'il nous faut pour acquérir l'aisance et le bonheur qui en découlent.
Jean Rivard, ANTOINE GÉRIN-LAJOIE

... comme le bonheur tient souvent à peu de chose!
Jean Rivard, ANTOINE GÉRIN-LAJOIE

Le bonheur n'est-il pas un mot de convenance,
Et l'espoir un vain leurre au mensonge pareil?
Le Bonheur, ULRIC-L. GINGRAS

Le bonheur est une mauvaise école.
Le gouffre a toujours soif, ANDRÉ GIROUX

La soif de bonheur en l'homme est une maladie coriace.
Les Pigeons d'Arlequin, MICHEL GRECO

... il n'est permis à personne de troubler le bonheur du voisin en y introduisant une affection capable de désunir sa famille.
Les Demi-civilisés, JEAN-CHARLES HARVEY

« Le bonheur ça se paie. Plus on est heureux, plus on est puni, ça c'est certain. Alors, je fais très attention de ne pas céder au bonheur. »
Le Temps sauvage, ANNE HÉBERT

La nuit succède au jour, de la nuit naît l'aurore;
Maintenant le plaisir, demain le noir tombeau!
Et dans ce changement, l'homme toujours adore
Et flatte le bonheur dans un vague flambeau!
Vérité, P. HUOT

Je n'ai jamais cru et je ne croirai jamais au bonheur sur terre.
Poussière sur la ville, ANDRÉ LANGEVIN

Le bonheur est une tâche pour l'individu, qui parfois s'y blesse, sans cesser d'être un droit pour la société qui en jouit.
Erres boréales, FLORENT LAURIN

Fatalement, les bonheurs arrivent à temps, comme les malheurs.
La Jalousie, ROGER LEMELIN

... le bonheur humain est toujours fugace. On espère toujours des choses qui ne se produisent jamais; si elles se produisent, elles nous déçoivent.
Fin de semaine, MICHELLE LE NORMAND

Le bonheur, une fois ressenti, quand on se le remémore, c'est la seule chose qui soit éternelle dans une existence.
Souvenirs en accords brisés, ANDRÉE MAILLET

Je suis un homme moyen, dans la bonne moyenne, avec les désirs et les espoirs de la plus grande majorité des hommes. Je souhaitais un bonheur simple et tranquille. C'est tout.
Souvenirs en accords brisés, ANDRÉE MAILLET

Il y a des circonstances où le bonheur est obligatoire.
Quand j'aurai payé ton visage, CLAIRE MARTIN

Je suis ce marinier des ondes illusoires
Qui, n'ayant pour pivot qu'un téméraire orgueil,
Secoua l'ancien joug des bonheurs dérisoires,...
Soir à Montréal, CLÉMENT MARCHAND

Il est dans la vie des moments de joie et de bonheur, qui sont si courts, et en même temps si vifs, qu'on se les rappelle toute sa vie.
Caroline, AMÉDÉE PAPINEAU

Le bonheur de l'homme sur la terre est dans l'action, dans le travail, dans l'exercice de ses facultés physiques et intellectuelles.
Du Travail chez l'Homme, ÉTIENNE PARENT

La recherche du bonheur, c'est une quête. On est tous des quêteux, chacun à sa façon.
Mets tes raquettes, CLAUDE PÉLOQUIN

Le bonheur!... je sais maintenant où il va se nicher, cet oiseau capricieux; il est avec la rose, dans le calice d'une fleur de champs...
L'Appel de la terre, DAMASE POTVIN

Le bonheur est chose trop lointaine... Mieux vaut la jouissance qui passe.
Le Message de Lenine, ANTONIO POULIN

Le bonheur est instable, un rien souvent nous l'ôte...
Dollard des Ormeaux, BOURBEAU RAINVILLE

Du reste, à tout bien calculer, au regard du prix des consultations, des médicaments, des examens, le bonheur semblait encore la façon la moins coûteuse de guérir.
Alexandre Chenevert, GABRIELLE ROY

Ça se pourrait ben qu'on soit en train de vouloir manger notre pain blanc trop vite,... mais bon Dieu au ciel, le pain blanc, on l'a pas tous les jours, on fait p't'être mieux y goûter quand il passe.
Bonheur d'occasion, GABRIELLE ROY

Toi, tu peux te bâtir un bonheur à toi, selon ce que tu possèdes. Car tu possèdes des choses.
Le Dompteur d'ours, YVES THÉRIAULT

Bonheur, je sais le prix du bonheur et je le prends là où il est.
N'Tsuk, YVES THÉRIAULT

le bourgeois

Petits bourgeois, complaisants, amateurs de compromis, c'est parmi eux que se recrutent les personnages impurs.
Les Témoins, EUGÈNE CLOUTIER

Notre petite bourgeoisie est toute formée de déracinés. Il suffit de remonter à une ou deux générations pour y rencontrer le paysan. Tout le fond de la race est là.
Les Demi-civilisés, JEAN-CHARLES HARVEY

...il y a pas plus laid sur la terre qu'un authentique bourgeois de Québec,...
Les Écœurants, JACQUES HÉBERT

Et les bourgeois canadiens-français d'avant-guerre étaient tous pro-calotins et anti-quelque chose.
Quand j'aurai payé ton visage, CLAIRE MARTIN

Tes réticences ne sont que les scrupules d'une honnête bourgeoise mariée.
Fuir, ALICE PARIZEAU

le braconnier

Les braconniers, ce sont des démons. Il faut purger la province.
Wilfred le Quêteux, MADELEINE GAGNON-MAHONY

le bruit

le rugissement des avions se perpétue
dans la jungle urbaine où les enfants hullulent
Réveille-matin, PIERRE NEPVEU

la brute

Les brutes, ce n'est pas par le cœur qu'on les prend... On les mène par le cou, comme les bêtes de nos champs.
La Terre, ERNEST CHOQUETTE

C

la cabane

Dans cette cabane rustique
Les maux ne trouvent point d'accès;
Tout me plaît, rien ne me fatigue;
Si je jouis, c'est sans excès.
Le Régime de Bourguignon, JOSEPH MERMET

le cadeau

... personne n'a de droit strict à un cadeau. Donc, aucune injustice à le refuser.
Le gouffre a toujours soif, ANDRÉ GIROUX

la calomnie

La calomnie est l'hommage inconscient de la médiocrité à la supériorité.
Bleu-Blanc-Rouge, ÉVA CIRCÉ

Le monopole de la calomnie n'appartient pas aux hommes, ni aux bonnes mères de familles, mais aux petites dames inoccupées, qui compensent l'oisiveté de leurs doigts par le mouvement perpétuel de leur langue.
Bleu-Blanc-Rouge, ÉVA CIRCÉ

le calvaire

O vieux calvaire! O sainte solitude!
Doux monument qui borde le chemin!
Le Vieux Calvaire, APOLLINAIRE GINGRAS

la campagne

... lorsqu'on a vécu à la campagne sagement et sainement on est plus jeune à 75 qu'un monsieur de la ville à 50.
Le Moulin de grand-père, EUGÈNE ACHARD

La campagne plus que la ville me rappelle l'homme, la campagne me rappelle trop l'homme.
Coadjutrice, BERTHELOT BRUNET

Heureusement... que la griserie de la ville ne m'a pas détourné de la campagne.
La Route d'Oka, AIMÉ CARMEL

Que la campagne est belle! quelle paix profonde! et quelle musique dans ces vagues rumeurs de la nuit!
Angéline de Montbrun, LAURE CONAN

Hélas! je crains beaucoup de rester toujours campagnarde jusqu'au fond de l'âme.
Angéline de Montbrun, LAURE CONAN

La campagne est la plus grande pourvoyeuse des villes: elle les alimente de matériel humain.
La Terre ancestrale, LOUIS-PHILIPPE CÔTÉ

La campagne, la grande, l'inépuisable productrice de la nation, remplit toujours les vides, mais à son détriment.
La Terre ancestrale, LOUIS-PHILIPPE CÔTÉ

Nulle part l'esprit de fraternité n'existe d'une manière aussi touchante que dans les campagnes canadiennes éloignées des villes.
Jean Rivard, ANTOINE GÉRIN-LAJOIE

... la vie des hommes semblait être de sortir de leur campagne afin de faire assez d'argent dans la ville pour pouvoir venir refaire leur santé à la campagne.
Alexandre Chenevert, GABRIELLE ROY

le Canada

Canada, terre d'espérance,
Un jour songe à t'émanciper;
Prépare-toi, dès ton enfance;
Au rang que tu dois occuper;...
L'Avenir, FRANÇOIS-RÉAL ANGERS

Mon pays me fait mal. Son échec prolongé m'a jeté par terre.
Prochain Épisode, HUBERT AQUIN

Sol canadien, terre chérie!
Par des braves tu fus peuplé;...
Hymne national, ISIDORE BÉDARD

...Canada, nom qui signifit en langue iroquoise, « amas de cabanes ».
L'Épopée canadienne, JEAN BRUCHESI

Le Canada est une immense famille, qui a besoin de chacun de ses enfants. C'est pourquoi l'exil est une faute, une erreur; c'est oublier ses devoirs de paysan canadien.
La Route d'Oka, AIMÉ CARMEL

Le Canada est un pays pour peintres. Que ceux-là qui sont à la recherche du motif plantent leur chevalet devant une nature qui varie avec chaque province.
Ateliers, JEAN CHAUVIN

Comme il est tranquille, le Canada,...
La Campagne canadienne, ADÉLARD DUGRÉ

Quel curieux pays, ce Canada... fait de contradictions, de paradoxes.
Maudits Français, NATHALIE FONTAINE

Le Canada, pays vierge, encore dans son enfance, n'offre aucun de ces grands caractères marqués qui ont fourni un champ si vaste au génie des romanciers de la vieille Europe.
Le Chercheur de trésors, PHILIPPE AUBERT DE GASPÉ (fils)

Grâce à un petit boulet de rien du tout, le Canada n'est pas le creuset américain.
Les Demi-civilisés, JEAN-CHARLES HARVEY

...quand nos foules entonnent « O Canada! », les notes n'éclatent pas, elles ratent comme des fusées sans poudre, elles traînent dans un souffle de tiédeur, au lieu de rugir dans les poitrines embrasées;...
Marcel Faure, JEAN-CHARLES HARVEY

J'habite un pays où l'hiver dure la moitié de l'année et davantage.
Rimbaud, mon beau salaud, CLAUDE JASMIN

Ce n'est pas un pays pour intellectuel. Au Canada, on n'a pas besoin de gens qui noircissent du papier. C'est un pays neuf qui réclame des bras forts, qui fait appel à des hommes qui savent faire quelque chose de leurs mains.
L'Arrivée, NAIM KATTAN

Le Canada! Voilà le mot magique qui faisait vibrer en nous l'attente, l'espoir, l'expectative, en même temps que l'inquiétude et l'angoisse.
L'Arrivée, NAIM KATTAN

J'aime la France qui nous a donné la vie; j'aime l'Angleterre qui nous a donné la liberté; mais la première place dans mon cœur est pour le Canada, ma patrie, ma terre natale.
Discours donné à Paris le 2 août 1897, WILFRID LAURIER

Ce grand pays sera le salut de la plèbe,
La liberté du serf, maître enfin de la glèbe.
Dollard des Ormeaux, BOURBEAU RAINVILLE

Le Canada est aujourd'hui une terre anglaise; il a été longtemps une terre française; il garde toujours dans les manifestations de sa vie politique les marques très nettes de ce dualisme national.
La Formation du régime scolaire, ÉGIDE-M. ROY

... ce pays où chaque homme doit se raccrocher aux autres, si éloignés soient-ils; ce pays où il est un crime de rester un étranger.
Le Roi de la Côte Nord, YVES THÉRIAULT

Le Canada existe à cause de la fourrure.
Le Roi de la Côte Nord, YVES THÉRIAULT

Hier encore, le Canada, qu'est-ce que c'était?
Le Roi de la Côte Nord, YVES THÉRIAULT

Il y a d'incroyables richesses dans cette terre et dans ce roc.
Le Roi de la Côte Nord, YVES THÉRIAULT

Y a ben plus de bandits que d'honnêtes gens au Canada...!
Les Vendeurs du temple, YVES THÉRIAULT

le Canada français

Le Canada français, héritier de traditions glorieuses, ira semant dans l'avenir le grain de sénevé; ce grain deviendra un grand arbre.
Souvenirs de relâche, ÉMILE LAMBERT

Le Canada français, devenu anglais malgré lui, chante haut et ferme devant ses maîtres qui n'osent pas lui imposer silence.
Noëls anciens de la Nouvelle-France, ERNEST MYRAND

La vie dans le Canada français... c'est ça: une déchéance, une saleté!
Têtes fortes, ARMAND ROY

Le Canadien

Canadiens, en ce jour l'univers vous contemple;
Il a connu le crime, il attend un exemple.
Anniversaire, ANONYME

Aimez le ciel d'Italie,
Louez l'Europe, c'est fort bien:
Moi je préfère ma patrie,
Avant tout je suis Canadien.
Avant tout je suis Canadien, ANONYME

Vous Canadiens, vous autrefois nos frères,
Vous que l'intrigue a lâchement vendus;
Unissez-vous, comme l'ont fait nos pères,
Et les puissants seront bientôt vaincus.
Les Français aux Canadiens, NAPOLÉON AUBIN

Non seulement les Canadiens... ne croyaient plus en l'avenir, ils rougissaient de leur origine. Ils étaient fiers de passer à l'ennemi, dont ils adoptaient la langue, les coutumes, la mentalité avec joie.
L'Homme tombé, HARRY BERNARD

... l'homme d'ici était un homme silencieux, un homme qui éprouvait beaucoup de difficultés à utiliser la parole; et son silence était à la fois cause et conséquence du fait que cet homme ne se connaissait pas, que sa réalité la plus profonde lui échappait.
La Mise à l'épreuve de la parole, RÉNALD BÉRUBÉ

Les Canadiens, c'est-à-dire les créoles du Canada, respirent en naissant un air de liberté, qui les rend fort agréables...
Journal historique, FRANÇOIS-XAVIER DE CHARLEVOIX

Un bon Canadien manque jamais ses promesses.
La terre se venge, EUGÉNIE CHENEL

Il semble que, pour nos Canadiens, il y ait une espèce de prestige qui se rattache à tout ce qui est étranger;...
Le Conseiller, UN COMPATRIOTE

... j'ai toujours regretté de n'être pas née dans les premiers temps de la colonie, alors que chaque Canadien était un héros.
Angéline de Montbrun, LAURE CONAN

... le sort des Canadiens n'est pas plus incertain aujourd'hui qu'il était il y a un siècle.
     Histoire du Canada, FRANÇOIS-XAVIER GARNEAU

Un Canadien errant,
Banni de ses foyers,
Parcourait en pleurant
Des pays étrangers
     Un Canadien errant, ANTOINE GÉRIN-LAJOIE

Abandonnés, à la conquête, ils ont continué à labourer et à engendrer sans se soucier des nouveaux maîtres.
     Les Demi-civilisés, JEAN-CHARLES HARVEY

Le malheur, en ce pays, c'est que la plupart s'enlisent dans la période de l'artifice. Plus de quatre-vingt-dix-neuf pour cent des Canadiens instruits sont les primaires.
     Les Demi-civilisés, JEAN-CHARLES HARVEY

... c'est encore parmi les Canadiens que les Canadiens sont le mieux.
     Maria Chapdelaine, LOUIS HÉMON

Nous avons presque honte d'être ce que nous sommes.
     Le Beau Risque, FRANÇOIS HERTEL

Notre droit de premier occupant, de défricheurs de cette immense contrée, il le comptait pour un titre.
     Le Nom dans le bronze, MICHELLE LE NORMAND

Verse, verse, verse encore,
Car je bois aux Canadiens,
Je veux boire aux Canadiens,
Oui, je bois aux Canadiens!
     Le Saint-Jean-Baptiste, LEBLANC DE MARCONNAY

Eh! que sommes-nous pour la plupart? Les enfants du peuple, issus de laboureurs ou d'artisans, vivant dans une médiocre aisance,...
     Considérations, ÉTIENNE PARENT

L'harmonie et la paix ne pouvaient exister;
On devait bientôt voir la discorde éclater
Entre ces deux voisins d'une humeur si contraire;
     Travail et Paresse, OPHIR PELTIER

Sous l'œil de Dieu, près du fleuve géant,
Le Canadien grandit en espérant.
Il est né d'une race fière;
Béni soit son berceau.
     Chant national, ADOLPHE-BASILE ROUTHIER

Rien ne changera, parce que nous sommes un témoignage. De nous-mêmes et de nos destinées, nous n'avons compris clairement que ce devoir-là: persister et nous maintenir... Et nous nous sommes maintenus, peut-être afin que dans plusieurs siècles encore le monde se tourne vers nous et dise: Ces gens sont d'une race qui ne sait pas mourir.
Menaud, maître-draveur, FÉLIX-ANTOINE SAVARD

Nous avons marqué un plan du continent nouveau, de Gaspé à Montréal, de Saint-Jean d'Iberville à l'Ungava, en disant: « Ici toutes les choses que nous avons apportées avec nous, notre culte, notre langue, nos vertus et jusqu'à nos faiblesses deviennent des choses sacrées, intangibles et qui devront demeurer jusqu'à la fin.
Menaud, maître-draveur, FÉLIX-ANTOINE SAVARD

J'aime les Canadiens, dans leur longue disgrâce,
Par d'ingrats étrangers toujours calomniés;
Par des frères vendus, tant de fois reniés.
Ils conservent les mœurs, la généreuse audace
Et toutes les vertus de leurs dignes aïeux;...
Mon pays, A.-S. SOULARD

...existerons-nous comme peuple de demain? Voilà le problème redoutable qui se dresse devant nous.
Pour la patrie, JULES-PAUL TARDIVEL

...autrefois en France on exportait vers les rives lointaines du Canada les déchus, les mis-hors-de-cause, les gêneurs et les jeunes gens de conduite douteuse,...
Cul-de-sac, YVES THÉRIAULT

On lui a dit qu'il viendrait et qu'il serait massacré par les Indiens. Il y est venu, il n'a pas été massacré, il a survécu.
Le Roi de la Côte Nord, YVES THÉRIAULT

On lui a dit... qu'il se détruirait par des guerres de dissensions, que chaque groupe, Anglais et Français, ne pouvait survivre qu'en s'intégrant. Le Canadien ne l'a pas fait, et il a dû beaucoup combattre pour y arriver, mais il a triomphé.
Le Roi de la Côte Nord, YVES THÉRIAULT

Petit à petit, sans vapeur, sans électricité, sans bulldozer, sans camions diesels, ils ont fabriqué un pays.
Le Roi de la Côte Nord, YVES THÉRIAULT

Le Canadien, qu'il soit urbain ou agriculteur, ou pionnier de la grande aventure du Nord, ne craint plus rien.
Plus rien ne l'étonne.
Le Roi de la Côte Nord, YVES THÉRIAULT

Il ne nous a pas été donné de croître lentement, à la longueur des millénaires. Nous n'avons pas de souches dans les antiquités sombres. Ce que nous sommes, nous le sommes depuis bien peu de temps.
Le Roi de la Côte Nord, YVES THÉRIAULT

... ce qui m'intéresse surtout c'est le Canadien tel qu'il est, puissant et irréductible, observé dans ses œuvres et ses ouvrages.
Le Roi de la Côte Nord, YVES THÉRIAULT

... pour oublier le présent le Canadien se créera un monde chimérique...
dans l'*Action Nationale,* ANDRÉ VANASSE

le Canadien français

Unissons-nous comme des frères,
Et nous saurons vaincre ou mourir.
La Saint-Jean-Baptiste, ANONYME

Enfants de la faim, de l'abondance,
De la solitude, de l'ennui.
Enfants de nulle part et de partout,
Demain vous appartient.
Pierre-Feu, ÉLAINE AUDET

Les Canadiens français, ceux de sa race, mouraient un peu plus chaque jour. Ils se laissaient fondre et s'anéantir dans la vague saxonne qui les encerclait.
L'Homme tombé, HARRY BERNARD

Nous
les bâtards sans nom
les déracinés d'aucune terre
les boutonneux sans âge
les demi-révoltés confortables
les clochards nantis
les tapettes de la grande tuerie
les entretenus de la Saint-Jean-Baptiste.
Suite fraternelle, JACQUES BRAULT

Nous avons été les noirs blancs d'Amérique assez longtemps.
Les Mauvais Bergers, ALBERT-EDNA CARON

Toujours catholiques et toujours français, voilà notre vocation, notre rôle, voilà notre caractère distinctif, voilà notre vocation historique, voilà notre grandeur et notre gloire.
Discours et Conférences du 23 juin 1902, THOMAS CHAPAIS

...l'âme française vit toujours en nous et cette âme est immortelle.
Discours et Conférences, THOMAS CHAPAIS

Nous sommes nés de la France et de l'Église.
Angéline de Montbrun, LAURE CONAN

Qu'il faisait bon de vivre chez nos gens!
Qu'il eut fait bon mourir chez nos gens!
Chez nous, ADJUTOR RIVARD

... nous, Canadiens français, nous n'aurions rien perdu de notre force et de notre âme si le fait d'être devenus loyalement coloniaux anglais était toujours contre-balancé par celui d'être restés coloniaux intellectuels de la France.
Préface, LOUIS-JOSEPH DOUCET

Entre Canadiens français, faut s'épauler, en nous divisant nous nous affaiblissons collectivement...
Virginie, MARCEL DUBÉ

Dans combien d'années les Canadiens français seront-ils des adultes?
Lettres à une provinciale, ROGER DUHAMEL

Les Canadiens ne font pas autrement; ils parlent encore comme du monde faute de savoir l'anglais.
Mélie et le Bœuf, JACQUES FERRON

Les Canadiens français forment un peuple de cultivateurs, dans un climat rude et sévère.
Histoire du Canada, F.-X. GARNEAU

Les Canadiens français sont tenaces et indépendants. Ils mettent, au-dessus de toutes les libertés, celle de pouvoir parler la plus belle langue du monde, le français.
Une famille—Deux cultures, FLEUR GARNEAU-WHITWORTH

Maudite race de monde!
Le Survenant, GERMAINE GUÈVREMONT

Le Canada français n'a pas de chance avec ses génies; ils deviennent fous.
Les Demi-civilisés, JEAN-CHARLES HARVEY

Aujourd'hui, notre peuple, jouissant d'une liberté complète, maître de sa langue, de ses institutions et de ses richesses naturelles, a échappé au destin du vaincu.
Les Demi-civilisés, JEAN-CHARLES HARVEY

N'avez-vous pas observé que ce sont, le plus souvent, les mécontents d'un peuple qui sont le plus attachés, le plus dévoués à ce peuple?
Les Demi-civilisés, JEAN-CHARLES HARVEY

Le sentiment patriotique ne se rencontre guère parmi les Franco-Canadiens.
Marcel Faure, JEAN-CHARLES HARVEY

On nous colonise depuis deux cents ans. Nous sommes l'objet de dépossessions que nous ne pourrions empêcher sans nous affamer.
Marcel Faure, JEAN-CHARLES HARVEY

Avons-nous assez joué les Crusoé,
les nègres blancs, les insulaires
qui n'avaient jamais navigué
sauf pour la chasse à la chimère.
Notre jeunesse, GILLES HÉNAULT

Nous sommes Canadiens français tout simplement. Et tu es surprise de nous entendre parler français...
Le Beau Risque, FRANÇOIS HERTEL

Montrez-moi une image de l'homme très jeune
Plantant son corps dans l'espace et dans le temps
Aimant un paysage à sa taille
Montrez-moi cet homme de mon pays
Au ras de la terre, GRATIEN LAPOINTE

... les Canadiens français n'ont jamais eu peur de porter les armes!
La Terre que l'on défend, HENRI LAPOINTE

Fils spirituel du coureur de bois dont il ne diffère pas essentiellement, il est né dans un monde où nulle conquête n'est possible.
Du Coureur de bois, MICHELLE LAVOIE

Français nous sommes,
Français nous resterons!
Le Petit Maître d'école, ARMAND LECLAIR

Ils n'étaient pas bâtis pour chômer et crier, ils étaient faits pour travailler et se taire.
La Famille Plouffe, ROGER LEMELIN

Quel malheur que vous soyez canadienne-française et que je sois anglais.
Le Nom dans le bronze, MICHELLE LE NORMAND

...que, avec un bout de papier timbré, peut-être américain ou canadien qui veut, mais que pour être canadien-français, il faut dater de deux à trois siècles.
Le Nom dans le bronze, MICHELLE LE NORMAND

Nous n'avons pas d'Histoire, mais une suite de défaites. Menacés et affaiblis, nous n'avons même pas la volonté de résister, la volonté de devenir des hommes.
Le Cabochon, ANDRÉ MAJOR

Enfermé entre les murailles de granit de ses Laurentides et les immensités de l'eau de son fleuve, le Canadien français de la province de Québec s'est développé d'une manière spontanée et originale, en intime harmonie avec la terre natale.
L'Appel de la terre, DAMASE POTVIN

O Canadiens français...
peuple au cœur d'or et au clocher d'argent!
La Rivière-à-Mars, DAMASE POTVIN

...comme la plupart des Canadiens français, il répugnait au service de restaurateur qui exige une déférence tout à l'opposé de leur nature.
Bonheur d'occasion, GABRIELLE ROY

Assurément, personne n'est plus canadien, chez nous, que nous-mêmes, qui avons les premiers occupé le pays, qui avons posé, dans le sang et les sacrifices de notre race, les fondements indestructibles de la patrie canadienne.
Nos raisons canadiennes de rester français, CAMILLE ROY

...nous les fils de la France, abandonnés sur cette terre que nous avons fécondée, nous devons nous dresser contre le colosse envahisseur, l'écraser, le chasser de notre domaine.
L'Aveugle de St-Eustache, LOUIS-NAPOLÉON SÉNÉCAL

Nous sommes nés, comme peuple, du catholicisme, du dix-septième siècle et de nos luttes avec une nature sauvage et indomptée, nous ne sommes point fils de la révolution...
Préface de
« Trois légendes de mon pays », JOSEPH-CHARLES TACHÉ

Nous vivons dans un pays de population mixte, ne l'oublions jamais; nous sommes la minorité en ce pays, ne l'oublions pas, non plus. Vivons donc en paix avec les protestants, les Anglais et les francs-maçons.
Pour la patrie, JULES-PAUL TARDIVEL

le Canayen

A l'étranger, et au chantier plus qu'ailleurs peut-être, la voix du sang parle vite entre Canayens.
Vie de jeunesse de Johnny Cassepinette, JEAN DE LA GLÈBE

Nous autres, vous savez, les Canayens, ça va pas avec les englishs et les Irlandais.
Le Français, DAMASE POTVIN

le capitalisme

Le capitalisme, c'est péché de l'adorer. Mais c'est folie et naïveté que de vouloir s'en passer.
Le Message de Lénine, ANTONIO POULIN

le caprice

Les caprices d'un champion sont sacrés.
La Famille Plouffe, ROGER LEMELIN

le caractère

Il a du paysan, de l'artiste, surtout du militaire dans sa nature, mais il a aussi quelquechose de la finesse du diplomate et de la tendresse de la femme. Le tout fait un ensemble assez rare.
Angéline de Montbrun, LAURE CONAN

Nous ne souffrons pas seulement à cause de notre cœur; nous souffrons aussi et surtout à cause de notre caractère.
Le Français, DAMASE POTVIN

Il y a en nous quelque chose qui, parmi toutes les vicissitudes de la vie, survit à tout, se mêle à tout, marque de son empreinte nos sentiments et nos idées, nos chagrins et nos joies; c'est notre caractère.
Le Français, DAMASE POTVIN

... les étrangers ne devraient pas se fâcher contre nous, des fois, à cause de notre caractère qui n'est pas toujours commode...
Le Français, DAMASE POTVIN

les cartes

C'est un amusement pour les gens qui n'ont rien à dire. Savez-vous qu'elles ont été inventées pour le divertissement d'un roi qui était fou?
Journal d'un vicaire de campagne, JOSEPH RAICHE

la catalogne

Je cherche, pauvre gueux sans bourse et sans dada,
Un modeste tissé que la lessive embaume:
La catalogne aux fils tordus du Canada.
>> *La Catalogne,* JULES TREMBLAY

le catéchisme

N'oublie pas d'étudier ton catéchisme. N'oublie surtout pas ton catéchisme. Le reste n'est pas important.
>> *Saint-Pépin, P.Q.,* BERTRAND VAC

le catholicisme

Le catholicisme est de sa nature conservateur,...
>> *Considération,* ÉTIENNE PARENT

Il y a ceci de remarquable dans l'histoire du catholicisme, c'est que les époques qui paraissent les plus pénibles et les plus désespérantes, pour ceux qui doivent supporter le fardeau, sont justement les époques qui, aux yeux de l'histoire et de la postérité, demeurent comme les plus belles et les plus glorieuses,...
>> *Le Gérant des Méchins,* JOSEPH-CHARLES TACHÉ

la cause

C'est l'époque des croisades. Chacun a sa petite cause à défendre.
>> *Hôtel Hilton, Pékin,* EUGÈNE CLOUTIER

Ta cause est perdue, parce qu'elle était trop belle... Toutes les belles causes sont vouées à l'échec... pour réussir, il ne faut rien vouloir, ne rien faire.
>> *Brutus,* PAUL TOUPIN

le célibataire

Vous autres, célibataires, vous pensez connaître les femmes parce que vous avez un carnet d'adresses bien garni. Vous sautillez d'une femme à l'autre, et ça vous apprend rien...
>> *Deux femmes terribles,* ANDRÉ LAURENDEAU

Il était célibataire. Nulle femme, pas d'enfants, rien ni personne, aucune obligation. C'était ainsi qu'il choisissait son sort.
>> *Agaguk,* YVES THÉRIAULT

Je voudrais changer tout mon harem pour quelques bonnes pièces bien choisies ou même rien qu'une, mais une que j'entraînerais pour moi tout seul, pour mon usage personnel.
Saint-Pépin, P.Q., BERTRAND VAC

le cerveau électronique

Nos cerveaux électroniques nous renseignent mieux que tous les discours.
La Dernière Orbite, RENÉ CHARBONNEAU

le chagrin

Au milieu d'un bonheur, le gnome du chagrin trouve le tour de sonner le tocsin et le diablotin du rire veille au chevet de la peine pour mettre en branle la folie de ses grelots.
En pleine terre, GERMAINE GUÈVREMONT

Nos chagrins ne font mal qu'à nous.
Aux autres, ils font du bien.
La Veuve, FÉLIX LECLERC

... il n'y a pas de chagrins d'enfants; il n'y a que des chagrins tout court:...
Sur le renchaussage, frère MARIE-VICTORIN

Il est rare que l'on succombe sous le poids d'un chagrin, parce que l'on en est toujours distrait par un autre.
Les Pierres de mon champ, MARGUERITE TASCHEREAU

la chair

Le curé aurait-il raison lorsqu'il effraye ses paroissiens avec la tristesse de la chair? Où a-t-il pris cette vérité-là, lui?
Poussière sur la ville, ANDRÉ LANGEVIN

la chance

La vraie chance, c'est de vivre.
Le Portique, MICHÈLE MAILHOT

le changement

Ah! que tout est changé! Les vieillards ne sont plus
Et les bambins d'hier aujourd'hui sont des hommes!
La Vieille Chaumière, ULRIC-L. GINGRAS

chanter

Chante, rossignol, chante,
Toi qui a le cœur gai;
Tu as le cœur à rire,
Moi je l'ai à pleurer...
Mélodie canadienne (vers 1720-1730), ANONYME

L'amoureuse n'est plus et le poète est mort;
Mais la chanson d'amour, vivante, chante encore.
La Royale Chanson, ALBERT LOZEAU

Un peuple qui chante est souvent un peuple qui souffre, et qui cherche des consolations dans la musique et dans les lettres.
Introduction à « Le Répertoire National », A.-B. ROUTHIER

le chantier

C'est plein de simples esprits, les chantiers!
Cotnoir, JACQUES FERRON

le chapelet

Un chapelet est-il une ceinture de chasteté?
Les Remparts de Québec, ANDRÉE MAILLET

la charité

La charité humaine
on l'enseigne par l'amour
pas par la haine.
Le Chercheur de Dieu, LENA ALLEN SHORE

C'est à croire que la charité soit la forme la plus raffinée de l'égoïsme.
Les Témoins, EUGÈNE CLOUTIER

J'ai marché dans le chiendent des difficultés toute ma vie et aucune bouche ne s'est ouverte pour me consoler, me replacer dans le droit chemin et sur la route où j'ai parcouru mon long exil,...
La Voix des sillons, ANATOLE PARENTEAU

L'aisance, la liberté, la culture de l'esprit ne sont des biens estimables que si on les emploie au profit des déshérités.
Allocution, ANTONIO PERREAULT

Et sans la charité, que deviendrait le monde livré à l'égoïsme? Cette terre cesserait d'être une vallée de larmes, soit, mais elle deviendrait un vaste et horrible désert.
Pour la patrie, JULES-PAUL TARDIVEL

le charivari

Le Charivari, d'ailleurs, n'est-ce pas le sou du franc du public sur les joies nuptiales renouvelées,...
Un charivari, LÉO-PAUL DESROSIERS

la chasse

... il n'y a pas de noblesse plus ancienne, sinon celle de la chasse.
Clairière, M. CONSTANTIN-WEYER

« ... je m'en vas à la chasse. C'est ça qui est la vie. Que l'yâble emporte les foins. »
Marie-Didace, GERMAINE GUÈVREMONT

... quand un vrai chasseur suit une piste, il tombera d'épuisement plutôt que de l'abandonner.
Il était trop beau (Contes de la Nature), JULES LARIVIÈRE

La misère qu'il avait, bah! c'était une vieille connaissance. Les chasseurs l'avaient toujours eue dans leur sac!
Menaud, maître-draveur, FÉLIX-ANTOINE SAVARD

Si le chasseur qui a faim commet un acte noble en tuant le gibier, quel est donc la bassesse de son acte lorsqu'il tue par plaisir de tuer?
N'Tsuk, YVES THÉRIAULT

Un homme que l'on dit chasseur expert est donc un homme qui possède une science extrêmement complexe.
Le Roi de la Côte Nord, YVES THÉRIAULT

La chasse ne se borne pas à abattre des animaux.
Il y a là une science millénaire,...
Le Roi de la Côte Nord, YVES THÉRIAULT

le château

C'est le nom, dans nos villages, de tout édifice rivalisant d'importance avec le presbytère!
Mon fils pourtant heureux, JEAN SIMARD

le chauve

Comme il était chauve, il avait la hantise d'avoir les cheveux longs.
Saint-Pépin, P.Q., BERTRAND VAC

le chef

Le premier besoin des hommes, dans le péril, est de croire à un chef qui commande et la première qualité du chef est de croire lui-même ce qu'il ordonne.
Le Français, DAMASE POTVIN

le chemin du Roi

Le chemin du roi est à tout le monde; il est même aux bêtes qui, en toute liberté, broutent goulûment les herbes grasses et variées qui poussent, de chaque côté, au long des clôtures et aux accotements des fossés.
Le Français, DAMASE POTVIN

chercher

On passe sa vie à chercher des réponses.
Le Funambule, WILFRID LEMOINE

Un homme qui ne cherche rien c'est pas bon. Pour vivre il faut chercher. Quand on cesse, on meurt, hein?...
Le Fou de l'île, FÉLIX LECLERC

«...ce qui importe c'est de chercher, ce n'est pas de trouver...»
Le Fou de l'île, FÉLIX LECLERC

le choix

Choisir, c'est déjà se diminuer, se rétrécir, mais c'est inévitable.
Lettres à une provinciale, ROGER DUHAMEL

Chacun son goût, dit-il, et chacun sa manière:
Moi j'accepte le bien
Qu'on me donne pour rien,
Ce pâté veut, je crois, que je m'arrête en route.
Le Rat et le Pâté (Fables), PAMPHILE LE MAY

On dit que la vie repose sur le choix qu'on se fait. Moi, je n'ai jamais choisi. C'est peut-être là mon erreur.
Le Manège ivre, MARCELLE McGIBBON

le chômage

Flâneurs et fainéants, chômeurs professionnels spéculent actuellement sur les octrois de chômage, considèrent le Gouvernement comme un créancier qui leur doit une vie exempte de travail, de prévoyance et d'économie.
Le Vrai Remède, GEORGES-MARIE BILODEAU

Les petits désœuvrés d'aujourd'hui sont les voleurs de demain.
Bleu-Blanc-Rouge, ÉVA CIRCÉ

Plus de travail, l'ouvrier chôme;
Là-bas, au bourg qu'il a quitté,
La misère, ce noir fantôme,
Pendant de longs jours l'a hanté.
L'Émigré, EUDORE ÉVANTUREL

Chômeur, c'est quasiment un métier asteur.
On n'est pas sorti du bois, DOMINIQUE DE PASQUALE

Et moi? Eh! ben, tu me vois. Tout seul dans mon bateau. Le dernier de mon espèce. Le dernier des chômeux. Une curiosité!
Bonheur d'occasion, GABRIELLE ROY

... les jeunes n'avaient qu'une solution au chômage: partir pour la ville.
Saint-Pépin, P.Q., BERTRAND VAC

les chrétiens

Hélas! la chrétienté,... est devenue l'une de ces ruines majestueuses que l'humanité a semées sur son chemin à travers les âges.
Discours et conférences du 10 septembre 1910, THOMAS CHAPAIS

Dans les beaux jours de l'Église, être chrétien, c'était savoir souffrir.
Angéline de Montbrun, LAURE CONAN

le ciel

Il est certain que malgré l'infini de nos désirs et les ravissantes perspectives que la foi nous découvre, nous n'avons aucune idée du ciel.
Angéline de Montbrun, LAURE CONAN

Vous qu'aux enfers on rejette
On s'reverra peut-être au ciel...
Attends-moi « Ti-Gars », FÉLIX LECLERC

Ils sont tous semblables, les cieux. Moi, je les ai tous vus...
Le Dompteur d'ours, YVES THÉRIAULT

C'est une chose connue: le feu du ciel, ça s'éteint pas avec l'eau de la terre. Vous l'avez vu, plus on en jetait, plus ça brûlait.
Chez nous, ADJUTOR RIVARD

Le ciel est un sein. Couché sur le dos, on tête le grand sein large.
La Fille laide, YVES THÉRIAULT

le cimetière

Il n'existe en effet qu'un seul ordre parfait: celui des cimetières. Les morts ne réclament jamais et ils jouissent en silence de leur égalité...
La Fin des haricots, JEAN-LOUIS GAGNON

Au cimetière, nous nous retrouverons tous.
La Voix des sillons, ANATOLE PARENTEAU

Il n'y a pas de fosses communes dans nos paroisses. Chaque mort a sa place particulière.
La Rivière-à-Mars, DAMASE POTVIN

le citadin

... il n'existe pas de citadins plus convaincus que les anciens campagnards; il n'existe pas de meilleurs campagnards que ceux qui fréquentent la ville. C'est l'une des innombrables contradictions à notre nature.
Les Condisciples, ANDRÉ DUVAL

Le sort du citadin, surtout du citadin besogneux, est intimement lié à celui du rural.
Le diable est aux vaches, JEAN DE LA GLÈBE

la citation

La citation gratuite et pédante est tout ce qu'il y a de plus irritant.
Lettres à une provinciale, ROGER DUHAMEL

la civilisation

Dans l'existence du monde, que de peuples se sont élevés au plus haut degré de civilisation, pour ensuite rentrer dans l'oubli.
Le Repaire des loups gris, ANDRÉ BER

On peut juger du degré de civilisation qu'un peuple a atteint par le degré d'honneur qu'occupe la femme dans la société.
Le Conseiller, UN COMPATRIOTE

... l'homme est un animal cruel et sanguinaire dès qu'il est livré à ses instincts. La civilisation n'est qu'un vernis qui s'écaille à la moindre secousse.
Lettres a une provinciale, ROGER DUHAMEL

Plus la civilisation avance, plus elle est meurtrière.
L'Autre Guerre, JEHAN MARIA

Nous sommes fils d'une civilisation qui donne leur chance à ceux qui ont pu accéder à la culture, à l'éducation, aux responsabilités, à l'argent.
Vieillir au Québec, HUBERT DE RAVINEL

... la civilisation, c'est d'avoir pu libérer la femme de ses servitudes.
N'Tsuk, YVES THÉRIAULT

la classe sociale

Je craignais pour elle, pour la frêle beauté de son être livré à la vue de ces gens grossiers qui n'appartiennent pas à sa classe.
L'Insoumise, MARIE-CLAIRE BLAIS

le club

Le club est le royaume inviolable, indéfectible des hommes.
Mon fils pourtant heureux, JEAN SIMARD

le cœur

Pour bouleverser la mer il faut la tempête, mais pour troubler le cœur, jusqu'au fond, que faut-il!... Hélas, un rien, une ombre.
Angéline de Montbrun, LAURE CONAN

On dit que le cœur le plus profond finit par s'épuiser.
Angéline de Montbrun, LAURE CONAN

Plus le cœur est grand, plus on y loge d'enfants.
Les Terres noires, JEAN-PAUL FUGÈRE

Le cœur est tout un monde où le puissant amour
Déverse sa chaleur et ses flots de lumière;
Sa présence ensoleille et fait aimer le jour,
Elle apporte à la fois le rêve et le mystère.
Le Cœur, JEAN-LOUIS GUAY

Tu sais, mon vieux, quand un cœur a plus que sa charge, il faut qu'il déborde.
En pleine terre, GERMAINE GUÈVREMONT

Le cœur est une longue sentinelle de pierre aux portes du gel.
Poèmes, ODETTE LÉGER

Les fleurs de nos parterres
Ne vivent qu'en été;
Celles des cœurs sincères
Durent l'éternité.
Les Fleurs d'un cœur ami, OSWALD MAYRAND

Le cœur humain, comme le corps, a ses habitudes; après les grandes crises il se défend, ainsi qu'un faisceau de nerfs, et semble demander un peu de repos avant de se lancer dans de nouvelles aventures...
Restons chez nous, DAMASE POTVIN

Le cœur d'une jeune fille est comme l'amadou, une étincelle suffit pour l'embraser,...
Le Bailli dupé, JOSEPH QUESNEL

Le cœur n'est pas une ville imprenable. Il s'ouvre volontiers aux traits d'un œil aimable.
Dollard des Ormeaux, BOURBEAU RAINVILLE

Le cœur est à l'effigie de la pensée.
Les Pierres de mon champ, MARGUERITE TASCHEREAU

... le cœur des mortels est un vaste incendie;
Tout lui sert d'aliment: rien ne le rassasie.
Souvenirs et Regrets, N.-D.-J. JEAUMENNE

la colère

Je ne pleure pas;
je rage, c'est tout!
La Tragique Indiscrétion, ANDRÉ BEAUCLAIR

Pour remuer les gens, il faut être en colère.
Satire contre l'avarice, MICHEL BIBAUD

... la colère est le plus grand des maux
Qui jamais aient troublé les peuples de la terre;
Et souvent de grands saints n'ont pas pu s'en défaire.
Un Incident au Palais de Justice, ÉPHREM CHOUINARD

... se fâcher, s'impatienter, c'est dépenser inutilement quelque chose de sa force.
Angéline de Montbrun, LAURE CONAN

Se passionner, c'est se battre contre des moulins.
Cul-de-sac, YVES THÉRIAULT

Jamais l'homme ne doit céder à sa colère. Il doit d'abord retrouver son calme, parler ensuite...
Le Ru d'Ikoué, YVES THÉRIAULT

le collège

Fuir le collège! Vive la liberté!
Louise Genest, BERTRAND VAC

le colon

Le colon anglais amasse du bien, et ne fait aucune dépense superflue; le français jouit de ce qu'il a, et souvent fait parade de ce qu'il n'a point.
Journal historique, FRANÇOIS-XAVIER DE CHARLEVOIX

Le colon anglais était principalement dominé par l'amour de la liberté et la passion du commerce et des richesses.
Histoire du Canada, F.-X. GARNEAU

... dans la famille des colons le courage et la persévérance sont les principales qualités de l'homme.
Jean Rivard, ANTOINE GÉRIN-LAJOIE

Vous êtes les serviteurs de vos animaux: voilà ce que vous êtes. Vous les soignez, vous les nettoyez; vous ramassez leur fumier comme les pauvres ramassent les miettes des riches. Et c'est vous qui les faites vivre à force de travail parce que la terre est avare et l'été trop court.
Maria Chapdelaine, LOUIS HÉMON

Pour aimer il faut sa moitié,
Y'a pas d'moitié chez les colons.
Chanson des colons, FÉLIX LECLERC

Homme pur, homme franc, colon du Canada.
Les Boucheries, JOSEPH MERMET

Des colons ambitieux n'auront de bonheur, semble-t-il, que le jour où ils verront tomber le dernier arbre de leur lot,...
Le Français, DAMASE POTVIN

... quand on est... colonne, le travail est notre lot...
Restons chez nous, DAMASE POTVIN

le commérage

Ce que les journaux ne réussissent à faire, les langues se chargent de l'accomplir.
La Terre vivante, HARRY BERNARD

On attaque avec un mot, il faut des volumes pour réfuter l'accusation.
Le Conseiller, UN COMPATRIOTE

A la campagne, si tu fais un pas de travers, tous le savent et tous te critiquent; à la ville, tu roules, tu tournes sans jamais recevoir de reproches.
La Terre ancestrale, LOUIS-PHILIPPE CÔTÉ

Nommer quelqu'un devant elle, c'était ouvrir un procès.
Vézine, MARCEL TRUDEL

le commerce

L'honnêteté, dans le commerce, c'est un scrupule dont on ne doit pas s'embarrasser la conscience si on veut percer le cordon des concurrents.
Jours de folie, HENRI BEAUPRAY

De fait, le commerce avec ses semblables ne laisse à l'homme sensé que deux postures raisonnables: la misanthropie et la sainteté. Il faut ignorer tous les humains, ou s'enfermer dans un cloître et prier pour eux...
Mon fils pourtant heureux, JEAN SIMARD

la communication

On s'intéresse, on s'étonne un peu, on ressent un certain petit frisson sans importance, mais on ne communique pas, la compassion est absente.
N'Tsuk, YVES THÉRIAULT

le communisme

Quand le communisme nous aura obtenu le droit de boire tous au même verre, comment nous assignera-t-il notre tour?
Les pierres de mon champ, MARGUERITE TASCHEREAU

C'est les communistes! C'est encore les communistes! C'est le vrai Antéchrist ça...
Les Vendeurs du temple, YVES THÉRIAULT

la compétence

C'est la même chose partout. L'habileté se perd,... le métier se perd...
Bonheur d'occasion, GABRIELLE ROY

... à cette heure-ci,... on juge un homme d'après sa compétence et non d'après un bout de papier.
Bonheur d'occasion, GABRIELLE ROY

comprendre

Je voudrais apprendre à comprendre, à pratiquer la vie, je voudrais oublier le beau ténébreux et ses immortelles tristesses.
Angéline de Montbrun, LAURE CONAN

Il y a des choses qui s'expliquent seulement à qui veut les entendre:...
Marie-Didace, GERMAINE GUÈVREMONT

... savoir écouter et vouloir comprendre, c'est un phénomène rare, mon cher.
Causons, LOUIS LALANDE

« Tu n'as pas à comprendre, tu n'as qu'à devenir. »
Les Invités au procès, ANNE HÉBERT

Lire, c'est bien
Mais comprendre, c'est mieux.
Honnêtement, je t'avertis, ÉMILE MULLER

Il faut souffrir pour comprendre; et comprendre, n'est-ce pas la plus grande richesse?
Alexandre Chenevert, GABRIELLE ROY

« J'ai besoin de comprendre; et on ne comprend presque jamais que seul,... »
La Montagne secrète, GABRIELLE ROY

compromettre

Je ne vais pas compromettre toute ma vie pour cet enfant qui n'a peut-être que sa beauté.
Quand j'aurai payé ton visage, CLAIRE MARTIN

le compromis

On n'apprend jamais assez tôt que le compromis est à la base du bonheur.
Les Taupes, FRANÇOIS MOREAU

L'idéologie du compromis, de la bonne entente, de la résignation, de la vie intérieure contribue à assurer le maintien de l'ordre établi.
Les Armes à la main, ANDRÉ MAJOR

la concurrence

Il espère aller loin... Mais tu sais, contre des concurrents anglais...
La Terre, ERNEST CHOQUETTE

la confession

Vous confesser, c'est votre affaire à vous, parce que c'est votre devoir; oui votre devoir, et par-dessus le marché votre intérêt, à moins que vous ne préfériez aller en enfer.
Les ennemis des curés, MGR LOUIS-GASTON DE SÉGUR

« Une vraie confession, cela se fait à deux: donnant, donnant. »
Le Temps sauvage, ANNE HÉBERT

La confession! ce n'est pas fait pour une femme mariée, tant qu'elle n'a pas ses quarante et quelques années.
Causons, LOUIS LALANDE

le confessionnal

Comme au sort du confessionnal, il ne sera plus certain de rien.
Le gouffre a toujours soif, ANDRÉ GIROUX

Combien triste est l'amour au confessionnal! Seuls les faits grossiers y ressortent.
Alexandre Chenevert, GABRIELLE ROY

la confiance

... cette confiance en vous-même vous donnera du succès auprès des femmes.
Les Demi-civilisés, JEAN-CHARLES HARVEY

la confidence

Les confidences attendaient le silence, l'obscurité, la nuit.
Bonheur d'occasion, GABRIELLE ROY

le confort

Le confort a été inventé pour distraire l'homme de son insécurité.
Les Propos du timide, ALBERT BRIE

la connaissance

L'homme moderne héritait d'une montagne de connaissances. Même s'il eût limité sa curiosité à ce qui s'imprimait dans son temps, il ne fût jamais arrivé à tout avaler.
Alexandre Chenevert, GABRIELLE ROY

la conscience

La conscience est une invention de l'envie des autres!
Le Roi ivre, JACQUES LANGUIRAND

... il faut avoir une bonne conscience pour se bien fâcher.
Quand j'aurai payé ton visage, CLAIRE MARTIN

Seule une sévère conscience individuelle peut permettre une prise de conscience sociale concrète.
Vieillir au Québec, HUBERT DE RAVINEL

le conseil

Plus les sages avisent, plus les fous rient.
L'Autre Guerre, JEHAN MARIA

le contentement

Mon contentement vient des actes doux accomplis dans la bonne odeur du soir, loin de tout bruit, dans une liberté que tu ne connais plus,...
N'Tsuk, YVES THÉRIAULT

la contradiction

Vous avez cultivé... l'esprit de contradiction...
C'est... un moyen certain de se rendre intéressant.
Les Demi-civilisés, JEAN-CHARLES HARVEY

la contrition

La contrition n'abolit pas la mémoire et les jugements qu'elle impose aujourd'hui ne peuvent rien contre le fait qu'on ait jugé autrement hier.
Le Visage de l'attente, RICHARD JOLY

se contrôler

Pour en arriver à contrôler aussi parfaitement ses émotions, il faut, en général, qu'un homme souffre beaucoup et très profondément.
Isabelle, PIERRE DAGENAIS

... ce soi-même quand il est dompté, on peut lui faire sauter les précipices.
Le Fou de l'île, FÉLIX LECLERC

convaincre

Arriverait-il donc à convaincre sans se convaincre lui-même? Allumerait-il des enthousiasmes autour de lui sans en garder une parcelle pour lui-même?
Bonheur d'occasion, GABRIELLE ROY

la conversation

L'art de la conversation commence à la maison.
Qui est Dupressin?, GILLES DEROME

... c'est notre vertu de sociabilité qui nous entraîne à gêner nos voisins en leur imposant notre conversation.
Lettres à une provinciale, ROGER DUHAMEL

la coquette

Femme coquette, la beauté n'est pas éternelle; ces diamants, qui sont les sueurs de ton mari, se changeront en pleurs à l'automne de tes jours!
Bleu-Blanc-Rouge, ÉVA CIRCÉ

On vous trouve bien un peu frivole, mais on finira par s'avancer, et cette fois-là, j'espère que vous mettrez vos coquetteries de côté,...
Angéline de Montbrun, LAURE CONAN

la coquetterie

A quoi bon m'ajuster ou m'habiller avec coquetterie, et même arranger mes cheveux? Pour qui prendrais-je soin de ma personne?
L'Ampoule d'or, LÉO-PAUL DESROSIERS

le coup

Le grand avantage quand on reçoit trop de coups, c'est que finalement on ne sent plus rien.
Les Taupes, FRANÇOIS MOREAU

le coupable

L'homme coupable peut dormir quelque temps en sécurité; mais lorsque la coupe du crime est remplie, une dernière goutte y tombe, et une voix qui semble descendre du ciel vient faire retentir aux oreilles du criminel ces terribles paroles: c'est rare!
Le Chercheur de trésors, PHILIPPE AUBERT DE GASPÉ (fils)

le couple

Un couple qui n'a jamais de scènes est un couple voué à l'échec.
Hôtel Hilton, Pékin, EUGÈNE CLOUTIER

Un couple ne peut survivre que par le mystère.
Hôtel Hilton, Pékin, EUGÈNE CLOUTIER

Ame contre âme, liés par la glue de la haine, autrement plus tenace que celle de l'amour.
Poussière sur la ville, ANDRÉ LANGEVIN

le courage

... courageux, comme le sont les vrais Canadiens, ils ne s'étaient points laissés abattre par l'épreuve.
La terre se venge, EUGÉNIE CHENEL

Les Patriotes ont eu la gloire tandis que les mauvais garçons, les bagarreurs, les pendus du petit peuple... ne voient jamais leur courage reconnu;...
Cotnoir, JACQUES FERRON

Il est vrai que les choses simples exigent parfois beaucoup de courage.
Le gouffre a toujours soif, ANDRÉ GIROUX

... je rentrais dans le monde avec beaucoup d'illusions et de confiance en moi-même.
Les Demi-civilisés, JEAN-CHARLES HARVEY

Que de beaux faits de notre histoire, que de traits d'héroïsme et de courage sont restés dans l'oubli!
La Société canadienne, L.-O. LÉTOURNEAUX

Marchez: car un grand cœur ne se rebute point.
Le Tableau de la mer, JEAN TACHÉ

Ce n'est pas en fuyant le danger qu'on le conjurera, mais en le combattant de plein front.
N'Tsuk, YVES THÉRIAULT

... ton courage. Voilà qui dépasse tous les hommes d'ici.
Le Dompteur d'ours, YVES THÉRIAULT

le coureur de bois

L'histoire loue avec enthousiasme des marches militaires qui duraient un mois; cependant elles étaient peu de choses comparées aux marches de nos vieux coureurs de bois...
Légendes du Nord-Ouest, ABBÉ GEORGES DUGAS

Les coureurs de bois, eux, avaient conquis sur la forêt elle-même leur hardiesse au milieu des périls, leur endurance à la misère, leur ingéniosité dans tous les besoins.
Menaud, maître-draveur, FÉLIX-ANTOINE SAVARD

la coutume

Oh! ne les raillons pas, ces coutumes ancestrales; elles sont touchantes parce qu'elles ont leur racine dans la plus grande intimité et le plus irréductible de notre imagination...
Restons chez nous, DAMASE POTVIN

... l'esprit borné par le refus d'accepter tout ce qui n'était pas ses coutumes à elle ou ses habitudes...
Aaron, YVES THÉRIAULT

le couvent

De son bref séjour au couvent... elle gardait la nostalgie des fins ouvrages.
Le Survenant, GERMAINE GUÈVREMONT

Dans un pays comme le nôtre,... il est des détresses qui n'ont guère d'autre refuge que le couvent.
Les Demi-civilisés, JEAN-CHARLES HARVEY

... au couvent... il y avait un cœur percé, et chaque fille qui assistait à la messe avait le droit, en entrant en classe, d'aller enlever une de ces épines du cœur transpercé.
Bonheur d'occasion, GABRIELLE ROY

La communauté qui m'entoure m'empêche de poser des gestes excentriques et l'état auquel je me suis vouée me retient de les imaginer trop précisément.
Ma sœur, ANDRÉE THIBAULT

craindre

Hélas, on est comme on est. Un craintif devient rarement un héros, sauf dans les dessins comiques dont les yankees se réjouissent.
Le Bois des renards, ANDRÉE MAILLET

Je crains tout sauf l'homme.
Les Remparts de Québec, ANDRÉE MAILLET

Il n'avait surtout pas encore appris à craindre et son regard en était resté brave.
Aaron, YVES THÉRIAULT

Elle allait sans bruit, car elle était craintive,...
Vézine, MARCEL TRUDEL

la création

Ah! le mal de créer obsède ma jeunesse!
Vivre et Créer, ROBERT CHOQUETTE

Être la cause, l'auteur de quelque chose, c'est là qu'est le plaisir.
La Terre ancestrale, LOUIS-PHILIPPE CÔTÉ

Tout être humain ne vit réellement qu'en proportion de ce qu'il crée.
Qui est Dupressin?, GILLES DEROME

le crédit

Acheter à crédit, c'est s'faire voler plus tard.
Placoter, GILLES VIGNEAULT

la criée

Ces criées, qui se font régulièrement le dimanche à la porte des églises, sont regardées comme de la plus haute importance par la population des campagnes;...
La Terre paternelle, PATRICE LACOMBE

le crime

Je suis Caïn, je suis Judas, je suis tout homme
Qui frappe son semblable et fait périr son Dieu;
Je suis le déicide et le frère envieux.
Des crimes des humains j'ai fait en moi la somme.
Refugium Peccatorum, GUSTAVE LAMARCHE

croire

—Croire est un mot vide...
Je ne crois rien. Je constate.
Je calcule. J'ordonne.
Les Nomades, JEAN TÉTREAU

la croix du chemin

La nation entière même la révère, cette glorieuse croix: fixée dans ce sol canadien, elle reçoit, dès lors, une consécration, elle fait partie de la grande légion, où sont enrôlées toutes les croix des routes,...
Un matin de mai, JEAN-VICTOR CARTIER

On n'est pas neutre envers la croix, envers une croix de famille surtout.
Marché rompu, ALBERT CORNELLIER

Ces croix ne sont-elles pas l'âme de la race?
Scènes d'autrefois et scènes d'aujourd'hui, JOS.-H. COURTEAU

Aux jours pénibles de la conquête, sous l'oppression de lois iniques, un dernier refuge reste à notre peuple: la croix du clocher et la croix du chemin.
Scènes d'autrefois et scènes d'aujourd'hui, JOS.-H. COURTEAU

... la croix canadienne se hausse à des hauteurs inconnues, elle étend ses bras immenses, son ombre protectrice sur toute la Nouvelle-France:...
Notre croix, LÉO-PAUL DESROSIERS

... la Croix de chez nous était plus qu'un monument traditionnel ou religieux rappelant à nos pères le divin crucifié;

c'était aussi le témoin vivant de l'histoire ancestrale,...
La Croix du p'tit rocher, VIATEUR FARLY

A l'abri de ton ombre, ô croix de mon Sauveur,
Fais-moi participer à l'éternel bonheur.
La Croix, N.-D.-J. JEAUMENNE

... c'est à l'ombre de la croix que naissent le bonheur et la paix.
La Croix du chemin à la Pointe-à-Major,
JOSEPH-MOÏSE LEBLANC

Un peuple qui est né, a souffert et grandi à l'ombre de la croix en aura nécessairement l'immortalité!
La Croix du chemin à la Pointe-à-Major,
JOSEPH-MOÏSE LEBLANC

Habitude nationale, reçue des ancêtres, Bretons ou Normands, et conservée par leurs descendants, les croix du chemin marquent en rouge ou en blanc tout notre territoire. Comme les phares, elles étoilent la carte spirituelle de la nation.
Brièvetés, OLIVIER MAURAULT

Ces croix des routes ont des significations; elles rappellent des événements que les gens connaissent,...
Vous qui pleurez, DAMASE POTVIN

la crosse

... la partie de crosse: expression authentique de notre mentalité nordique. Jeu sauvage, jeu prodigieusement viril, où la force et le sang-froid, la fougue, la souplesse, la subtilité s'affrontent et se complètent les unes les autres.
Le Beau Risque, FRANÇOIS HERTEL

la croyance

Votre erreur est de croire encore et malgré tout qu'une personne est le soleil, qu'une personne est la vie.
L'Ange gardien, WILFRID LEMOINE

... nous croyons tous à l'impossible, sans quoi nous n'arriverons jamais à l'accomplir.
Souvenirs en accords brisés, ANDRÉE MAILLET

... en matière d'argent les croyants n'étaient pas nécessairement les mieux favorisés.
La Petite Poule d'eau, GABRIELLE ROY

le cultivateur

Le sillon, au Canada, ne marque-t-il pas, en effet, le titre le plus authentique et le plus incontestable, le mariage le plus intime avec la terre?
Vieilles Choses, Vieilles Gens, GEORGES BOUCHARD

Chez tous les peuples civilisés, la culture artistique est une supériorité.
L'Art et la Jeunesse, PIERRE-J. DUPUY

... l'homme des champs reçoit, durant son travail, un regain de vie.
La Terre ancestrale, LOUIS-PHILIPPE CÔTÉ

... un cultivateur sur sa terre est plus roi qu'un roi; le royaume est plus petit, mais il le tient mieux dans sa main.
La Terre ancestrale, LOUIS-PHILIPPE CÔTÉ

Être son propre maître, n'avoir à répondre de rien à personne, se dire que chaque heure d'ouvrage ajoute à sa propre richesse, c'est une satisfaction extrême: le cultivateur la possède.
La Terre ancestrale, LOUIS-PHILIPPE CÔTÉ

Un cultivateur intelligent voit chaque jour augmenter sa richesse, sans craindre de la voir s'écrouler subitement;...
Jean Rivard, ANTOINE GÉRIN-LAJOIE

Nos cultivateurs n'ont pas d'heures fixes, ni pour le repos, ni pour le travail.
La Rivière-à-Mars, DAMASE POTVIN

la culture

Les traces d'une culture française devaient fatalement disparaître de ce continent d'Amérique. On pouvait retarder l'échéance, on n'y échapperait pas.
L'Homme tombé, HARRY BERNARD

Nous ne serons des hommes au sens fort, des personnes, que lorsque nous vivrons de nous-mêmes, de notre fond de culture.
Le Beau Risque, FRANÇOIS HERTEL

... qu'importe où l'on se cultive pourvu qu'on se cultive.
Les Remparts de Québec, ANDRÉE MAILLET

On peut savoir beaucoup de choses et n'être guère cultivé, mais d'autre part on peut ne pas savoir lire et l'être.
Journal d'un vicaire de campagne, JOSEPH RAICHE

le curé

Chaque curé en Canada fait de son presbytère un restaurant ecclésiastique.
Coups de crayon, F.-A. BAILLAIRGÉ

Notr' curé, c'est Jésus sur la terre...
Un acte de pitié, MARIE-CLAIRE BLAIS

Le curé, l'homme écouté plus que tout autre dans nos paroisses canadiennes; celui que l'on consulte dans toutes les circonstances difficiles, qui apporte un remède à tous les maux, ne fût-ce que la consultation.
La Terre ancestrale, LOUIS-PHILIPPE CÔTÉ

... dans nos paroisses canadiennes, le curé est presque toujours regardé comme le conseiller indispensable, le juge en dernier ressort, dans toutes les importantes affaires de famille.
Jean Rivard, ANTOINE GÉRIN-LAJOIE

... le devoir d'un curé est de veiller sur chacun de ses paroissiens, d'avoir part à sa joie, ou à sa peine, dans la mesure où Dieu le permet.
Le Temps sauvage, ANNE HÉBERT

Le curé? Laisse-le faire. Il ne voit le monde qu'à travers sa paroisse et ses lubies politiques.
La Famille Plouffe, ROGER LEMELIN

Dans les paroisses canadiennes, le curé, c'est le père de tous les habitants... C'est lui, d'abord, qui l'a fondée cette belle institution de la paroisse canadienne-française, qui devait être la raison de notre survivance et de notre multiplication,...
Restons chez nous, DAMASE POTVIN

C'est que dans nos paroisses, l'âme du progrès, le grand ressort qui ment tout, c'est le curé.
Restons chez nous, DAMASE POTVIN

... s'mettre contre les curés, par icitte, c'est de s'mettre la corde au cou.
Les Vendeurs du temple, YVES THÉRIAULT

Gagnez les curés et sacrez-vous du reste de la population.
Les Vendeurs du temple, YVES THÉRIAULT

Les curés sont habituellement du côté du gagnant,...
Saint-Pépin, P.Q., BERTRAND VAC

la curiosité

... je n'ai pas l'esprit curieux. Chercher les sources, remonter aux principes, c'est l'affaire des explorateurs et des philosophes.
Angéline de Montbrun, LAURE CONAN

... il faut se mêler de ce qui nous regarde...
Le Funambule, WILFRID LEMOINE

Ma curiosité! ce n'était plus qu'une pelote à épingles hérissée de questions insolubles.
La Sentinelle, RINGUET

d

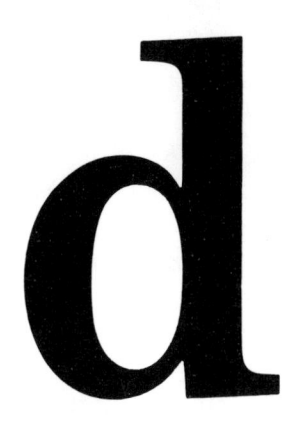

la damnation

Ma damnation est sur place et mon crime est d'être né,...
Le Chant de l'exilé, FRANÇOIS HERTEL

le danger

... le talent, une grande situation dans le clergé, la renommée comme écrivain ou comme prédicateur, tout cela ne mettrait-il pas son âme en péril?
Les Dames Le Marchand, ROBERT DE ROQUEBRUNE

Quand on est deux pour craindre un danger, est-ce que cela le diminue?
Ma sœur, ANDRÉE THIBAULT

L'homme qui réchauffe un serpent sous son habit prend la mort pour compagne de route.
Le Rebelle, RÉGIS DE TROBRIAND

danser

Rien n'est plus surhumain, peut-être, qu'un danseur en bonne forme; son corps dépasse de très loin ses possibilités normales en semblant se jouer des lois mêmes de la matière, et son esprit atteint les plus hautes vérités, par la science infuse de l'instinct artistique.
Danseurs en mer, ROLAND LORRAIN

Je veux ce soir danser comme s'il était là,
Comme s'il n'était pas
Endormi à jamais
Celui que j'adorais...
Hasoutra la danseuse, MEDJÉ VÉZINA

décembre

Décembre, le mois des bourrasques, apportant le père Noël et son sac plein de jouets, de surprises, de rubans et de souhaits; apportant aussi le père Hiver et son sac plein de maladies, de rafales, de froidures et de tristesses!
Le Voleur de bois, FÉLIX LECLERC

la déception

Je crois que la plus cruelle déception que l'homme puisse éprouver durant le cours de sa vie est celle que produit sur lui le monde vu de près.
Une entrée dans le monde, NAPOLÉON AUBIN

la déchéance

La déchéance n'est pas dans la faillite: elle est dans la fuite, dans l'abandon.
Les Pigeons d'Arlequin, MICHEL GRECO

Le sentiment de sa déchéance l'engourdissait de tristesse.
La Rivière-à-Mars, DAMASE POTVIN

C'est d'avoir été et de ne plus être qui arrache à l'homme le dernier lambeau de sa joie.
Ashini, YVES THÉRIAULT

on dit que
par maladresse ou par ennui
on laisse souvent croître
des tentacules de crasse
réservées à l'échec.
Choix puant la fruit, JOYCE YEDID

les défauts

Puissent nos défauts trouver leur pardon dans les motifs.
Préface à « Les Fiancés de 1818 », JOSEPH DOUTRE

Leurs défauts.... : l'envie, l'habitude de se plaindre plutôt que de s'affirmer, de haïr plutôt que d'aimer; beaucoup d'arrogance, par contre, quand ils se montraient les plus forts: bref, les défauts des hommes en général,...
Alexandre Chenevert, GABRIELLE ROY

défendre

Un Canadien défend le territoire,
Comme il saurait venger la liberté.
Le Voltigeur, ANONYME

la défense

On refuse d'ouvrir les yeux, et forcément on ne voit rien. C'est un moyen de défense comme un autre.
Les Taupes, F. MOREAU

le défi

... —il faut toujours un défi, plus les défis sont grands plus il y a de chances de sortir quelque chose d'intéressant.
La Mise à l'épreuve, RÉNALD BÉRUBÉ

demain

Demain, c'est la désespérance, c'est peut-être aussi l'espoir.
Cœurs et Homme de cœur, ANTONIO PELLETIER

Demain... Cela voulait dire quand au juste? L'année d'ensuite? Dans dix ans?
Agaguk, YVES THÉRIAULT

Demain... demain, ce sera un autre jour, d'autres rêves...
Le Dompteur d'ours, YVES THÉRIAULT

le déménagement

Le déménagement, qui met sens dessus dessous la grande cité, trouble l'harmonie des foyers,...
Bleu-Blanc-Rouge, ÉVA CIRCÉ

C'était d'ailleurs peu compliqué pour eux de lever le camp. Comme les Indiens, ils n'avaient presque rien; et ceci: poêle et marmites, ils le laissaient volontiers derrière eux, histoire de partir plus librement.
La Petite Poule d'eau, GABRIELLE ROY

le départ

je rêve d'aller comme allaient les ancêtres:
J'entends pleurer en moi les grands espaces blancs,...
Je suis un fils déchu, ALFRED DESROCHERS

Oui, à l'heure où il est, si j'avais été assez riche pour me faire conduire à la frontière, je foulerais probablement une autre terre que celle de la patrie, je mangerais « le pain amer de l'étranger. »
Jean Rivard, ANTOINE GÉRIN-LAJOIE

Faudrait pas connaître les gars de par chez nous. Ils partent pour mettre le feu aux quatre coins du monde, mais au bout de deux jours, ils reviennent chercher leur étoupe par icitte.
Marie-Didace, GERMAINE GUÈVREMONT

Je ne demande pas où mènent les routes; c'est pour le trajet que je pars.
L'Ange de Dominique, ANNE HÉBERT

J'aime encore mieux crever de faim chez moi qu'ailleurs.
Marche ou crève, Carignan, ROBERT HOLLIER

Le vide que tu laisseras parmi tes camarades, n'as-tu pas songé à cela?
La Voix des sillons, ANATOLE PARENTEAU

...j'aime encore mieux mourir de faim dans mon coin que de m'en aller.
Les Remois, ANTONIN-E. PROULX

Dis-moi! dis-moi ce qui t'attire au loin. Je voudrais te comprendre, enfin jusqu'au fond de toi-même.
La Dalle-des-morts, FÉLIX-ANTOINE SAVARD

la dépendance

...les hommes dépendent l'un de l'autre à travers les années, malgré les distances et les différences de castes.
Hommes du Nord, HARRY BERNARD

le député

Parlez donc, discoureurs, parlez,
Vous est-il permis de vous taire?
Parlez donc, discoureurs, parlez,...
La Sessions fédérale, REMI TREMBLAY

Le geste le plus désintéressé d'un député, c'est de mourir.
Saint-Pépin, P.Q., BERTRAND VAC

Un député n'est pas là pour décider ou discuter, mais pour voter comme et quand on le lui dit. S'il fallait que les députés se mettent à lire et à penser c'en serait du joli! Va surtout pas te mettre dans la tête d'avoir une idée, ce serait la fin de tout. Ça ne conduit nulle part.
Saint-Pépin, P.Q., BERTRAND VAC

le désaccord

L'étranger qui s'en vient habiter notre terre,
Voyant chez nous si peu d'accord ou d'amitié,
S'indigne contre nous, ou nous prend en pitié.
Satire contre l'envie, MICHEL BIBAUD

le désert

Drapé dans les rayons de l'aube matinale,
Le désert déployait sa splendeur virginale
Sur d'insondables horizons.
La Découverte du Mississipi, LOUIS-HONORÉ FRÉCHETTE

le désespoir

C'est terrible et je ne peux plus me le cacher: je suis désespéré.
Prochain Épisode, HUBERT AQUIN

moi je suis pauvre et de mon nom et de ma vie
je ne sais plus que faire sur la terre
L'Afficheur hurle, PAUL CHAMBERLAND

Tout m'avale. Quand j'ai les yeux fermés, c'est par mon ventre que je suis avalée, c'est dans mon ventre que j'étouffe. Quand j'ai les yeux ouverts c'est parce que je vois que je suis avalée, c'est dans le ventre de ce que je vois que je suffoque.
L'Avalée des avalés, RÉJEAN DUCHARME

Mon désespoir, je le sais, est ma pureté,
Ma nudité et ma pauvreté.
Poèmes, ROBERT ELIE

En un moment, hélas! tout s'est évanoui,
Il ne me reste plus que des pleurs aujourd'hui.
Le Jeune Latour, ANTOINE GÉRIN-LAJOIE

Ne sachant plus où vivre, quoi réparer, quoi détruire, nous laissons tout s'avarier, se ruiner, nous laissons tout crouler.
Lieux exemplaires, ROLAND GIGUÈRE

Malheureux! ah! nos plaintes sont vaines,
Nulle main ne vient sécher nos pleurs!
Plaintes... Vœux... Espoir..., PIERRE LAVIOLETTE

Ici, quand les hommes crient de désespoir ou d'autre chose, on étouffe le cri.
Les Iles flottantes, LISE PARENT

... je maudis le jour qui m'a vu naître, puisqu'il m'est impossible de réaliser des projets et des espérances depuis si longtemps conçus, et dont je regardais l'accomplissement comme nécessaire au bonheur de toute ma vie.
L'Avant-lever, ALPHONSE POITRAS

Certaines natures sont faites pour ne ressentir que des désespoirs. Quand un malheur, même léger, les atteint, elles s'y plongent avec amertume et rien ne les en détourne. C'est un chagrin fixe, comme il y a une idée fixe.
Le Français, DAMASE POTVIN

le désir

Au fond, tous les êtres humains sont comme moi. Ils portent le désir du mal et le désir du bien. En moi, le désir du mal est le plus fort.
Tête blanche, MARIE-CLAIRE BLAIS

Pour peu que l'on regarde autour de soi, on découvre dans toute la hiérarchie des êtres créés la répétition, à des degrés différents d'intensité, des appétits et des désirs nous animent nous-mêmes.
La Vallisnérie, JULES LARIVIÈRE

Oui, c'était le désir profond de chaque vie, l'appel de toute âme: que quelqu'un se souciât d'elle assez pour s'en ressouvenir quelquefois, et, aux autres, dire un peu ce qu'elle avait été, combien elle avait lutté.
La Montagne secrète, GABRIELLE ROY

désirer

... penser à un homme que l'on désire, c'est d'abord penser à son poids sur soi—...
Quand j'aurai payé ton visage, CLAIRE MARTIN

le désordre

Le désordre est partout, dans le ciel et dans l'air,
Le feu semble couvrir tous les flots de la mer.
Le Tableau de la mer, JEAN TACHÉ

le destin

Le destin, on le forge à coup de volonté, on le martèle à coups de tête.
Le Soleil sur la façade, ANNE BERNARD

O destin! Maître sans valets!
Tu pris mon âge avec ton glaive,
Mon enfance aux chants incomplets,
Car je ne vois rien sur la grève.
Ballade sur la grève, GEORGES BOITEAU

La destinée est sûrement une expression de l'amour qui décerne à la terre ses lois en régissant la misère et la valeur des hommes.
Vers le triomphe, EDDY BOUDREAU

Il faut suivre le chemin qui nous est tracé.
La Terre ancestrale, LOUIS-PHILIPPE CÔTÉ

On ne sauve que des élus; seuls les noyés se noient et seuls les hommes libres libèrent.
Article, CARDINAL PAUL-ÉMILE LÉGER

le détail

... ce manque de soin dans les petits détails donnait plus d'importance aux choses coûteuses qu'il portait...
Bonheur d'occasion, GABRIELLE ROY

la détresse

Soyez révolté, méchant si vous le désirez, criez, pleurez, mais ne vous cachez pas au fond de votre détresse comme les fous se cachent dans leur folie.
Tête blanche, MARIE-CLAIRE BLAIS

le deuil

Quand je vivrais encore longtemps, jamais je ne laisserai ma robe noire, jamais je ne laisserai son deuil.
Angéline de Montbrun, LAURE CONAN

faire son deuil

Le plus tôt tu en feras ton deuil, le mieux ce sera pour toué...
L'Ampoule d'or, LÉO-PAUL DESROSIERS

le devoir

Pour l'homme, l'étude de ses devoirs est nécessaire, non seulement pour en acquérir la connaissance, mais encore pour exciter sa volonté et la déterminer à les remplir.
Le Conseiller, UN COMPATRIOTE

Le sacrifice est au fond de tout devoir bien rempli;...
Angéline de Montbrun, LAURE CONAN

Réveillons-nous, enfin le devoir nous appelle;
Au firmament encore notre étoile étincelle:...
Aux Canadiens français, OCTAVE CRÉMAZIE

...la plus belle chose du monde c'est de faire son devoir.
La Famille Plouffe, ROGER LEMELIN

Chaque génération reçoit une tâche en partage. Nos pères, vaincus sur le champ de bataille, ont triomphé à la tribune et reconquis leur liberté. Il nous reste à sauvegarder les traditions qu'ils nous ont transmises,...
Allocution, ÉDOUARD MONTPETIT

Le berger qui s'en va mérite qu'on le nie.
Dollard des Ormeaux, BOURBEAU RAINVILLE

J'ai fait mon devoir, Notre-Seigneur. J'ai eu onze enfants.
Bonheur d'occasion, GABRIELLE ROY

Vous avez des devoirs à remplir, allez les remplir, et ensuite vous pourrez vous permettre de poser des actes et de prendre des décisions.
Le Dompteur d'ours, YVES THÉRIAULT

se dévouer

Ça ne paie jamais de se trop dévouer.
Un matin de septembre, ANDRÉ-PIERRE BOUCHER

le diable

Le diable est donc bien puissant. Et je suis son complice.
Le Torrent, ANNE HÉBERT

le dicton

Les dictons sont la Bible des concierges.
Le Raton laveur, MARC DORÉ

Dieu

Je sais bien que la pitié de Dieu est un symbole, mais si elle était toujours là vivante sous mes yeux, comme un exemple fervent, je ne pourrais pas commettre le péché d'injustice cent fois par jour...
Un acte de pitié, MARIE-CLAIRE BLAIS

Dieu vous aime pour vous punir comme ça!
Une saison dans la vie d'Emmanuel, MARIE-CLAIRE BLAIS

Mais vous ramenez toujours l'bon Dieu dans la conversation. Vous pensez qu'Il a l'temps de s'occuper de nos p'tites affaires, l'bon Dieu?
Sur la route d'Oka, AIMÉ CARMEL

—S'il existe un juge réel d'un destin supérieur au nôtre, il nous a déjà divisés en plusieurs catégories.
Les Témoins, EUGÈNE CLOUTIER

Dieu ne donne pas à tous la sensibilité vive et profonde.
Angéline de Montbrun, LAURE CONAN

... les âmes sont des navires dont Dieu est le capitaine.
L'Ampoule d'or, LÉO-PAUL DESROSIERS

L'homme bâille
Sous l'enseigne en néon
Où Dieu n'a pas l'air d'exister
L'Homme, FERNAND DUMONT

les enfants oubliés ne savent pas que dieu,
seul et solitaire et unique,
tout orné de métaphysique,
est bien obligé, lui aussi, d'être heureux.
Psaume VII, LÉONARD FOREST

Dans ce pays d'exil, comme il n'est rien de stable,
C'est en Dieu seul, chrétiens, qu'il nous faut espérer.
Stances morales, P. GARNOT

Dieu donne les coups où ils portent. Rien ne sert de se rebeller. C'est aller contre le vent,...
Marie-Didace, GERMAINE GUÈVREMONT

Pour lui, les commandements de Dieu et de l'Église se résumaient en quatre: faire le bien, éviter le mal, respecter le vieil âge et être sévère envers soi comme envers les autres.
Le Survenant, GERMAINE GUÈVREMONT

Rien n'est perdu pour qui sait espérer en Dieu.
Un grand mariage, ANNE HÉBERT

... nous ne sommes que de petits enfants dans la main du bon Dieu,...
Maria Chapdelaine, LOUIS HÉMON

... puisque le bon Dieu m'éprouve, c'est qu'il m'aime!
La Terre que l'on défend, HENRI LAPOINTE

Priez Allah, Jésus ou Bouddha, c'est toujours Dieu que vous invoquez. Le nom n'est rien. L'Être Suprême est tout.
Entre deux civilisations, ARMAND LECLAIR

Dieu n'habite pas les hypocrites vies que nous faisons.
Le Fou de l'île, FÉLIX LECLERC

Nous avons le plus grand,
le plus beau des jardins et
le plus grand des jardiniers:
le bon Dieu.
Notre jardin, MICHELLE LE NORMAND

... l'œuvre de Dieu, ce sont les hommes qui doivent la faire...
Les Remparts de Québec, ANDRÉE MAILLET

Et pourquoi Dieu avait-il créé la terre si belle puisque c'était pour lui soustraire les hommes.
Alexandre Chenevert, GABRIELLE ROY

C'est en aidant ses parents, tu le sais bien, qu'on sert encore mieux le bon Dieu,...
Bonheur d'occasion, GABRIELLE ROY

Dieu parlait à qui il voulait. Du reste, ce n'était pas toujours souhaitable d'être celui à qui Dieu parle. Ne s'expliquant pas nécessairement avec clarté, Dieu était néanmoins mécontent de n'être pas compris.
La Montagne secrète, GABRIELLE ROY

... qui d'entre les humains peut comprendre le fond de ces choses?
Il n'y a que Dieu, et Lui seul peut juger.
La Folle, FÉLIX-ANTOINE SAVARD

Quand nous aurons fait notre petit possible et que nous l'aurons fait de notre mieux; quand nous aurons prié de toutes nos forces, écrit de toutes nos forces, parlé de toutes nos forces, le bon Dieu ne demandera pas davantage et fera le reste.
Pour la patrie, JULES-PAUL TARDIVEL

Dieu Tout-Puissant, vous qui dirigez la destinée de la Création entière, si vous existez quelque part, ayez pitié de moi.
La Cité dans l'œuf, MICHEL TREMBLAY

la dignité

Si vous perdez votre dignité, que devient l'amour?
L'Insoumise, MARIE-CLAIRE BLAIS

Le gentilhomme qui passe dans la rue et que provoque un gamin qui patauge ne descend pas dans la boue pour se mesurer avec lui. Il n'a rien à y gagner; l'autre, rien à perdre.
Causons, LOUIS LALANDE

le dimanche

C'est dimanche,... autant aller à la messe et se coucher après.
Bonheur d'occasion, GABRIELLE ROY

la dîme

Quand monsieur l'curé a dit
Qu'la paroisse est pleine d'impies
C'est pas à cause des péchés
C'est qu'les dîmes sont pas payées...
Attends-moi « Ti-Gars », FÉLIX LECLERC

le diplomate

Le meilleur diplomate est celui qui sait le mieux dissimuler, couvrir le mensonge, arriver à son but par des voies détournées, mais toujours en sacrifiant l'honnêteté.
Le Conseiller, UN COMPATRIOTE

la discipline

Faut avoir de la discipline pour faire des grandes choses.
Zone, MARCEL DUBÉ

... il est bon de discipliner les individus en leur imposant une règle commune; mais si cette règle a pour résultat d'atrophier des principes d'action elle difforme au lieu de former.
Marcel Faure, JEAN-CHARLES HARVEY

J'aurai, je crois, la liberté
De corriger ma géniture;
Je tiens ce droit de la nature.
L'Échappée, DENIS-BENJAMIN VIGER

la discussion

Une discussion diffère toujours d'aspect selon que l'on occupe l'avant ou l'arrière d'un pupitre.
Le gouffre a toujours soif, ANDRÉ GIROUX

discuter

Ce qui importe, c'est de vaincre d'abord et de discuter ensuite.
Fuir, ALICE PARIZEAU

... je m'objecte à discuter avec un enfant.
Le Ru d'Ikoué, YVES THÉRIAULT

se disputer

Je voudrais que personne ne se dispute jamais.
Le Temps sauvage, ANNE HÉBERT

la distinction

Il est si bien mis que personne ne le remarque, ce qui est le comble de la distinction.
Silhouettes paroissiales, LOUIS LALANDE

dompter

Quand une fille a le malheur de s'amouracher d'un gars qui n'est pas domptable, elle a toujours la ressource de se dompter, elle!
Marie-Didace, GERMAINE GUÈVREMONT

donner

L'habitude de donner vient en donnant.
La Petite Poule d'eau, GABRIELLE ROY

dormir

Dors, mon enfant, l'ange dans l'ombre
Sourit à ton rêve si beau!
Dors mon enfant, ÉDOUARD LAVOIE

—Dors, pauvre homme. Dors, si tu peux. De dormir, ça change les idées. De dormir, des fois, c'est ça qui aide le plus,...
Bonheur d'occasion, GABRIELLE ROY

le dos

Le dos d'un homme m'a toujours paru plus pitoyable encore que le reste de sa personne. Peut-être qu'étant plus ou moins voûté, il semble toujours prêt à se courber davantage, se garer, fuir les coups du destin;...
La Puissance des idées, ARMAND FAILLE

la douceur

Il parlait avec douceur, comme un être qui s'est affiné dans la souffrance quotidienne.
Nord-Sud, LÉO-PAUL DESROSIERS

La douceur, cela ne menait à rien. C'était la douceur qui les avait perdus tous.
Bonheur d'occasion, GABRIELLE ROY

la douleur

Il y a une sœur de la mort qui a nom douleur. Cette sœur de la mort ne s'abreuve que de nos larmes et ne se nourrit que de nos misères.
Coups de crayon, F.-A. BAILLAIRGÉ

Ne fuis pas la douleur, mais fais-en ton âme:
Tu te purifieras à son creuset de fer.
Un jour, tu connaîtras l'orgueil d'avoir souffert;
Ton âme s'ouvrira, sereine et raffermie...
Nocturne de novembre, ÉMILE CODERRE

J'ai senti ces joies qui font toucher au ciel, mais aussi je connais ces douleurs dont on devrait mourir.
Angéline de Montbrun, LAURE CONAN

... la douleur... la douleur qui élève l'âme... qui fortifie le cœur...
A l'œuvre et à l'épreuve, LAURE CONAN

L'homme est un apprenti et il est vrai que la douleur reste son meilleur maître.
Préface à « Vers le triomphe », ALPHONSE DESILETS

... les êtres les plus beaux, les plus doux, les plus vibrants sont justement ceux-là que la vie entraîne en des voies pleines de détresse et de douleur.
Les Demi-civilisés, JEAN-CHARLES HARVEY

Sa douleur vive, sa vraie douleur, elle ne lui venait pas cependant d'avoir perdu tout ce qu'il avait fait, mais bien plus de n'avoir rien encore réussi de si parfait que, même l'ayant perdu, il eût été heureux de l'avoir accompli.
La Montagne secrète, GABRIELLE ROY

Qu'est-ce qu'on peut pour notre âme
Qui souffre d'une douleur infinie
Qu'est-ce qu'on peut pour notre cœur
Qui se tourmente et se lamente
Oeuvres complètes, HECTOR DE SAINT-DENYS-GARNEAU

le doute

On vous a toujours dit: « Ne doutez pas ». Moi, je vous dis: « Doutez! C'est la planche de salut de l'intelligence, c'est la ligne de flottaison de l'être raisonnable. »
Les Demi-civilisés, JEAN-CHARLES HARVEY

Le doute est d'ailleurs à la base même du savoir, puisqu'il est la condition essentielle de la recherche de la vérité.
Les Demi-civilisés, JEAN-CHARLES HARVEY

C'est mon âme d'enfant où le doute est entré,
Cette âme que tu vois, comme une vague houleuse,
Tour à tour agitée et tour à tour paisible,...
Cette âme, LÉO D'YRIL

le drame

Les femmes sont tellement amoureuses de leurs petits drames.
Quand j'aurai payé ton visage, CLAIRE MARTIN

le droit

... il n'est pas de pratique plus déformatrice que celle du droit.
Les Demi-civilisés, JEAN-CHARLES HARVEY

Non, je n'ai pas le droit de me plaindre, et pourtant je souffre cruellement.
Angéline de Montbrun, LAURE CONAN

Personne n'a de droits sur la vie de personne. Ni avant, ni après le mariage.
Isabelle, PIERRE DAGENAIS

Un homme... il a ben le droit de noyer son chagrin.
Marie-Didace, GERMAINE GUÈVREMONT

... ma couverture, même que c'est l'ancienne des chevaux, quand elle était encore bonne. Je la garde, c'est mon droit.
Le Printemps de Catherine, ANNE HÉBERT

... le malheur donne des droits.
Un parfum de rose bleue, ANDRÉ LANGEVIN

... je suis jeune et j'ai le droit d'être pardonné.
La Famille Plouffe, ROGER LEMELIN

A-t-on pensé, parfois, que j'avais droit à une famille, à un foyer, à une vie personnelle?
Tentations, GÉRARD MARTIN

Dans not'temps de progrès, tout le monde a droit de s'amuser...
Bonheur d'occasion, GABRIELLE ROY

... le droit d'être un homme? Cela dépasse toute religion...
Aaron, YVES THÉRIAULT

J'ai le droit de dire ce que j'pense et de le dire tout haut si ça me fait plaisir.
Les Brèves Années, ADRIEN THÉRIO

drôle

... j'sus drôle à voir, drôle à écouter. Pis je ferai un drôle de mort, un de ces jours...
Bonheur d'occasion, GABRIELLE ROY

dynamique

... je suis dynamique parce que je ne m'analyse pas.
Un fameux carambolage de billard, JEAN BASILE

e

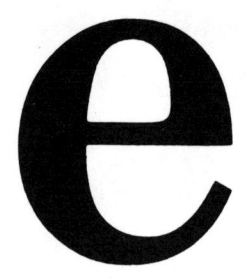

l'eau

L'eau est la mort la plus ancienne et la mémoire la plus fraîche,...
Contre le temps et la mort, LAURENT MAILHOT

... L'eau paraît en savoir plus long que la terre, peut-être parce qu'elle est plus ancienne. Tout a commencé par l'eau dans la création.
La Route d'Altamont, GABRIELLE ROY

l'échec

Vivre un échec est pire que lutter.
Le Portique, MICHÈLE MAILHOT

Qui croit faire une apothéose, lance quelquefois un pavé.
Portraits et Pastels littéraires, JEAN PIQUEFORT

l'école

Est-ce ma faute, si j'ai pris trop au sérieux les principes de morale et d'honneur qu'on m'a enseignés à l'école, au collège et même à l'Université?
Jours de folie, HENRI BEAUPRAY

Où crois-tu que nous ayons tous puisé ce sentiment anti-canadien, sinon à l'école.
Les Mauvais Bergers, ALBERT-ENA CARON

Je voudrais aller à l'école étudier, apprendre, comprendre...
Le Temps sauvage, ANNE HÉBERT

Dans un pays comme celui-ci où deux langues sont d'une égale nécessité, les enfants pourront avec avantage fréquenter une école mixte, surtout pour habituer leur organes aux sons particuliers de la langue qui leur est la moins familière.
De l'Éducation élémentaire, A.-N. MORIN

L'école est le prolongement naturel de la famille, mais elle est aussi le vestibule de l'Église.
La Formation du régime scolaire, ÉGIDE-M. ROY

Comme toutes les époques heureuses qui passent toujours trop rapidement, celle de l'école paraissait avoir fui incroyablement vite.
La Petite Poule d'eau, GABRIELLE ROY

... les écoles, comme vous appelez ces prisons de l'esprit où la tradition se perd.
N'Tsuk, YVES THÉRIAULT

l'économie

Tant que les hommes auront des passions; tant qu'il y aura dans la société des vicieux, des paresseux, des imprévoyants, des exploiteurs, il sera impossible d'établir une situation économique stable.
Le Vrai Remède, GEORGES-MARIE BILODEAU

C'est dans le domaine économique qu'il faut ordonner la vie des peuples. Pour beaucoup, leur grandeur et leur force sont en raison de leur productivité.
Les Carrières économiques, FRANÇOIS VÉZINA

écrire

Écrire est un grand amour.
Prochain Épisode, HUBERT AQUIN

Écrire, c'est parler hors de propos, trop tôt ou trop tard.
La Neige et le Feu, PIERRE BAILLARGEON

Vous savez quelle force de persuasion réside dans l'écriture. Une phrase, un simple mot parfois, révèle la pensée et nous entraîne dans un monde révolu où notre œil ne peut malheureusement plus pénétrer directement.
Le Repaire des loups gris, ANDRÉ BER

Oh! si un jour je pouvais écrire des choses belles! Ne pas écrire le désespoir, mais l'espérance.
Tête blanche, MARIE-CLAIRE BLAIS

C'est bien dur de rester devant mon encrier quand mon lit est là si près.
Angéline de Montbrun, LAURE CONAN

J'écris pour m'amuser, au risque de bien ennuyer le lecteur qui aura la patience de lire ce volume,...
Les Anciens Canadiens, PHILIPPE AUBERT DE GASPÉ (père)

... on peut dire sur le papier beaucoup de choses qu'on ne dirait pas de vive voix.
Jean Rivard, ANTOINE GÉRIN-LAJOIE

... la plume est un des plus puissants moyens d'action et pour le bien et pour le mal.
Lettres à Claude, FERNAND SAINT-JACQUES

Sacré souci d'écrire proprement!
Mon fils pourtant heureux, JEAN SIMARD

l'écrivain

Les bons écrivains contemporains sont déjà des classiques, n'étant guère lus.
Commerce, PIERRE BAILLARGEON

... l'écrivain canadien doit commencer par écarter de son esprit toutes les thèses fécondes et fines susceptibles de reposer sur le divorce, l'adultère, les liaisons libres, vu que rien n'existe suffisamment de cela dans nos mœurs pour en tirer parti avec vérité dans un livre.
La Terre, ERNEST CHOQUETTE

L'écrivain qui ne veut pas être dérangé n'a qu'à ne jamais publier. Dès qu'il publie, il doit s'attendre à être dérangé.
Hôtel Hilton, Pékin, EUGÈNE CLOUTIER

Un métier de quêteux.
Les Demi-civilisés, JEAN-CHARLES HARVEY

... nous écrivons dans un pays où les mœurs en général sont pures et simples,...
La Terre paternelle, PATRICE LACOMBE

Devant eux, tout est prêt pour écrire: encre, papier, plume. Ils n'attendent que les idées. Comme elles ne viennent pas ils

se bourrent dans celles des autres et les salissent ou les copient...
Ils vendent sous un nom de plume dans une langue châtiée les laideurs de ceux qu'ils envient.
Le Fou de l'île, FÉLIX LECLERC

... la fonction première de l'écrivain est de créer, non de méditer sur le phénomène de la création.
Le Refus du livre, JOCELYNE LEFEBVRE

Personne n'écrit, selon toi,
Comme il le faut, sous notre toit,...
Selon toi, nos vieux écrivains
Ont fait des travaux qui sont vains,...
Un critique, JEAN NOLIN

Nos écrivains sont, à peu d'exceptions près, des poètes et non des machinistes.
Guêpes canadiennes, ADOLPHE ROUTHIER

... l'écrivain doit rester en contact étroit avec son pays et, si l'on peut dire, exister en fonction de sa race.
Études et Croquis, MGR CAMILLE ROY

... chez nous l'on a reproché à nos écrivains de n'avoir pas toujours été assez eux-mêmes,...
Études et Croquis, MGR CAMILLE ROY

l'éducation

Il existe malheureusement chez nos populations rurales un préjugé funeste qui leur fait croire que les connaissances et l'éducation ne sont nullement nécessaires à celui qui cultive le sol:...
Jean Rivard, ANTOINE GÉRIN-LAJOIE

L'éducation n'est pas synonyme de nivellement: elle doit faire le développement normal des tendances bonnes et naturelles de chacun, en enseignant au jeune homme à sentir, penser et agir à sa manière.
Marcel Faure, JEAN-CHARLES HARVEY

« Ce garçon est sauvage et n'a aucune éducation! »
La Mercière assassinée, ANNE HÉBERT

... une bonne éducation élémentaire fondée sur des principes religieux suffit pour la masse d'une population.
Sermon national, H. HUDON

... sans être ennemi de l'éducation, je pense qu'il n'est pas avantageux d'entendre trop loin ses bornes;...
Sermon national, H. HUDON

« ... l'éducation qu'on a reçue dans la paroisse nous jette un tas de remords dans les jambes. »
La Famille Plouffe, ROGER LEMELIN

... le grand vice de notre institution est son défaut d'actualité.
De l'Éducation élémentaire, A.-N. MORIN

Triste spectacle dont nous sommes redevables sans doute à notre hérédité, et surtout à la propagation d'une éducation presque totalement féminine, c'est-à-dire essentiellement plaintive et rechigneuse, superficielle et faite de faux brillants.
La Rivière-à-Mars, DAMASE POTVIN

... vous ne versiez dans tous les cerveaux une égale mesure pour que tous rendent un son unique dans une égale médiocrité.
Le Message de Lénine, ANTONIO POULIN

L'éducation fait la race, comme elle fait les individus.
Études et Croquis, MGR CAMILLE ROY

l'effort

... il lui fallait, pour faire son chemin dans la vie, se reposer uniquement sur ses propres efforts.
Jean Rivard, ANTOINE GÉRIN-LAJOIE

L'effort est la condition du bonheur.
Honnêtement, je t'avertis, ÉMILE MULLER

... l'effort sans le succès ne laisse point de honte.
Journal, GÉRARD RAYMOND

... l'effort est de l'homme, le succès est de Dieu.
Le Sagamo de Kapskouk, JOSEPH-CHARLES TACHÉ

l'égalité

Il n'existe en effet qu'un seul ordre parfait: celui des cimetières. Les morts ne réclament jamais et ils jouissent en silence de leur égalité.
La Fin des haricots, JEAN-LOUIS GAGNON

Qui n'a jamais rencontré son semblable est un heureux aveugle.
Les Pierres de mon champ, MARGUERITE TASCHEREAU

l'église

Si nous avons perdu beaucoup de notre ferveur, il nous reste tout de même les églises.
Le Beau Risque, FRANÇOIS HERTEL

C'est la maison de paix au milieu du tumulte,
C'est l'oasis où vient, par le désert inculte,
Par les flots des lointaines mers,
Quand il est fatigué des vains bruits de la terre
S'asseoir le voyageur pieux et solitaire
Ou celui dont le monde a fait les jours amers!
Notre-Dame de Montréal, JOSEPH LENOIR

l'Église

L'Unité dans la division: c'était ça la puissance de l'Église.
La Famille Plouffe, ROGER LEMELIN

L'Église s'adapte, mais sans plier devant la force.
Le Message de Lénine, ANTONIO POULIN

l'égoïsme

Mais quels sacrifices attendre, quels renoncements espérer dans la poursuite d'un bien commun, quand l'égoïsme est roi?
La Maison vide, HARRY BERNARD

... aujourd'hui, l'égoïsme s'est emparé de tous les rangs de notre société, surtout des rangs les plus élevés.
Le Conseiller, UN COMPATRIOTE

Il contractait cet égoïsme des malades qui exigent que l'univers soit occupé de leur personne, et se plaignait de négligences imaginaires.
Les Enfances de Fanny, LOUIS DANTIN

Il ne faut pas s'occuper des autres: ils sont ailleurs.
L'Avalée des avalés, RÉJEAN DUCHARME

... sous la hutte sordide comme sous les lambris dorés, le cœur humain est toujours le même, égoïste et intéressé,...
Récits exotiques, EFFEM

« ... je ne pense qu'à moi, je me désintéresse totalement de ce qui n'est pas de moi et je veux la paix. »
Le Funambule, WILFRID LEMOINE

Je suis mon seul amour. Je suis grand. Je suis digne.
S'il est quelqu'un meilleur, c'est qu'il existe un Dieu!
Vanité, ALBERT LOZEAU

Je suis égoïste par nécessité. Pas plus qu'il ne faut! Comment survivre sans égoïsme?
Souvenirs en accords brisés, ANDRÉE MAILLET

... la méchanceté et l'égoïsme sont les mobiles les plus fréquents des actes humains et que les gens sans scrupule occupent le haut du pavé.
L'Envers du journalisme, J.-M.-ALFRED MOUSSEAU

L'homme pense d'abord à son bien-être individuel, je le veux, et c'est dans l'ordre.
Du Travail chez l'Homme, ÉTIENNE PARENT

les élections

Dès qu'ils commencent à creuser et à planter quelques fondations, c'est immanquable: les élections s'en viennent.
Marie-Didace, GERMAINE GUÈVREMONT

La veille des élections
Il t'appelait son fiston
Le lendemain comme de raison
Y'avait oublié ton nom.
Attends-moi « Ti-gars », FÉLIX LECLERC

Être honnêt', mes vieux, c'pas assez
Pour être élu, faut d'la finance:
V'là les élections qui commencent!
V'là les élections, JEAN NARRACHE

Il faut plaire pour être élu. Plaisons d'abord.
Têtes fortes, ARMAND ROY

... si simple que paraisse le principe d'une élection au Canada, la réalisation en est tout ce qu'il y a de plus différent.
Saint-Pépin, P.Q., BERTRAND VAC

Plus on a de chances de parler de religion et des aïeux, plus on a de chances d'élection.
Saint-Pépin, P.Q., BERTRAND VAC

l'élève

Un élève de qualité compte plus pour moi que quatre mauvais élèves qui dorment sur leur banc.
Une saison dans la vie d'Emmanuel, MARIE-CLAIRE BLAIS

l'élite

Notre élite, ce qu'on appelle sans ironie notre élite, porte fièrement sa petite provision de connaissances sur l'histoire, les mœurs, la philosophie et les arts du monde.
Les Demi-civilisés, JEAN-CHARLES HARVEY

l'éloignement

... l'éloignement engendre toujours l'indifférence.
La Terre ancestrale, LOUIS-PHILIPPE CÔTÉ

s'embrasser

Ils s'embrassèrent silencieusement, doucement, sans hâte, comme frère et sœur qui ont grandi ensemble dans la joie et l'affection réciproque, mais que la vie méchante sépare tout à coup.
Sur la route d'Oka, AIMÉ CARMEL

l'émigration

L'émigré comprend mieux qu'il est seul sur la terre,
Et pleure au souvenir du sol qu'il a quitté.
Rêverie, EUDORE EVANTUREL

Autrefois on émigrait par groupes et l'on vivait de même, là-bas. Aujourd'hui, les départs sont isolés... généralement, on part seul; on se mêle aux peuples étrangers et l'on perd bien vite les habitudes du pays.
Restons chez nous, DAMASE POTVIN

... mais, pour l'amour de Dieu! n'allez pas affliger notre pays en donnant à l'étranger l'exubérance de vos jeunes années...
Restons chez nous, DAMASE POTVIN

Émigrer pour chercher quel autre pays? Et dans quelle géographie le trouver plus majestueux, plus vert et plus sain?
Ashini, YVES THÉRIAULT

s'endetter

M'endetter sans être sûr de m'acquitter au jour de l'échéance, ce serait me créer des inquiétudes mortelles.
Jean Rivard, ANTOINE GÉRIN-LAJOIE

J'emprunte jamais plusse qu'une piasse à la fois. Autrement je m'endetterais...
Bonheur d'occasion, GABRIELLE ROY

Quand quèqu'on nous pousse dans l'dos, on arrive quasiment à être du bon monde!
Les Vendeurs du temple, YVES THÉRIAULT

l'enfance

Le regard inspiré, le cœur encore séduit
Par les enchantements de l'enfance qui fuit,...
Les Ages, HENRI-RAYMOND CASGRAIN

Plus je grandissais, plus s'avivait mon attachement aux choses sensibles.
Les Demi-civilisés, JEAN-CHARLES HARVEY

« Le monde de l'enfance, de l'infini loisir et de l'angoisse sauvage est à nous deux seuls. »
Les Chambres de bois, ANNE HÉBERT

Je l'ai gardé ce souvenir d'enfance;
Fleur de l'âme qui embaume ma vie.
Un souvenir, ÉDOUARD LAVOIE

Moi je chéris l'enfance
Encore à son berceau,
Couvre son innocence
Du voile le plus beau;...
Bienfaits, CHARLES LEVESQUE

L'enfance est une fleur,
L'infantilisme, un fruit véreux.
Où l'on répond différemment, ÉMILE MULLER

Rien n'est plus doux aussi que de s'en revenir
Comme après de longs ans d'absence,
Que de s'en revenir
Par le chemin du souvenir
Fleuri de lys d'innocence
Au jardin de l'Enfance.
Le Jardin d'antan, ÉMILE NELLIGAN

Son enfance avait été ainsi déchirée par les appels de préférence, chacun de ses parents voulant être aimé d'elle au détriment de l'autre.
Alexandre Chenevert, GABRIELLE ROY

Se délivre-t-on jamais de son enfance?
Ce qu'il faut de regrets, PAULE SAINT-ONGE

l'enfant

Quand on n'a pas laissé d'enfant à une femme... on peut toujours être suspecté d'impuissance.
Prochain Épisode, HUBERT AQUIN

... l'enfant est fait pour intéresser à la fois le ciel et la terre, Dieu et la nature.
Ce qu'il y a de grand chez un enfant, J.-G. BARTHE

Elle aimait sûrement son enfant, mais comme on aime une poupée, à la condition que cette poupée ne la dérangeât pas dans ses plaisirs.
L'Homme tombé, HARRY BERNARD

C'est quand ils souffrent qu'on se rend compte à quel point on les aime.
L'Emplâtre, GÉRARD BESSETTE

Les enfants, eux, ont toujours la permission de pleurer, même lorsqu'ils ont honte de leurs larmes. Mais les grandes personnes sont seules avec leurs secrets.
Tête blanche, MARIE-CLAIRE BLAIS

Essayez parfois d'être enfant, pendant une heure... au moins.
Tête blanche, MARIE-CLAIRE BLAIS

On n'était pas très poli dans mon pays et puis, je n'étais qu'un enfant et l'on n'était pas poli avec les enfants.
Le Dauphin octogénaire, PIERRE DE LIGNY BOUDREAU

Que de couples commencent à mourir avec leur premier enfant.
Lettres d'amour, MAURICE CHAMPAGNE

L'erreur, avec les enfants, c'est de parler enfant. Faut parler normal.
Va voir au ciel, EMMANUEL COCKE

... d'ordinaire on aime ses enfants plus qu'on n'en est aimé.
Angéline de Montbrun, LAURE CONAN

Nous sommes des enfants naïfs devant la vie
Et nos gestes appris ne savent pas choisir
Le fruit idoine à notre lèvre inassouvie,
Lorsque nous traversons les vergers du désir.
A une bien-aimée, ALFRED DESROCHERS

... il est si facile de se faire aimer des enfants quand on ne leur demande que de bien savoir leurs leçons.
Le Silence de la ville, ROBERT ELIE

On n'est pas des anges, des enfants.
Tom Caribou, LOUIS FRÉCHETTE

Les enfants du quartier sont des rois fainéants
Qui dorment, allongés sur les bancs de l'école.
Mon école, SYLVAIN GARNEAU

Si j'avais des enfants, il me semble que je serais sans cesse préoccupée par cette grande porte mystérieuse qui s'ouvre en même temps que leurs yeux. Par cette grande porte mystérieuse qui s'ouvre sur un corridor infini.
Le Temps des Fêtes, ELOI DE GRANDMONT

Il faut toujours qu'ils crient à tue-tête pour bien montrer qu'ils existent.
Nouvelles singulières, JEAN HAMELIN

... un jour ce tendre enfant
Sera notre soutien, notre soulagement;...
C'est l'honneur et l'espoir de nos vieilles années.
Le Jeune Latour, ANTOINE GÉRIN-LAJOIE

Se battre contre plus faible que soi, c'était déjà faillir; mais contre son propre enfant, c'était une trahison.
Marie-Didace, GERMAINE GUÈVREMONT

Apparence qu'il prendra de la place dans la maison. Il est pas encore au monde et il en prend déjà.
Marie-Didace, GERMAINE GUÈVREMONT

Quand l'enfant grandit, il n'aime plus les vieux.
Les Demi-civilisés, JEAN-CHARLES HARVEY

« Ne vous ai-je pas tous faits et mis au monde, petits et misérables, à ma ressemblance et à celle de Dieu le Père qui est au ciel? Amen. »
Le Temps sauvage, ANNE HÉBERT

« ... nous ne sommes rien, absolument rien, que deux pauvres enfants perdus. »
Les Chambres de bois, ANNE HÉBERT

Il n'y a pas d'enfants au monde. Il n'y a que les adultes et ceux qui les imitent.
Les Enfants, YVES HÉBERT

Inconsciemment le mondain blasé préfère que ses enfants demeurent longtemps la chose charmante et légère qui ne cause point de soucis. Il n'aime point songer qu'il vieillit avec ces jeunes fruits qui mûrissent.
Le Beau Risque, FRANÇOIS HERTEL

Les enfants, on sait qu'on va toujours les rater puisqu'en fin de compte ça fera un adulte:...
Marie-Emma, ANDRÉ LAURENDEAU

« On est forcé d'être des enfants toute sa vie. C'est pour ça que ceux qui veulent devenir des hommes sont malheureux. »
La Famille Plouffe, ROGER LEMELIN

Donne-moi de sourire à l'enfant que je croise
Pour qu'il ne sache pas qu'il habite un désert,...
Désirs, ALICE LEMIEUX-LEVESQUE

Enfant chéri, sur ton berceau,
Dors du sommeil de l'innocence,
Car c'est le rêve de l'enfance
Qui, dans la vie, est le plus beau.
La Jeune Mère au chevet de son fils, FÉLIX-G. MARCHAND

Bien sûr, vous êtes une grande personne. Moi, je ne suis encore qu'un enfant.
Quand j'aurai payé ton visage, CLAIRE MARTIN

... on a les principes bien au large quand on n'a pas bercé sur ses genoux un rejeton, fruit de ses propres entrailles,...
La Voix des sillons, ANATOLE PARENTEAU

Puisqu'il faut, hélas! se résigner à les voir grandir, les enfants, il faut aussi s'attendre à tout de leur part.
Restons chez nous, DAMASE POTVIN

Cette enfant sera malheureuse si on n'y prend pas garde. Elle a trop d'illusions grandioses au cœur, trop de naïfs élans vers un bonheur impossible—impossible parce qu'elle le veut trop parfait—...
L'Intime Souffrance, ANTONIN PROULX

... un enfant qui s'occupait à des jeux, si graves, si étranges fussent-ils, était un enfant en bonne santé.
Bonheur d'occasion, GABRIELLE ROY

Puis, ici, il était dans un monde fait pour les enfants. Il n'y avait plus de grandes personnes avec leurs conversations inquiétantes pour troubler son sommeil.
Bonheur d'occasion, GABRIELLE ROY

Car, tu comprendras un jour, transmettre son nom, son sang, ce n'est pas cela qui contente le cœur; mais dans la chair qui vient de soi, sentir battre les mêmes amours, voir des pas devenir le prolongement de ses pas, voilà le désir qui fait vivre quand on regarde ses enfants.
Menaud, maître-draveur, FÉLIX-ANTOINE SAVARD

Il faut faire attention de blesser une âme d'enfant. Il faut surtout faire attention de se faire haïr par un enfant parce qu'une haine d'enfant dure toute la vie.
La Candeur de l'enfance, CHARLES SOUCY

Un enfant, c'est plein de rêves. Ses jeux sont des rêves. Et quand un enfant cesse de rêver, il est devenu une grande personne qui ne rêve plus le jour, mais seulement la nuit.
La Candeur de l'enfance, CHARLES SOUCY

... en sais-tu si peu que tu n'aies rien à dire à tes enfants?
N'Tsuk, YVES THÉRIAULT

Le siècle change. Les femmes ont trop d'indulgence envers leurs petits. Et les hommes hésitent à laisser l'enfant quérir son propre besoin le jour où il apprend à marcher. Marcher, c'est le geste premier, le seul qui compte. Déjà l'enfant sait tenir, sait lancer. En sachant avancer sur ses jambes, il a conquis le monde.
Le Ru d'Ikoué, YVES THÉRIAULT

—Si le bon Dieu t'a pas permis d'avoir des enfants, c'est parce que t'en es pas digne.
Les Vendeurs du temple, YVES THÉRIAULT

C'est la plus jeune. C'est toujours comme ça, c'est les plus jeunes qui sont les préférés...
Les Belles-sœurs, MICHEL TREMBLAY

L'enfant, en un sens, ne deviendrait pas un homme; il serait remplacé par l'adulte.
Un Amour libre, PIERRE VADEBONCOEUR

l'enfer

... on ne peut même plus aller en enfer tout seul, maintenant.
Une saison dans la vie d'Emmanuel, MARIE-CLAIRE BLAIS

L'enfer, c'est l'attente sans espoir.
Malgré tout, la joie, ANDRÉ GIROUX

l'ennemi

... il est rare qu'un homme de bien soit sans ennemis.
La Donation, P. PETITCLAIR

l'ennui

Et ça ne m'intéresse même plus de tuer le temps.
De retour: le 11 avril, HUBERT AQUIN

L'ennui! Quoi de plus bête et de plus insipide pourtant quand des millions d'êtres semblables s'agitent autour de la même boule avec les mêmes visées! Quoi de plus inexplicable dans notre monde moderne! Et malgré cela quoi de plus fréquent et de plus répandu aujourd'hui que l'ennui!
Jours de folie, HENRI BEAUPRAY

Au fond, je crois que nous avons tous quelque crainte de nous ennuyer durant l'éternité.
Angéline de Montbrun, LAURE CONAN

La règle exigeait donc que l'on s'ennuyât partout dans le monde? Aucun être n'y échappait?
Les Souliers de Marianne, PIERRE DAGENAIS

Tu as peur de l'ennui parce que c'est la mort, un tout petit peu la mort.
Le Silence de la ville, ROBERT ELIE

Malgré mes airs de gaieté, je m'ennuie quelquefois à la mort.
Jean Rivard, ANTOINE GÉRIN-LAJOIE

Si je parais traîner l'ennui avec moi, c'est que je ne trouve qu'ennui dans la vie.
Tout est relatif, CLÉMENT MARCHAND

... l'ennui n'est fait que pour l'homme désœuvré ou qui ne trouve pas de ressource en lui-même;...
Le Bailli dupé, JOSEPH QUESNEL

Je m'ennuyais, j'avais le goût de me faire dire des belles choses et j'étais seule...
Aaron, YVES THÉRIAULT

... dans la province de Québec, c'est l'ennui qui mine les populations.
Saint-Pépin, P.Q., BERTRAND VAC

Rien n'est plus entêté qu'un homme, qu'un aveugle de bonne foi.
La Comédie infernale, UN ILLUMINÉ (Alphonse Villeneuve)

l'enthousiasme

—Ménagez votre enthousiasme, ce que vous avez vu n'est rien, à côté de ce que vous verrez.
La Plus Belle Chose du monde, MICHELLE LE NORMAND

l'épreuve

... il y a des épreuves qui sont des bénédictions,...
Une Saison dans la vie d'Emmanuel, MARIE-CLAIRE BLAIS

Dieu se plaît donc vraiment à multiplier parfois les épreuves pour ceux qu'il aime;
Sur mer et sur terre, ERNEST CHOUINARD

l'érable

Du Canada c'est l'érable chéri,
L'arbre sacré, l'arbre de la patrie.
L'Érable, ANONYME

Il est l'orgueil de nos forêts... La feuille d'érable est sacrée, chez nous...
Au large de l'écueil, HECTOR BERNIER

l'esclavage

Les chaînes sont douces à l'esclave.
De les avoir longtemps portées
Leur présence en lui s'est imposée.
Regardant ses pieds et ses poignets il ne la remarque en rien.
Les Hommes de mon pays, JEAN-N. PONTBRIAND

l'espoir

Quand donc se fixeront, mon Dieu! nos espérances?
Quand hériterons-nous de pures jouissances?
Quand pourrons-nous enfin nous confier au sort?
Quand ce peuple bercé touchera-t-il au port?
La Nouvelle Année, J.-G. BARTHE

Amis, qu'il nous est doux de conserver l'espoir
Qu'un jour, peut-être un jour, nous pourrons vous revoir!
Aux exilés politiques, ROMUALD CHERRIER

Noyée dans cette mer de brume
Notre âme ne goûte qu'amertume;
L'espérance ne nous rend plus
Sa visite quotidienne.
La Brume, CLAUDE DESCHÊNES

... ces bonheurs infinis n'ont jamais existé que dans nos espérances.
L'Ampoule d'or, LÉO-PAUL DESROSIERS

Au milieu de ses maux l'homme espère toujours:...
Le Jeune Latour, ANTOINE GÉRIN-LAJOIE

Nous sommes peut-être des milliers qui vivent comme ça dans l'attente d'une rencontre, des milliers qui espèrent qu'un autre viendra les délivrer d'eux-mêmes...
Les Cloisons, JACQUES LANGUIRAND

Lorsque l'espérance encourage,
C'est la planche après le naufrage
Qui conduit quelquefois au port;...
Invocation à la santé, PIERRE LAVIOLETTE

« L'espérance c'est une belle chose. Depuis qu'on le fréquente, on l'a, oui? Moi, je suis prêt à payer cher, l'espérance que cet homme m'a apportée. »
Le Fou de l'île, FÉLIX LECLERC

Des tyrans ici-bas, le règne est éphémère:
Le jour viendra; le peuple attend:
D'outrages, de mépris, il repaît sa colère;
La digue enfin cède au torrent.
Chant national, MARC-AURÈLE PLAMONDON

Et tous les espoirs ne sont-ils pas permis?
Louise Genest, BERTRAND VAC

l'esprit

Ce n'est pas tant sa maison qu'il faut meubler que son esprit!
La Lettre, ARMAND FAILLE

l'Esquimau

Les Esquimaux sont fous de musique, mais de musique entraînante et légère, comme tous les peuples au berceau.
Erres Boréales, FLORENT LAURIN

Les Blancs savent toujours dire de grands mots et donner des conseils... Les Esquimaux, eux, savent vivre. A chacun son savoir.
Agaguk, YVES THÉRIAULT

l'estime

On n'aime pas nécessairement un homme parce qu'on l'estime.
La Sortie, JACQUES FERRON

estimer

Il existe un excellent moyen de gagner de l'argent: c'est d'acheter les gens au prix qu'ils valent et de les revendre au prix qu'ils s'estiment.
Almanach La Presse, JEAN-L. MORGAN

les États-Unis

«... c'est l'exil aux États-Unis, ce pays de débauches et d'actrices.»
La Famille Plouffe, ROGER LEMELIN

« Si les États-Unis nous avaient eus, je pense que ça aurait été pire qu'avec les Anglais. »
La Famille Plouffe, ROGER LEMELIN

l'été

Le rôle de l'été c'est d'être l'avenir.
Poème livresque, ALFRED DESROCHERS

Aux matins bleus d'été, lorsque tout est vivant,
Je ne suis qu'une chose éparse dans le vent;...
La Course dans l'aurore, ÉVA SENÉCAL

l'étoile

Étoiles! tourbillon de poussière sublime
Qu'un vent mystique emporte au fond du ciel désert,
A vouloir vous compter, notre calcul se perd
Dans le vertigineux mystère de l'abîme.
Stance aux étoiles, CHARLES GILL

l'étranger (lieu)

La vie à l'étranger est bien appréciable,...
Une saison dans la vie d'Emmanuel, MARIE-CLAIRE BLAIS

... rien n'est aussi réconfortant, à l'étranger, que la rencontre d'un coparoissien.
La Terre ancestrale, LOUIS-PHILIPPE CÔTÉ

Pourquoi aller se balader à l'étranger quand on est si bien chez soi?
Le Beau Risque, FRANÇOIS HERTEL

«... à l'étranger, on ne sait même pas que nous existons. »
Le Funambule, WILFRID LEMOINE

Dans toute la force de ton âge, tu te donnes à l'étranger...
Tu reviendras,... mais ce « vécu » de jeunesse à l'étranger ne s'oublie pas;...
Restons chez nous, DAMASE POTVIN

Tu sens les pays étrangers et ta senteur me grise. Tu sens la vie neuve,...
Le Dompteur d'ours, YVES THÉRIAULT

l'étranger (personne)

—Et nos fermes abandonnées, qui les rachèterait? qui viendrait prendre votre place? des étrangers, tu le sais bien, des étrangers.
Sur la route d'Oka, AIMÉ CARMEL

Comment comprendre ces étrangers? Ils sont si pleins de mystère.
La Chambre 38, ROCH CARRIER

... l'étranger est perfide,
Ses présents sont trompeurs, et la main est avide
Qui nous donne aujourd'hui:
Elle prendra demain mille fois davantage;
Mon peuple n'aura plus, bientôt, sur ce rivage,
Une forêt à lui.
Donnacona, PIERRE CHAUVEAU

Quand un étranger met les pieds dans un pays, dans une ville ou dans un village, c'est pour prendre... non pour donner.
Les Souliers de Marianne, PIERRE DAGENAIS

Les victimes du sort, les vaincus, les pauvres, agissent ainsi devant les étrangers. Ils se sentent timides, se trouvent gauches, ne sont plus sûrs de leurs qualités,...
La Campagne canadienne, ADÉLARD DUGRÉ

Cinq cents villages entendirent le même anathème contre l'étranger infâme qui osait juger les Canadiens.
Les Demi-civilisés, JEAN-CHARLES HARVEY

Devons-nous attendre que les habitants d'un autre hémisphère viennent, sous nos yeux, s'emparer de nos forêts,...
Jean Rivard, ANTOINE GÉRIN-LAJOIE

... il y a la famille et il y a les autres. Et les autres sont des étrangers.
Malgré tout, la joie, ANDRÉ GIROUX

« Elle est sûrement pas du pays. Ça doit être encore quelque sauvagesse. »
Le Survenant, GERMAINE GUÈVREMONT

« Comme de raison une étrangère, c'est une méchante:... »
Le Survenant, GERMAINE GUÈVREMONT

Il faut toujours se défier de ces étrangers qu'on ne connaît pas.
Les Demi-civilisés, JEAN-CHARLES HARVEY

« Personne ici ne me connaît. Je suis parmi vous tous comme une étrangère. »
Le Temps sauvage, ANNE HÉBERT

« Cet homme est un étranger, un pur étranger. Cet homme n'est ni mon père, ni mon frère. Et moi, cela me repose l'âme, de penser qu'il y a des étrangers qui vivent dans le monde avec leur confession étrangère sur le bout de la langue. »
Le Temps sauvage, ANNE HÉBERT

Autour de nous des étrangers sont venus, qu'il nous plaît d'appeler les barbares; ils ont pris presque tout le pouvoir; ils ont acquis presque tout l'argent;...
Maria Chapdelaine, LOUIS HÉMON

«... des histoires fantastiques d'étrangers qui... étaient venus rôder, qui déplaçaient les maisons en jouant de l'harmonica et attiraient les filles dans les bois. »
Le Fou de l'île, FÉLIX LECLERC

« Ces étrangers, vous savez. Quand ils voient une jolie femme, leurs yeux brillent. »
La Famille Plouffe, ROGER LEMELIN

«... serons-nous emportés par ceux qui nous entourent, qu'ils soient nègres, anglais ou nippons... »
Au pied de la pente douce, ROGER LEMELIN

C'est un enfant trouvé; on sait rien de lui... C'est un étranger, un étranger!
Le Français, DAMASE POTVIN

... on voit dans les campagnes canadiennes l'étranger: pauvre hère plutôt pris en pitié parce qu'il ne connaît pas dans leurs détails nos coutumes et notre manière de vivre...
Le Français, DAMASE POTVIN

... nos pères se mirent à avoir de la défiance pour tout étranger qui arrivait chez nous, même si l'on venait de la France; « c'est un étranger quand même », pensaient nos gens.
Le Français, DAMASE POTVIN

Ces étrangers, tu l'sais comme je l'sais, il faut s'en défier terriblement; c'est des enjôleurs. Ils viennent chez nous pour devenir riches, au plus coupant, et ça, à nos dépens, naturellement.
Le Français, DAMASE POTVIN

«... un étranger est toujours suspect... »
Trente arpents, RINGUET

Il était devenu un étranger pour lui-même, et vivre avec cet étranger était beaucoup plus aisé,...
Alexandre Chenevert, GABRIELLE ROY

Ils me sont étrangers. Je ne suis rien pour eux: ils ne sont rien pour moi.
Bonheur d'occasion, GABRIELLE ROY

Il y avait là un sortilège. Car voici: un étranger était survenu, sans bagages, pour ainsi dire sans nom:...
La Montagne sécrète, GABRIELLE ROY

Mais même une étrangère pouvait avoir de l'amabilité.
La Petite Poule d'eau, GABRIELLE ROY

Même pas un Canadien, et ça se permettait de tout régenter.
La Petite Poule d'eau, GABRIELLE ROY

Autour de nous des étrangers sont venus, qu'il nous plaît d'appeler des barbares!
Menaud, maître-draveur, FÉLIX-ANTOINE SAVARD

Des étrangers sont venus! ils ont pris presque tout le pouvoir! ils ont acquis presque tout l'argent...
Menaud, maître-draveur, FÉLIX-ANTOINE SAVARD

Il semble être un étranger... Du moins sa voix...
Le Dompteur d'ours, YVES THÉRIAULT

Un étranger qui a justement cet attrait d'être venu de loin, d'apporter des images de pays merveilleux, de climats inconnus. Étranger donc, et bien curieux homme, avec cette beauté sauvage et ce courage!
Le Dompteur d'ours, YVES THÉRIAULT

On est vite à critiquer les étrangers,... n'empêche que c'est eux autres qui nous donnent le plus d'ouvrage.
Les Vendeurs du temple, YVES THÉRIAULT

La peur de l'étranger deviendra... la peur de tous les individus. Tout deviendra sujet à soupçon.
Action Nationale (octobre 1965), ANDRÉ VANASSE

l'étude

Notre société passe par une grave crise de compétence dans tous les domaines. Pour la résoudre, il va falloir que les hommes poussent leurs études, inventent, créent.
Avant-propos à « Madame Homère », PIERRE BAILLARGEON

...ce n'est pas tout d'étudier, il faut produire.
Préface à « Les Fiancés de 1812 », JOSEPH DOUTRE

...nous avons naturellement horreur de tout effort intellectuel, nous éprouvons une crainte instinctive de l'étude.
La Voix du passé, LÉON MERCIER-GOUIN

l'étudiant

Oh! la jolie chambre que celle d'un étudiant, surtout s'il a les moyens de la meubler à son goût.
Le Chercheur de trésors, PHILIPPE AUBERT DE GASPÉ (fils)

Les étudiants aiment et soignent leurs têtes. Ils en sont fiers; ils y tiennent; ils vivent pour elles.
Propos canadiens, MGR CAMILLE ROY

l'évasion

« Je voudrais pouvoir fermer les yeux, ne plus rien entendre, ne rien comprendre de ce qui se passe ici. »
Le Temps sauvage, ANNE HÉBERT

La chose qui vole n'est pas dans la bouteille. »
Le Fou de l'île, FÉLIX LECLERC

Un besoin d'évasion qui devenait immense, exigeant satisfaction immédiate.
Agaguk, YVES THÉRIAULT

l'événement

Il est de ces événements dans l'histoire des peuples qui devraient demeurer dans le silence de l'oubli; car ces événements sont une tache à la gloire d'une nation...
L'Aveugle de Saint-Eustache, LOUIS-NAPOLÉON SÉNÉCAL

l'évêque

« Il arrive que nous ne comprenions pas toujours les subtiles tactiques de nos évêques. »
La Famille Plouffe, ROGER LEMELIN

Vous pendez au bout d'une corde, puis Monseigneur vous fait danser...
Les Vendeurs du temple, YVES THÉRIAULT

Laissez faire les grandes phrases d'évêque.
Les Vendeurs du temple, YVES THÉRIAULT

Un évêque ça fait de la politique au besoin.
Les Vendeurs du temple, YVES THÉRIAULT

l'excuse

Quand on s'est fait mettre dehors, il est aisé de dire que la maison ne vous intéresse plus.
Le Meurtre d'Igouille, ANDRÉE MAILLET

C'est bizarre. On s'aveugle toujours sur les gens qu'on aime. L'excuse est toujours prête.
Les Taupes, FRANÇOIS MOREAU

Si tu savais toutes les belles raisons qu'on peut se trouver quand on refuse de croire quelque chose, quand on ne veut pas voir ce qui crève les yeux!
Les Taupes, FRANÇOIS MOREAU

l'exemple

Il prêchait la doctrine, certes, comme pas un, mais il prêchait aussi, il prêchait surtout d'exemple.
Un homme et son péché, CLAUDE-HENRI GRIGNON

Les exemples sont plus salutaires que les conseils.
Geneviève, ALPHONSE GAGNON

l'exigence

L'exigence excessive tue le bonheur.
Poussière sur la ville, ANDRÉ LANGEVIN

l'exil

J'habite un lieu d'exil, le bonheur n'y existe pas.
L'Ampoule d'or, LÉO-PAUL DESROSIERS

combien doux
combien doux l'exil
combien parfaite la solitude
Combien doux, MICHÈLE LALONDE

Loin du pays qui m'a vu naître,
Ah! combien je ressens d'ennui,
Toujours gai, je voudrais paraître,
Quand dans mon âme il se fait nuit.
Loin du pays, ÉDOUARD LAVOIE

L'avenir est à l'Ouest, ici on crève.
La Famille Plouffe, ROGER LEMELIN

Je le vois, ce pauvre exilé canadien, je le vois en terre étrangère,...
>   *La Voix des sillons,* ANATOLE PARENTEAU

l'existence

... mieux vaut la mort, qu'une aussi pénible existence.
>   *Amour et Patrie,* JOSEPH-G. BOURGET

Qu'importe ce que sera mon existence, jamais aucune nourriture terrestre ne sera pour moi un aliment nourrissant.
>   *L'Ampoule d'or,* LÉO-PAUL DESROSIERS

Les deux bouts de notre durée se rencontrent et se renferment dans un impitoyable silence. Ce sont les deux moments les plus palpitants, les plus formidables de l'existence humaine, et ils se dérobent à toute conscience. L'homme y perd la sensation suprême de l'être.
>   *Les Demi-civilisés,* JEAN-CHARLES HARVEY

... exister est humiliant: vivre est mieux.
>   *Marcel Faure,* JEAN-CHARLES HARVEY

Ni heureux, ni malheureux, il se contentait d'exister.
>   *Le Beau Risque,* FRANÇOIS HERTEL

Nous existons dans un geste instinctif...
>   *Ode au Saint-Laurent,* GRATIEN LAPOINTE

J'en ai assez de cette existence asséchante, où c'est l'amour qui manque le plus.
>   *La Famille Plouffe,* ROGER LEMELIN

... je commence à constater et je vois que je suis dans le vide.
>   *Le Funambule,* WILFRID LEMOINE

Exister, pour une personne humaine, c'est, de façon consciente, être dans le temps.
>   *Vieillir au Québec,* HUBERT DE RAVINEL

l'exode

Et l'exode a commencé, lamentable et déprimant, des enfants de la glèbe laurentienne vers la fournaise des villes américaines...
>   *Le Français,* DAMASE POTVIN

l'expérience

O expérience! tu vaux mieux que dix colonnes de journaux pour apprendre à connaître la valeur des choses!
Visite à un village français, JAMES HUSTON

L'expérience vous apprendra ce que la jeunesse n'a pu vous enseigner.
Souvenir de relâche, ÉMILE LAMBERT

Les hommes sans expérience sont portés à la témérité ou à la peur.
Neuf jours de haine, JEAN-JULES RICHARD

les extrêmes

Amis! évitons les extrêmes...
C'est toujours bien moins périlleux.
Le Juste Milieu, NAPOLÉON AUBIN

f

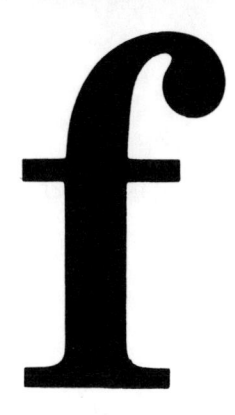

la faiblesse

Tu me détesteras si tu apprends ma faiblesse,...
Prochain Épisode, HUBERT AQUIN

On ne mesure sa faiblesse qu'à éprouver sa force.
Aaron, YVES THÉRIAULT

Il a droit à ses faiblesses. Personne de nous n'est sans tache.
Cul-de-sac, YVES THÉRIAULT

Ou vous serez une marionnette qui danse selon le jeu des ficelles, ou vous serez un homme ferme et digne.
Les Vendeurs du temple, YVES THÉRIAULT

la faim

Dieu avait peut-être créé la faim la première.
La Montagne secrète, GABRIELLE ROY

La faim, c'est l'étincelle d'où jaillirent les révolutions qui ont ensanglanté le monde.
Demain, JEAN-CHRYSOSTOME MARTINEAU

la famille

Il avait peu connu sa famille, mais assez pour en avoir honte et désirer la fuir.
Tête blanche, MARIE-CLAIRE BLAIS

Elle est de not'famille, nous ne pouvons pas l'abandonner.
Sur la route d'Oka, AIMÉ CARMEL

... il n'y a pas de professions, de confrères, de peuples dans notre pays; il n'y a qu'une nation: c'est la famille.
Cotnoir, JACQUES FERRON

Tu n'as pas de famille, tu es dans le chemin et on te donne ta pâture,...
Le Printemps de Catherine, ANNE HÉBERT

Ah! la vie de famille est pourrie!
Le Temps sauvage, ANNE HÉBERT

Si le bonheur existe quelque part sur la terre, il est dans la vie de famille, dans l'amitié franche et cordiale des parents,...
Restons chez nous, DAMASE POTVIN

La vie de famille, elle est si belle que, suivant une parole divine, elle est aimée de Dieu et des hommes;...
Restons chez nous, DAMASE POTVIN

Oui, une maison, une famille, c'est tant d'ouvrage que si on le voyait une bonne fois en un tas, on se sentirait comme devant une haute montagne, on se dirait: mais c'est infranchissable!
La Route d'Altamont, GABRIELLE ROY

le fantôme

... les fantômes n'existent qu'à partir de l'intérêt qu'on leur accorde.
Les Copines de Paul Éluard, CÉLIMÈNE

le fatalisme

Le fatalisme pèse sur les petites gens à la façon d'un poids lourd sur les épaules trop faibles.
Jours de folie, HENRI BEAUPRAY

... la fatalité recule devant je ne sais quel hasard.
Lieux exemplaires, ROLAND GIGUÈRE

la fatuité

Il n'y a pas dix hommes qui savent que, sans leur fatuité, nous autres femmes n'aurions aucun pouvoir sur leurs pareils.
Les Taupes, FRANÇOIS MOREAU

faux

Faux comme un diamant du Canada.
L'Épopée canadienne, JEAN BRUCHESI

la faveur

On ne peut pressurer constamment pour obtenir des faveurs sans un jour s'exposer à payer de retour.
Les Vendeurs du temple, YVES THÉRIAULT

la félicité

Le seule félicité humaine possible n'est-elle pas, ne se nourrit-elle pas de toutes douleurs, épreuves et angoisses?
L'Ampoule d'or, LÉO-PAUL DESROSIERS

le féminisme

Chantez, adeptes du féminisme, l'ère de votre triomphe point à l'horizon, saluez l'aurore qui va changer la face du monde.
Bleu-Blanc-Rouge, ÉVA CIRCÉ

la femme

Si la femme savait se tisser une toile elle serait la plus parfaite des araignées.
Nos immortels, GERMAIN BEAULIEU

Les femmes, tu sais, connaissent plusieurs chansons. Et à vrai dire, nous, pauvres bêtes, nous ne connaissons très bien leur répertoire que lorsqu'elles sont mortes et enterrées.
Jours de folie, HENRI BEAUPRAY

... la femme aura toujours une supériorité sur l'homme: celle que donne la générosité et l'amour.
Jours de folie, HENRI BEAUPRAY

Les bonnes femmes sont toujours pressées de marier leur prochain.
L'Homme tombé, HARRY BERNARD

Partout où il y a un foyer heureux, il y a une femme qui souffre, qui se dépense, qui se donne. Et cette femme, en créant du bonheur autour de soi, vit et grandit du bonheur des autres. Car tels sont les prodiges de l'amour.
La Maison vide, HARRY BERNARD

—Les femmes, c'est toujours comme ça, on n'arriverait jamais à rien si on les écoutait, ç'a peur de tout.
Les Fiancés de St-Eustache, ADÈLE BIBAUD

La femme qui a une taille de guêpe en a souvent le dard.
Les Propos du timide, ALBERT BRIE

... nous autres femmes, nous trouvons toujours alors un peu de bonheur à traîner avec nous, quoi qu'il arrive.
La Terre, ERNEST CHOQUETTE

C'est excellent pour l'hygiène morale d'une femme que de partir de temps à autre en claquant les portes.
Le Dernier Beatnik, EUGÈNE CLOUTIER

Un homme privé de femmes les idéalise ou les diminue selon qu'il est jeune ou trop mûr. Mais celui qui les possède trop facilement peut en connaître mille sans jamais en découvrir une seule.
Les Témoins, EUGÈNE CLOUTIER

Pour tromper un homme qu'elle n'aime pas, une femme n'a pas besoin de courage, mais d'une occasion. Par contre, une femme doit avoir une âme de spartiate pour seulement vouloir tromper l'homme qu'elle aime.
Les Témoins, EUGÈNE CLOUTIER

Les femmes, au lieu de médire de leurs oppresseurs, travaillent à leur découvrir quelques qualités, ce qui n'est pas toujours facile.
Angéline de Montbrun, LAURE CONAN

... comme cette femme serait dangereuse si elle avait de la mesure!
Angéline de Montbrun, LAURE CONAN

Les femmes, c'est comme vos machines à battre le blé. Ça ne sait pas travailler sans ronronner.
Clairière, M. CONSTANTIN-WEYER

... elle est dure,... capable de supporter les misères, les fatigues physiques ou morales, indifférente aux souffrances et, l'âme résignée, ne se masquant jamais la réalité.
L'Ampoule d'or, LÉO-PAUL DESROSIERS

Je veux pas devenir une machine à faire des enfants, je veux pas devenir une machine à faire du ménage, une machine à engraisser et à vieillir.
Florence, MARCEL DUBÉ

Je suis une femme, je resterai à jamais une femme qui n'aura pas assuré la continuité du monde. Aucun homme n'aura projeté en moi le reflet de son avenir. Mais qu'y puis-je maintenant?
Virginie, MARCEL DUBÉ

Quand on est une vraie femme, on oublie ses manies de couventine.
Virginie, MARCEL DUBÉ

Une femme c'est une idée.
La Place publique, ROBERT ELIE

Le corps d'une femme ne sait pas se taire comme une bête. L'âme en apprend toujours quelque chose.
L'Étrangère, ROBERT ELIE

Malgré tout, la femme mariée garde en elle toute une réserve de vie que l'autre ne connaîtra jamais, ne prendra jamais.
La Femme-prétexte, MARIANNE FAVREAU

—Adieu, femmes perfides et trompeuses!
Le Chercheur de trésors, PHILIPPE AUBERT DE GASPÉ (fils)

En causant avec des dames..., j'ai la manie de leur parler comme on parle à des personnes raisonnables, tandis que le bon goût exige qu'on leur parle à peu près comme à des enfants, et qu'on se creuse le cerveau pendant une heure, s'il le faut, pourvu qu'on en fasse sortir une parole aimable ou flatteuse.
Jean Rivard, ANTOINE GÉRIN-LAJOIE

D'ailleurs la femme, indulgente et sensible, est toujours disposée à pardonner en faveur de la bonne intention.
Jean Rivard, ANTOINE GÉRIN-LAJOIE

J'ai jamais connu, comme les autres femmes, le bienfait d'être reine et maîtresse dans la maison.
En pleine terre, GERMAINE GUÈVREMONT

... pour une femme qui rit, un homme renierait père et mère, et famille?
Marie-Didace, GERMAINE GUÈVREMONT

... sa femme était l'oxygène de sa vie.
Quand reviennent les outardes, BERTHE HAMELIN-ROUSSEAU

Prétendez-vous... que les qualités premières des personnes de votre sexe soient la caquetage et la médisance?
Les Demi-civilisés, JEAN-CHARLES HARVEY

Plus que l'homme, la femme tient à se tenir à la hauteur de l'opinion qu'on se fait d'elle.
Les Demi-civilisés, JEAN-CHARLES HARVEY

La réalité, c'est que les femmes sont avant tout charme et faiblesse. Faites pour être conquises, dominées, brisées, elles ont un besoin physique de servitude.
Les Demi-civilisés, JEAN-CHARLES HARVEY

Comme te voici élégante, belle et cruelle.
Les Chambres de bois, ANNE HÉBERT

Crains ta petite femelle aux cinq sens frustrés et irrités.
Les Chambres de bois, ANNE HÉBERT

C'est cela une honnête femme: une dinde qui marche, fascinée par l'idée qu'elle se fait de son honneur.
Kamouraska, ANNE HÉBERT

femme
je te comble de colibies
je t'aime dans l'orgie
de fleurs et d'oiseaux
Atomises, ALAIN HORIC

C'est peut-être seulement en rêve que les femmes ne mentent pas.
Les Pâmoisons du notaire, ALEXANDRE HUOT

... il en coûtait plus à la ferme de remplacer une vache qu'une femme.
La Terre que l'on défend, HENRI LAPOINTE

Les femmes... Suffit que ça commence à mal aller pour qu'y s'mettent les oreilles dans l'crin, comme dit l'autre, et qu'y deviennent d'un courage,...
Entre deux quadrilles, WILFRID LAROSE

Une femme a le droit de connaître les anciennes de son mari.
Marie-Emma, ANDRÉ LAURENDEAU

... c'est toujours une femme qui pousse les hommes sur les routes et en fait des possédés.
Le Fou de l'île, FÉLIX LECLERC

... sa coléreuse de femme qui a toujours la grimace et la reproche...
Le Fou de l'île, FÉLIX LECLERC

Je lui ai dit cent fois que la femme est fragile,
Plus que la fleur de mai,
Cet imbécile...
L'Imbécile, FÉLIX LECLERC

Les femmes coûtent cher. On n'a pas d'argent. Donc, pas de femmes.
La Famille Plouffe, ROGER LEMELIN

C'était une vraie femme, dont la chair potelée à la taille brûlait sous les doigts.
La Famille Plouffe, ROGER LEMELIN

... les hommes considèrent les femmes, non seulement comme des êtres différents, mais encore comme des êtres à part, étrangers, inférieurs.
Convergences, JEAN LE MOYNE

Car la femme est si belle et si douce en ses mœurs,
Source de pureté qui nous donne la vie,...
La Femme, CHARLES LEVESQUE

Se promener en songeant, ce n'est pas le rôle d'une femme de mœurs légères.
Le Meurtre d'Igouille, ANDRÉE MAILLET

... une femme a besoin de se sentir présente dans le cœur d'un homme, vibrante et croissante.
Souvenirs en accords brisés, ANDRÉE MAILLET

Une femme qui ne jouit pas, c'est tellement plus rassurant côté fidélité.
Quand j'aurai payé ton visage, CLAIRE MARTIN

Il y a les femmes à qui on peut dire la vérité et il y a les autres. Cela ne change rien à l'amour qu'on leur porte. Cela ne change que les conversations.
Quand j'aurai payé ton visage, CLAIRE MARTIN

... la femme telle que Dieu la créa, faible de corps, mais forte d'âme, faisait tendre toutes ses facultés au bien-être et au contentement de l'homme de son choix.
Discours, PETER L. McDONNELL

Femme au sang obscur qu'un germe habite comme une élégie
   de lune:
Ta pure extase est passeport des étoiles.
Passeport des étoiles, FERNAND OUELLETTE

J'ai profondément pitié des femmes, ce sont les uniques êtres que notre révolution sociale n'a pas libérés tout en leur enlevant la principale raison de leur existence.
Fuir, ALICE PARIZEAU

Toutes les femmes ne sont au fond que des putains. De sales putains cruelles qui n'attendent que l'occasion pour se venger.
Fuir, ALICE PARIZEAU

—Vous, les femmes, vous êtes pas satisfaites, jamais.
La Cloison, MINOU PETROWSKI

... une femme qui est humble devant un homme prouve qu'elle ne se sent pas en sécurité.
La Cloison, MINOU PETROWSKI

Je redoute la lucidité chez les femmes. C'est quand elles sont lucides qu'elles vous haïssent le plus.
La Cloison, MINOU PETROWSKI

—un homme en veut toujours un peu à une femme qui le remet à sa place trop brusquement.
Maldonne, ARTHUR PRÉVOST

La femme est un lierre enroulé sur un chêne
Et qui suit le destin de l'arbre qui l'entraîne.
Dollard des Ormeaux, BOURBEAU RAINVILLE

La philosophie d'une femme, en notre pays plus que dans le reste du monde, n'est pas insensible aux considérations purement matérielles.
Têtes fortes, ARMAND ROY

Je suis fille, mais j'ai appris de ma mère tous les secrets de la femme. Et je sais qu'elle a besoin de l'homme et non une fois seulement. Oui, besoin de l'homme, de son amour, là, présent, et du souffle de l'homme sur l'œuvre de ses entrailles.
La Dalle-des-morts, FÉLIX-ANTOINE SAVARD

Il y a des voix qu'ils ne peuvent entendre, car elles frappent non les oreilles de l'homme, mais les entrailles de la femme.
Et quand la femme les écoute, ces voix, elle devient plus forte que la mort.
La Folle, FÉLIX-ANTOINE SAVARD

C'est la femme qui fait un foyer.
Mon fils pourtant heureux, JEAN SIMARD

Quelle sorte de femme faut-il être pour qu'un homme ait parfois envie de faire en votre honneur de petites folies: de vous acheter des fleurs, par exemple?
Ce qu'il faut de regrets, PAULE SAINT-ONGE

Si la femme se tenait sur les sommets, l'homme ferait de sa vie une ascension.
Les Pierres de mon champ, MARGUERITE TASCHEREAU

Hors la femme, la sienne ou celle que l'on désire, que nous reste-t-il?
La Fille laide, YVES THÉRIAULT

... une femme n'a ni le droit de penser, ni le droit de parler. Il est possible que je ne sois pas comme les autres. J'ai des choses à dire, et si je pense, c'est que je ne puis m'en empêcher.
Agaguk, YVES THÉRIAULT

Devenue femme, j'appris à ne plus savoir me passer d'homme.
N'Tsuk, YVES THÉRIAULT

Chacune, d'ailleurs, se considère comme une experte en reproduction,...
Les Vendeurs du temple, YVES THÉRIAULT

Méfie-toi des femmes, c'est tout pourri des fois.
Boomerang, THÉRÈSE THIBOUTOT

Les femmes, sont poignées à'gorge, pis y vont rester de même jusqu'au bout!
Les Belles-sœurs, MICHEL TREMBLAY

Le raisonnement d'une femme qui aime est toujours d'un égoïsme naïf. Elle ne comprend rien dans la vie qui soit absolument indépendant de son amour.
Le Rebelle, RÉGIS DE TROBRIAND

—Ouais, vous autres, les femmes, vous voyez des tragédies partout.
Vézine, MARCEL TRUDEL

Les femmes sont bien toutes pareilles! Les enfants sont mariés et les mères les surveillent encore comme des bébés!
Louise Genest, BERTRAND VAC

La propreté des murs de leur cuisine intéressait beaucoup plus les femmes... que l'odeur de leurs aisselles.
Saint-Pépin, P.Q. BERTRAND VAC

... voir sans être vue résumait le plus important des activités féminines de toute petite ville qui se respecte.
Saint-Pépin, P.Q. BERTRAND VAC

les Fêtes

Il n'y a rien comme de passer le temps des Fêtes en famille!
Le Temps des Fêtes, ELOI DE GRANDMONT

C'est divin, le temps des Fêtes!
Sans-Souci, GERMAINE LAPLANTE

Les Fêtes, à la campagne, sont le signal, semble-t-il, du commencement de la série des veillées de l'hiver. Le réveillon de Noël bat la marche...
Restons chez nous, DAMASE POTVIN

Le temps des Fêtes commençait à la messe de minuit, au réveillon de la Noël, pour ne se terminer qu'à la veille du mercredi des cendres.
Histoire de la seigneurie de Lauzon, JOSEPH-EDMOND ROY

le feu

... un bon feu console de bien des choses.
Angéline de Montbrun, LAURE CONAN

Il y a rarement de fumée sans feu.
Les Vendeurs du temple, YVES THÉRIAULT

les feuilles

Les feuilles mortes sont les rêves
Qu'ont faits les arbres autrefois:
Il en est des longues, des brèves,
Mais toutes ont la même voix.
Feuilles mortes, ALPHONSE DESILETS

le fiancé

Un fiancé qui fait déjà tous les caprices de sa partenaire, qui perd sa volonté, c'est peut-être encore un amoureux mais ce n'est plus un homme.
Sur la route d'Oka, AIMÉ CARMEL

la fierté

La fierté d'un jeune homme est un instrument fragile.
L'Insoumise, MARIE-CLAIRE BLAIS

Autrefois... elle était heureuse et fière. Mais maintenant, elle avait tant d'expérience!
Nord-Sud, LÉO-PAUL DESROSIERS

Se rendre au bout de sa misère et crever sans rien devoir à personne... C'est sa fierté, son honneur.
Le Printemps de Catherine, ANNE HÉBERT

Trop fier pour accepter n'importe quel travail, il n'avait cherché un emploi que dans les industries de son métier.
Bonheur d'occasion, GABRIELLE ROY

... il avait dans son regard la fierté d'une race millénaire qui ne sait pas encore mourir.
Le Roi de la Côte Nord, YVES THÉRIAULT

la fille

—La jeune fille est si avare de confidences,... J'ai beau la questionner; je n'en tire rien.
Jours de folie, HENRI BEAUPRAY

Je ferai à ma fille
Une poupée d'avoine chaude
Et je lui chausserai
Un voyage à chaque pied
Cannelles et Craies, CÉCILE CLOUTIER

Aujourd'hui, les filles qui vivent avec leur famille, ça ennuie les garçons, c'est passé de mode...
Florence, MARCEL DUBÉ

Je préfère une fille faible à une fille haineusement vertueuse.
Le gouffre a toujours soif, ANDRÉ GIROUX

Pourrait-on jamais avoir le goût de partager sa vie avec une fille aussi triste, et qui a toujours une frayeur dans le regard, une frayeur qui passe pour de la folie!
Le Temps des Fêtes, ELOI DE GRANDMONT

Une fille mariée, c'est une branche qui s'échappe de l'arbre pour prendre racine plus loin.
Marie-Didace, GERMAINE GUÈVREMONT

La jeune fille déflorée, si elle est abandonnée, prend généralement deux voies: l'égout ou le désespoir; dans le premier, elle est un danger pour la société; dans le second, elle s'alanguit ou meurt.
Marcel Faure, JEAN-CHARLES HARVEY

Et ta petite fille ramenée des hauts fourneaux? Tu la laves et la polis sans cesse, comme un galet d'eau douce. Mais son cœur fade, qu'y peux-tu faire? Bientôt tu lui ressembleras à ta petite fille blême;...
Les Chambres de bois, ANNE HÉBERT

Cette fille est petite pour son âge. Si on la charge trop, elle cassera, comme un canne fine.
La Mort de Stella, ANNE HÉBERT

Une fille de campagne, c'est pas longtemps malade.
La Famille Plouffe, ROGER LEMELIN

Tu sais c'que c'est, ces filles des villes... C'est une dépensière sans bon sens; elle lui mange tout c'qu'il gagne avec ses toilettes.
Le Français, DAMASE POTVIN

... une jeune fille était belle, simple, franche, savait faire un bon ordinaire, et tenir la maison en ordre: c'était la femme idéale.
Vézine, MARCEL TRUDEL

la fille-mère

... les filles-mères, c'est des bon-riennes pis des vicieuses qui courent après les hommes!
Les Belles-sœurs, MICHEL TREMBLAY

la fillette

Gêné avec les hommes, il l'était davantage avec les femmes et plus encore avec les fillettes, car on ne sait jamais si elles rient des autres ou avec eux.
Vézine, MARCEL TRUDEL

le fils

Ceci est remarquable; dans notre société canadienne-française, la plupart des hommes qui montent, qui parviennent aux plus hauts postes, laissent des fils qui ne les valent pas.
L'Homme tombé, HARRY BERNARD

Je suis un fils déchu de race surhumaine,
Race de violents, de forts, de hasardeux,
Et j'ai le mal du pays neuf, que je tiens d'eux,
Quand viennent les jours gris que septembre ramène.
Je suis un fils déchu, ALFRED DESROCHERS

Je voudrais que mes fils ressemblent à mon père;
Qu'ils soient rudes, têtus et fantastiques, mais forts;...
Je voudrais..., ALFRED DESROCHERS

Tu es mon fils. Tu me continues.
Le Torrent, ANNE HÉBERT

Pourquoi les hommes tiennent-ils tellement à avoir un fils? Une vie ne leur suffit donc pas?
Le Manège ivre, MARCELLE McGIBBON

la fin

Où aller, où est la fin de ce long chemin, et quelle est cette fin?
Le Dompteur d'ours, YVES THÉRIAULT

la foi

Ma foi n'avait alors que ma fierté d'égale.
Mon âme était pareille..., JOVETTE BERNIER

Autrefois, je croyais. Mon âme était pareille
Au bateau neuf qui dans les rades appareille.
Mon âme était pareille, JOVETTE BERNIER

Elle était bonne,... elle allait toujours à la messe. Elle avait un beau missel doré—...
Une saison dans la vie d'Emmanuel, MARIE-CLAIRE BLAIS

Rien ne prouve vraiment que Dieu existe, mais rien ne prouve non plus qu'Il n'existe pas. Dans les deux cas, il faut une foi aveugle.
Les Témoins, EUGÈNE CLOUTIER

Sachez-le bien, la foi est la plus grande des forces morales.
Angéline de Montbrun, LAURE CONAN

Parfois, je pense que ceux-là sont heureux qui sont vraiment à Dieu; ils ne craignent ni de vieillir ni de mourir.
Angéline de Montbrun, LAURE CONAN

—Y a-t-il au monde un pays plus riche que le nôtre en manifestations de foi?
Le Beau Risque, FRANÇOIS HERTEL

La foi, mécanisme de transfiguration sublime.
Le Portique, MICHÈLE MAILHOT

Je crois parce que je crois, voilà tout! Pour le reste, qu'on n'essaie pas de me mettre le grappin dessus...
Mon fils pourtant heureux, JEAN SIMARD

la folie

Un moment de folie, hélas! fait souvent naître
De longs jours de regrets.
La honte, pour le traître
Suit la gloire de près.
La Chauve-souris, PAMPHILE LE MAY

le folklore

Eh! que m'importe ce folklore, froide sépulture des traditions mortes! Je n'y trouve qu'un faible et stérile souvenir de ce qui fut vivant.
Contes et Propos divers, ADJUTOR RIVARD

le fonctionnaire

Vous savez, les fonctionnaires ne sont pas des gens pressés, par définition.
L'Auberge des Trois Lacs, GILLES DELAUNIÈRE

Silencieux fonctionnaires aux yeux fatigués.
Prière bohémienne, FÉLIX LECLERC

A tout événement, il n'a pas à juger, n'étant que fonctionnaire.
Martin et le Pauvre, FÉLIX-ANTOINE SAVARD

fort

Quand on se sent fort, on prend pas garde de se demander si on va pas faiblir tout d'un coup.
Zone, MARCEL DUBÉ

la fortune

—La fortune est à ceux qui luttent!
La Terre que l'on défend, HENRI LAPOINTE

La fortune est une femelle
C'est-à-dire qu'elle est infidèle.
Voyage sentimental, HUBERT LARUE

le fou

Les fous sont ingénieux dans leurs raisonnements.
Le Vendu, BERTHELOT BRUNET

Seuls les fous, comme les hommes de génie, ont sans cesse de quoi suffoquer de larmes ou se pâmer de joie.
L'Homme qui va, JEAN-CHARLES HARVEY

Dans sa folie il est bien et ne dérange personne.
Le Fou de l'île, FÉLIX LECLERC

le foyer

Que peut une faible femme, quand c'est l'homme lui-même qui détruit le foyer?
La Folle, FÉLIX-ANTOINE SAVARD

le Français

... le peuple français a le don particulier de rendre agréable le séjour des étrangers en son pays.
France, ALPHONSE GAGNON

Les Français... s'ils aiment faire des lois, ils n'aiment pas du tout s'y conformer.
Essais, CHARLES-EDWARD SAUNDERS

le français

Elle a le charme exquis du timbre des Latins,
Le séduisant brio du parler des Hellènes,
Le chaud rayonnement des émaux florentins,
Le diaphane et frais poli des porcelaines.
Notre langue, WILLIAM CHAPMAN

Le français est le langage de l'âme. Tout le monde a une âme. Tout le monde se mettra au français.
Hôtel Hilton, Pékin, EUGÈNE CLOUTIER

... pour ces Anglo-Saxons, tout ce qui parle français, c'est des putains.
Quand j'aurai payé ton visage, CLAIRE MARTIN

... partout où parviendront la langue et la littérature françaises, nous pourrons espérer de voir notre œuvre y parvenir, sous l'égide de ses aînées.
Essai sur la littérature du Canada, L.-A. OLIVIER

Comme la langue française s'est enrichie par l'apport des dialectes, qui fournissait au langage littéraire les substituts dont il a besoin pour remplacer les vocables disparus,...
Études sur les parlers de France au Canada, ADJUTOR RIVARD

la France

Malgré tout, nos ancêtres n'ont-ils pas gardé de leur noble mère, la langue, l'honneur et la foi?
Angéline de Montbrun, LAURE CONAN

... nous sommes trop tendres pour la France, qui ne songe guère aux Canadiens,...
Angéline de Montbrun, LAURE CONAN

Pauvre France! Ne sommes-nous pas un peu fous de tant l'aimer.
Angéline de Montbrun, LAURE CONAN

... Je la reconnaissais, la France de nos ancêtres, la belle, la noble, la généreuse France.
Angéline de Montbrun, LAURE CONAN

Une fois de plus le lion britannique avait triomphé du coq gaulois.
Cap aux Antilles, GUY DESILETS

Terre de plaisance
Où se chantent, les nuits d'été,
Tant d'airs d'amour et de gaîté,
France!
France, ALFRED GARNEAU

Ce que la France peut être un pays amusant, quand on y arrive avec de l'argent, un foie en bon état, et un très, très bon caractère.
Le Funambule, WILFRID LEMOINE

—Si la France périssait... ça serait comme qui dirait aussi pire pour le monde que si le soleil tombait.
Bonheur d'occasion, GABRIELLE ROY

La France est comme les étoiles qui donnent encore de la clarté la nuit, quand il fait *ben* noir.
Bonheur d'occasion, GABRIELLE ROY

Tous les hommes... aiment la France. Il leur était resté à travers les siècles un mystérieux et tendre attachement pour leur pays d'origine,...
Bonheur d'occasion, GABRIELLE ROY

la franchise

La franchise est l'une des qualités dont notre peuple, justement, fait le plus d'état. Dire d'un homme qu'il est franc, c'est faire entendre qu'il est à la fois droit et honnête, probe et fidèle, juste et loyal, sincère et véridique, sans artifice ni dissimulation.
Contes et Propos divers, ADJUTOR RIVARD

Attaquez une force sans la nommer, on vous tolérera en faisant semblant de ne pas comprendre; ayez le malheur de la nommer, et on vous foudroiera.
Les Demi-civilisés, JEAN-CHARLES HARVEY

la fraternité

Fraternité du cœur, fraternité du sang, toutes deux enchaînent par des liens indissolubles.
Les Étapes d'une classe, DAVID GOSSELIN

les fréquentations

Les fréquentations, c'est pas bon pour la jeunesse.
La Douce, FRANÇOISE (Robertine Barry)

le frère

Il y a mille huit cent quarante-sept ans accomplis que les hommes ont appris à s'appeler frères; il est temps sûrement que ce mot devienne une vérité; il est temps que la charité se fasse sentir ailleurs qu'au seuil de nos demeures,...
Conférences, ÉTIENNE PARENT

fuir

Je voudrais avoir la force de fuir.
Le Temps sauvage, ANNE HÉBERT

Il lui fallait partir. Fuir. Il avait hésité à admettre le mot, mais voilà qu'il ne pouvait plus faire autrement: il fuyait. Il protégeait sa peau.
Agaguk, YVES THÉRIAULT

On dirait qu'elle fuit le bruit même de ses pas.
Louise Genest, BERTRAND VAC

fumer

Je fume, je fumerai même après ma mort, si Dieu le permet.
La Famille Plouffe, ROGER LEMELIN

... il avait commencé de fumer afin de paraître viril.
La Famille Plouffe, ROGER LEMELIN

... quelqu'un qui fume pas, ç'a l'air misérable.
Vézine, MARCEL TRUDEL

... fumer, c'est un vrai métier. On n'est pas bon fumeur du premier coup...
Vézine, MARCEL TRUDEL

les funérailles

Les funérailles, ça dérange tout le monde.
Une saison dans la vie d'Emmanuel, MARIE-CLAIRE BLAIS

g

la gaffe

Une grosse gaffe vaut mieux qu'une p'tite réussite.
Les Placotages, GILLES VIGNEAULT

le garçon

Tous les garçons se conduisent mal à vingt ans. Ils sont inconscients des chagrins qu'ils causent aux autres.
Virginie, MARCEL DUBÉ

« ... des cheveux noir jais, des cheveux trop longs pour un garçon, trop courts pour une fille,... »
Le Funambule, WILFRID LEMOINE

... au pays de Québec les garçons sont traités en hommes dès qu'ils prennent part au travail des hommes,...
Maria Chapdelaine, LOUIS HÉMON

Les jolis garçons font bien derrière un comptoir.
Kirouet et Cantin, JOSEPH MARMETTE

... je vais vous dire une chose: Défiez-vous des bons garçons, défiez-vous, ils sont comme les autres; s'ils vont s'asseoir sur un poêle chaud, ils vont se brûler autant que les autres...
Vézine, MARCEL TRUDEL

le vieux garçon

... toute la figure portait l'ennui du vieux garçon solitaire.
Vézine, MARCEL TRUDEL

la générosité

Pour connaître la valeur de la générosité, il faut avoir souffert de la froide indifférence des autres:...
Les Témoins, EUGÈNE CLOUTIER

Au pied du lit d'un malade, la générosité est chose facile. Plus facile que dans la rue. L'égoïsme fond devant un visage émacié.
Le gouffre a toujours soif, ANDRÉ GIROUX

Au moment même où ils les posent, les humains ont comme une sorte de pudeur de leurs gestes généreux. Par contre, ils doivent parfois attendre des mois ou des années avant que la honte naisse de leurs mauvaises actions ou de leurs mesquineries.
Le gouffre a toujours soif, ANDRÉ GIROUX

Et combien d'hommes, s'ils avaient eu la possibilité comme Jésus de racheter les autres par leur mort, n'eussent pas longtemps hésité. Mourir sans profit pour personne, là était la véritable passion.
Alexandre Chenevert, GABRIELLE ROY

... il ne savait pas distinguer où finissait son intérêt et où commençait la générosité.
Bonheur d'occasion, GABRIELLE ROY

le génie

Quand au-dessus du niveau commun, un homme de génie se lève et adresse à la foule des paroles qu'elle n'a pas l'habitude d'entendre, la grande majorité des hommes, qui est la médiocrité, s'insurge.
Conférences et Discours, ADOLPHE ROUTHIER

le geste

On a besoin de ses mains pour dire les choses que la parole ne traduit pas.
Ange de Dominique, ANNE HÉBERT

la gloire

La gloire est à celui qui combat comme un sage.
Le Bonheur, ULRIC-L. GINGRAS

N'oublions pas de fabriquer un coupable le plus vite possible; ma gloire en dépend.
La Mercière assassinée, ANNE HÉBERT

La gloire! tout s'enfuit comme une ombre à nos yeux;
Les mortels, cependant, suivent cette chimère,...
Sans son Dieu sur la terre, il n'est point de bonheur,
OPHIR PELTIER

le gouvernement

... le gouvernement, qui fait si peu pour arrêter l'émigration, pour favoriser la colonisation.
Angéline de Montbrun, LAURE CONAN

... la science du gouvernement est au-dessus des intelligences vulgaires;...
De l'Intelligence, ÉTIENNE PARENT

la grâce

Si la grâce existe, je l'ai perdue. Je l'ai repoussée... quelqu'un d'avant moi et dont je suis le prolongement a refusé la grâce pour moi. O ma mère, que je vous hais!
Le Torrent, ANNE HÉBERT

La grâce couronne et perfectionne la nature, sans la détruire.
Nouveaux Thèmes sociaux, LOUIS-ADOLPHE PAQUET

la grandeur

La grandeur n'est-elle pas au-dessus des outrages?
La Secousse, JEAN FÉRON

... la chute des grands entraîne la ruine d'une multitude de personnages subalternes,...
Jean Rivard, ANTOINE GÉRIN-LAJOIE

... il sort de moins en moins. Les hommes viennent à lui.
Le Fou le l'île, FÉLIX LECLERC

la grossesse

« ... sa mère rendue placide par de trop nombreuses grossesses. »
La Famille Plouffe, ROGER LEMELIN

Un jour, elle aussi serait abandonnée à la souffrance et à l'humiliation du corps...
Bonheur d'occasion, GABRIELLE ROY

la grosseur

... son gros corps était une insulte aux lois de l'équilibre.
L'Ange de Dominique, ANNE HÉBERT

le groupe

—Il faut appartenir à un groupe, absolument ... ce groupe-ci se moque de ce groupe-là, et ce groupe-là se croit d'une essence supérieure au reste de l'humanité.
L'Homme tombé, HARRY BERNARD

la guerre

Le démon de la guerre a semé les alarmes,
Et veut forcer le peuple à recevoir des armes!
L'Insurrection, P.-J.-O. CHAUVEAU

La guerre déploie ses chemins d'épouvante, l'horreur
et la mort se tiennent la main, liés par des secrets
identiques, les quatre éléments bardés d'orage se lèvent
pareils à des dieux sauvages offensés.
Ève, ANNE HÉBERT

Aucune plume ne pourra décrire fidèlement tout l'honneur de certains combats de la dernière guerre!
La Terre que l'on défend, HENRI LAPOINTE

Le plus beau des combats n'est qu'une belle horreur;
Et la plus belle mort n'est qu'un heureux malheur.
L'Art indéfinissable, JOSEPH MERMET

C'est gauche, ridicule de se faire tuer.
Neuf jours de haine, JEAN-JULES RICHARD

... la guerre? D'un bout à l'autre de l'échelle, c'est le profit qui mène.
Bonheur d'occasion, GABRIELLE ROY

... pour faire la guerre, il fallait être rempli d'un amour, d'une passion véhémente, il fallait être exalté par une ivresse, sans quoi elle restait inhumaine et absurde.
Bonheur d'occasion, GABRIELLE ROY

Ça prend une guerre pour qu'on voie clair parmi les hommes.
Bonheur d'occasion, GABRIELLE ROY

h

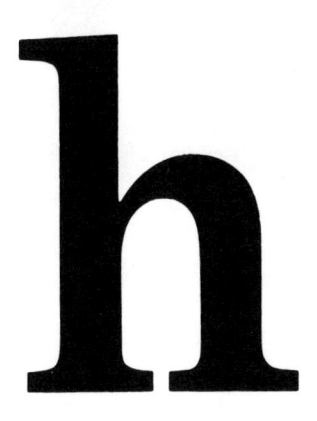

l'habitant

Un fils d'habitant se trouve mal à la ville...
La terre se venge, EUGÉNIE CHENEL

Les habitants sont toujours prêts à acheter, à agrandir,...
L'Auberge des Trois Lacs, GILLES DELAUNIÈRE

La richesse moyenne de l'habitant dépasse l'aisance moyenne du peuple dans tous les pays...
Pour la terre et le foyer, ALPHONSE DESILETS

Ce sont les habitants qui ne savent pas cultiver.
Nord-Sud, LÉO-PAUL DESROSIERS

...un habitant, c'est un homme qui doit sur la terre; tandis qu'un cultivateur, lui, il doit rien.
Le Survenant, GERMAINE GUÈVREMONT

—Il n'y a pas de plus belle vie que la vie d'un habitant qui a de la santé et point de dettes,...
Maria Chapdelaine, LOUIS HÉMON

Heureux, oh! trop heureux les habitants des campagnes, s'ils connaissaient leur bonheur.
La Terre paternelle, PATRICE LACOMBE

Il est sincère, je le sais; il parle notre langue et pratique notre religion. Que faut-il de plus pour faire un bon habitant canadien?
Le Français, DAMASE POTVIN

Parmi les gens qui ont grandi au milieu des champs, il y en a qui sont de vrais poètes muets; ils peuvent tout comprendre et sentent tout; seulement, ils ne savent pas donner de formes à leurs impressions, qu'ils ne sont pas capables de traduire.
Restons chez nous, DAMASE POTVIN

C'est si dur, le métier d'habitant!
La Rivière-à-Mars, DAMASE POTVIN

Appeler quelqu'un un habitant c'était donc affirmer qu'il était fixé au Canada, qu'il en avait fait sa patrie, qu'il y possédait un domaine, et par une légère restriction de sens, qu'il cultivait la terre où il demeurait.
Contes et Propos divers, ADJUTOR RIVARD

En vérité, être habitant, chez nous, c'est un titre: l'habitant est le vrai Canadien, celui de qui est sortie la race, celui qui a fait la patrie, et qui la garde encore.
Contes et Propos divers, ADJUTOR RIVARD

l'habitude

L'habitude est facile à l'homme. L'homme ne doit pas soibrer dans l'habitude, sinon la fidélité le détruit.
L'Ange gardien, WILFRID LEMOINE

la haine

La haine est plus fragile que l'amour. Il faut éviter de l'approfondir si l'on ne veut pas la détruire.
Les Témoins, EUGÈNE CLOUTIER

Haïssez-vous, bande de bouffons! Faites-vous mal, que je vous voie souffrir un peu. Tordez-vous un peu que je rie!
L'Avalée des avalés, RÉJEAN DUCHARME

Oh! Comment les aimer, ces hommes? Comment les appeler nos frères, eux qui nous ont tout ôté?
Légende de la vallée du St-Laurent, C. DUPONT

Partout la haine brait son excès,
Et l'impuissante raison déclame
Sur l'œuvre pour elle sans accès.
Tryptique exquis, GUY DELAHAIE

Je ne le hais pas, il n'en vaut pas la peine,...
Les Demi-civilisés, JEAN-CHARLES HARVEY

Est-ce que la haine, en effet, n'est point parfois comme la flamme qui sommeille dans la cendre?
Catherine Tekakwitha, JULIETTE LAVERGNE

Si je ne suis pas une réussite, je sais pourquoi. J'ai appris à haïr trop vite.
Le Voleur de bois, FÉLIX LECLERC

Les haines de races et de croyances ne produisant que des résultats regrettables,...
Entre nous, LÉON LEDIEU

La haine, je veux dire la vraie, l'efficace, ça se défait encore plus vite que l'amour.
Le Talent, CLAIRE MARTIN

Tu marcheras courbée dans ta haine
Comme un printemps avorté.
On ne choisit pas ses armes, JEAN-GUY PILON

La haine affaiblit, désabuse. La haine trompe le courage en réveillant la raison.
Neuf jours de haine, JEAN-JULES RICHARD

...se haïr... il ne fallait pas être grand savant pour connaître que c'est là la pire souffrance de l'homme.
La Montagne secrète, GABRIELLE ROY

le hameau

On entrait et on sortait du hameau pour ainsi dire dans le même instant.
La Petite Poule d'eau, GABRIELLE ROY

... dans ce hameau où la misère se vit ensemble, et rien n'est caché qui est de l'un ou de l'autre,...
La Fille laide, YVES THÉRIAULT

le hasard

C'est le hasard qui est cynique.
Dans un automne à nous, PAUL CHAMBERLAND

hasarder

Qui ne hasarde rien n'a rien.
L'Héroïne de Châteauguay, ÉMILE CHEVALIER

la hâte

... ta maladie, c'est ta hâte d'arriver.
La Famille Plouffe, ROGER LEMELIN

La hâte, c'est comme l'amour, ça rend aveugle.
La Famille Plouffe, ROGER LEMELIN

se hâter

A quoi bon se préoccuper de mille et une questions, quand la vie est simple et facile? À quoi sert de se hâter, quand on a le temps?
Contes et Propos divers, ADJUTOR RIVARD

Si on ne se dépêche pas terriblement... bien des choses nous échappent et même de celles qui restent immobiles à nous attendre.
La Route d'Altamont, GABRIELLE ROY

l'héritage

Mais faut-il qu'à jamais mon œil se ferme au jour,
Pour que ton cœur naïf, que le désir partage,
Sache comprendre enfin quel est son héritage?
Ton héritage, JEANNE GRISÉ

Ma mère... n'avait laissé d'autre héritage que le souvenir de sa pauvreté et de son courage.
Les Demi-civilisés, JEAN-CHARLES HARVEY

Petit, mon cher petit, je ne te laisse rien que la vie. Fais-en bon usage.
Les Demi-Civilisés, JEAN-CHARLES HARVEY

est-il de larmes
notre héritage
stagnantes ou fructueuses
par le mûrissement passif
Voyage au bout de la nuit, JOYCE YEDID

l'héritier

—Oui, quand on est mort, il est trop tard... Dans ce temps-là, nos héritiers dépensent notre argent en riant de nous.
L'Homme tombé, HARRY BERNARD

Un homme qui décide de se lancer dans un avenir brillant doit faire des enfants pour la relève, futurs détenteurs d'un grand nom.
La Femme du ministre, THÉRÈSE THIBOUTOT

Je ne suis pas le seul et tout n'est pas fini
Quelque part naît celui qui doit prendre ma place
Entraves, GILLES VIGNEAULT

l'héroïsme

... le monde se lasse de tout, même du souvenir de l'héroïsme.
Au pays du rat sacré, JEAN-CHARLES HARVEY

le héros

L'imagination du poète avait planté le héros, le dur entre les durs, hors de la portée du connu, quelque part sur les plus hautes cimes. La plèbe veut toucher les siens.
L'Auberge des Trois Lacs, GILLES DELAUNIÈRE

Il fut un héros avant d'être un homme.
Les Demi-civilisés, JEAN-CHARLES HARVEY

Ne me parlez pas de ces histoires où les héros ont besoin pour être heureux d'aller chercher les maris ou les femmes des autres.
La Plus Belle Chose du monde, MICHELLE LE NORMAND

C'est la vie des héros qui compte, pas leur mort.
Les Remparts de Québec, ANDRÉE MAILLET

Tous nos héros sont morts vaincus.
Les Remparts de Québec, ANDRÉE MAILLET

... des pacifistes, ce sont des héros. Ce sont des gens qui sacrifient leurs intérêts à une idée qu'ils ont dans la tête.
Bonheur d'occasion, GABRIELLE ROY

Un héros qui a tué, est-ce un héros?
Agaguk, YVES THÉRIAULT

Des héros bien simples, mais des héros que peu de gens connaissent, dont peu de gens soupçonnent la valeur immense,...
Le Roi de la Côte Nord, YVES THÉRIAULT

heureux

Pour être heureux, soyez toujours unis,...
A mes compatriotes, ANONYME

Nous n'avons pas le droit de nous plaindre, nous qui sommes encore parmi les heureux de ce monde.
Le Fournisseur Perrault, HARRY BERNARD

Pourquoi nos gens heureux sont-ils en petit nombre?
Satire contre l'envie, MICHEL BIBAUD

Les hommes heureux chantent toujours.
La Terre promise, PIERRE CHATILLON

... pour être heureux, rien ne vaut, en somme, la bonne vieille recette qui consiste à être tout bonnement content de son bonhomme de sort.
Rikiki, SYLVA CLAPIN

Heureux ceux qui n'attendent rien de la vie! Heureux ceux qui ne demandent rien aux créatures!
Angéline de Montbrun, LAURE CONAN

... il donnerait volontiers sa vie pour la voir heureuse, au moins une fois.
Bonheur d'occasion, GABRIELLE ROY

l'Histoire

C'est vrai que nous n'avons pas d'histoire. Nous n'aurons d'histoire qu'à partir du moment incertain où commencera la guerre révolutionnaire. Notre histoire s'inaugurera dans le sang d'une révolution...
Prochain Épisode, HUBERT AQUIN

Il faut que le plus fort absorbe le plus faible, c'est l'histoire,...
Au large de l'écueil, HECTOR BERNIER

L'histoire du Canada, depuis la conquête jusqu'à la conclusion du pacte fédéral, c'est le récit de nos triomphes par la lutte opiniâtre et constante; l'histoire de la Confédération canadienne, c'est la série lamentable de nos déchéances et de nos défaites par la fausse conciliation.
Discours, HENRI BOURASSA

Où en serait l'histoire, si les peuples des siècles passés avaient eu comme aujourd'hui la passion de renverser les vieilles murailles?
Légendes du Nord-Ouest, ABBÉ GEORGES DUGAS

Devant les Anglais et les Américains, qui nous dépassent par l'action, la fortune, les arts et la science, sans compter le bien-être et la force physique, nous allons nous cacher sous notre histoire comme les marmots humiliés sous la jupe de leur mère.
Les Demi-civilisés, JEAN-CHARLES HARVEY

L'Histoire n'est faite que de violence.
Le Funambule, WILFRID LEMOINE

Oui, l'histoire est autre chose qu'une leçon à apprendre par cœur, l'histoire est vraie!
Le Nom dans le bronze, MICHELLE LE NORMAND

... l'histoire par ses bons ou mauvais exemples contribue également à nous rendre meilleurs.
Utilité de l'Histoire, L. PLAMONDON

... il y a de belles choses dans notre histoire, de belles choses que les étrangers ont de la misère à comprendre mais que nous apprenons vite,... nous autres du pays...
Le Français, DAMASE POTVIN

l'histoire

Que ce soit à propos de la religion, de la vie éternelle, d'amour, de jalousie ou de maladie incurable, on fait tous la même chose: on se raconte des histoires à dormir debout. On ne les croit qu'à moitié, mais quand même, c'est déjà mieux, ça fait moins mal que la vérité.
Les Taupes, FRANÇOIS MOREAU

l'historien

... les historiens sont des gens ennuyeux qui ne connaissent rien aux belles histoires;...
Le Rosier de la Vierge, FRÈRE MARIE-VICTORIN

l'hiver

... l'hiver a passé comme une longue nuit blanche.
De retour: le 11 avril, HUBERT AQUIN

L'hiver n'est plus seulement une saison. L'hiver est devenu, pour moi, une halte, un repos et le début d'un engourdissement définitif.
Des Souvenirs usés, CHRISTIANE BACAVE

L'hiver est un grand drame dont le début est la naissance de Dieu même,...
L'Hiver, J.-G. BARTHE

Maudit hiver qui n'en finit plus...
> *Mon frère l'esseulé,* ANDRÉ-PIERRE BOUCHER

L'hiver! Oh! c'est peu rude au sein d'une demeure
Où l'on se chauffe bien, où l'on mange à toute heure;
Où les regrets sont inconnus.
> *Charité,* RODOLPHE CHEVRIER

J'appréhende le dur hiver septentrional qui me confinera,...
> *L'Ampoule d'or,* LÉO-PAUL DESROSIERS

L'hiver, c'est les quatre points cardinaux réunis par la nudité, réunis par l'absence des fruits, et par une immense blancheur froide.
> *En hiver,* ROGER FOURNIER

L'hiver, c'est la lune sur la terre.
> *En Hiver,* ROGER FOURNIER

Ils ont peur
les grands rires
de la noirceur
et de l'hiver.
> *Les Grands Rires,* GILLES GARCEAU

...l'hiver! Déjà le silence hallucinant, le froid aussi, le froid surtout, le froid qui tue l'amour et qui tourmente l'homme.
> *Un homme et son péché,* CLAUDE-HENRI GRIGNON

Quand le monde commence à avoir le dos rond, c'est l'hiver,...
> *Marie-Didace,* GERMAINE GUÈVREMONT

...l'éternelle lamentation canadienne: la plainte sans révolte contre le fardeau écrasant du long hiver.
> *Maria Chapdelaine,* LOUIS HÉMON

Ce sont les fleuves, les lacs qui font la physionomie de notre pays, et c'est l'hiver qui lui donne son caractère;...
> *De l'Influence,* GUILLAUME LEVESQUE

L'hiver déjà!
Que c'est triste!
> *La Route d'Altamont,* GABRIELLE ROY

Je songe à la désolation de l'hiver
Seul
Dans une maison fermée.
> *Maison fermée,* HECTOR DE SAINT-DENYS-GARNEAU

C'est la longue saison qui commence, où les femmes sont confinées aux maisons;...
La Minuit, FÉLIX-ANTOINE SAVARD

Quand reviendront l'hiver et ces brillantes fêtes
Où le cœur enivré rêve un doux avenir,...
Gardez son souvenir, A. SOULARD

L'hiver tenait toujours la vie confidentielle.
Le Retour d'Oedipe, PIERRE TROTTIER

Un long hiver, ses misères, ses dangers, sa monotonie.
Agaguk, YVES THÉRIAULT

l'hommage

Je n'ai aucune envie de vos condescendances même quand vous les appelez hommages, cher ami.
Les Noms, GILLES VIGNEAULT

l'Homme

Tous les hommes vivent ensemble, mais ils suivent des chemins différents.
La guerre, yes sir! ROCH CARRIER

... l'homme ne peut avoir de noblesse et de dignité que dans la mesure où il exerce sa volonté à taire ce qu'il sait;...
Isabelle, PIERRE DAGENAIS

L'homme... est un animal politique avant même que de naître chrétien...
Qui est Dupressin?, GILLES DEROME

... nous sommes drôlement bâtis: tout en longueur ainsi, avec ces cheveux sur le sommet, en guise d'ornement!
Un Mal étrange, ARMAND FAILLE

Homme servile! Il rampe sur la terre;
Sa lâche main, profanant des tombeaux,
Pour un salaire impur va troubler la poussière
Du sage et du héros.
Le Dernier Huron, FRANÇOIS-XAVIER GARNIER

Pour avoir une image claire de l'homme
à tous les ans il fallait briser sept miroirs
et effacer de la mémoire
un nombre incalculable de visages.
L'Effort humain, ROLAND GIGUÈRE

... l'homme est un éternel chercheur. Il aspire à l'infini, il trouve le fini.
Les Demi-civilisés, JEAN-CHARLES HARVEY

Devenir homme, c'est tomber de haut.
Les Soupirs, FÉLIX LECLERC

L'homme sans religion serait un monstre; l'homme persécuteur ne serait guère mieux; l'homme purement contemplatif, en thèse générale, mourrait de faim.
De l'Éducation élementaire, A.-N. MORIN

L'homme est une bête qui a un esprit lui permettant de soumettre les autres bêtes et les autres hommes.
Kosmose, JACQUES POIRIER

L'homme est un grain de poussière sur lequel Dieu a soufflé, et que ce souffle emporte vers la lumière, à travers les espaces sans bornes et les siècles sans nombre.
Conférences et Discours, ADOLPHE ROUTHIER

Par la ruse et par la force; ainsi régnait l'homme.
La Montagne secrète, GABRIELLE ROY

Quel être bizarre que l'homme. N'est-ce pas toujours un peu sa peine en son œuvre qu'il chérit.
La Montagne secrète, GABRIELLE ROY

Tout homme est rare et inimitable par ce que la vie a fait de lui ou lui d'elle; sait-on comment tout cela se juxtapose, se mêle et se pénètre?
La Montagne secrète, GABRIELLE ROY

L'homme seul n'a qu'un souci, et c'est lui-même.
Cul-de-sac, YVES THÉRIAULT

Il est encore bien des choses que tu ne sais pas... Ton chemin d'homme n'est pas encore tracé...
Le Ru d'Ikoué, YVES THÉRIAULT

les hommes

Un homme éveillé, c'est déjà un homme qui s'échappe.
La Spirale, LISE BOURGET

Les hommes... se font des difficultés sur tout et n'entendent rien aux miracles.
Angéline de Montbrun, LAURE CONAN

L'homme est un loup pour l'homme et un chacal pour la femme.
Qui est Dupressin?, GILLES DEROME

Je les connais les hommes: c'est pas leur faute mais ils sont égoïstes.
Florence, MARCEL DUBÉ

... et puis, laissez-moi vous le dire, tous les hommes sont des salauds...
Le Quadrillé, JACQUES DUCHESNE

Les hommes ont inventé la femme pour les mauvais jours, mais ils conduisent seuls la politique, les affaires, la guerre. Enfin, l'Histoire leur appartient.
La Place publique, ROBERT ELIE

—Les hommes sont tous pareils: des cochons!
La Puissance des idées, ARMAND FAILLE

Les hommes, même les plus ténébreux, sont comme une eau claire. On en a vite exploré le fond.
La Femme-prétexte, MARIANNE FAVREAU

Le moins qu'une femme puisse demander à un homme, c'est d'être un homme.
Les Demi-civilisés, JEAN-CHARLES HARVEY

Tu es timide, gauche et mal vêtu. Une belle fille n'aime pas les hommes timides, gauches et mal vêtus.
Les Demi-civilisés, JEAN-CHARLES HARVEY

Les hommes de ce pays étaient frustres et mauvais.
Les Chambres de bois, ANNE HÉBERT

Donner de l'herbe
la nature le fait
ne rien donner
tous les hommes le font
Variations sur le verbe donner, FÉLIX LECLERC

Tu ne sens donc pas qu'il manque quelque chose, un complément, une plénitude, un total aux hommes?
Journal d'une juive, ROGER LEMELIN

Heureux ceux qui savent que les hommes, seuls avec leur orgueil, jamais ne réussissent définitivement,...
Heureux ceux-là, MICHELLE LE NORMAND

—Oh! la plupart demeurent enfants toute leur vie, c'est pour cela qu'ils sont égoïstes et qu'on leur pardonne tout de même.
La Plus Belle Chose du monde, MICHELLE LE NORMAND

Les hommes aiment assez vous faire comprendre que vous plaisez en affectant de vous blesser. Ils croient volontiers qu'une cour tendre est le fait de tous les séducteurs et que, pour une fois, la cruauté va vous mieux secouer.
Quand j'aurai payé ton visage, CLAIRE MARTIN

Les rapports entre hommes comportent nécessairement un bien-fondé intellectuel et la femme est impuissante devant cette force difficile d'accès.
Louis Riel, Exovide, JEAN-JULES RICHARD

Quant aux hommes, de quel profit serait-ce jamais de les empêcher de vieillir? Ils en auraient à s'écorcher les uns les autres voilà tout.
Alexandre Chenevert, GABRIELLE ROY

D'être un homme... me donne le droit de penser!
Aaron, YVES THÉRIAULT

Il ne fut jamais l'homme des demi-mesures. Ce qu'il faisait, il le faisait bien; ce qu'il voulait, il le voulait grand.
Le Roi de la Côte Nord, YVES THÉRIAULT

... un homme, c'est grossier comme un arbre, et il faut le cogner longtemps avant de pouvoir l'abattre.
La Crue, CLAIRE TOURIGNY

... il ne faut surtout pas adorer un homme,... Ils deviennent tous intolérables, inutilisables, quand ils l'apprennent.
Saint-Pépin, P.Q., BERTRAND VAC

l'honnêteté

... ça vaut pas la peine d'être honnête si c'est tout ce qu'on en tire...
Florence, MARCEL DUBÉ

... aucune théorie ne supplantera jamais l'honnêteté, qui est la fleur d'une vraie civilisation.
Et d'un livre à l'autre, MAURICE HÉBERT

l'honneur

L'honneur! c'est un vain nom que la langue des rois
Se plait à répéter pour soutenir leurs droits
Le Jeune Latour, ANTOINE GÉRIN-LAJOIE

L'honneur. La belle idée fixe à faire miroiter sous son nez. La carotte du petit âne.
Kamouraska, ANNE HÉBERT

L'honneur, on le prône encore au besoin, mais là où il n'a pas nécessairement sa place, on ne veut pas se donner la peine de le voir.
Quand même, A.-H. TRÉMAUDAN

l'hôpital

Il est silencieux, l'hôpital, aujourd'hui, comme une grande maison de la mort.
Restons chez nous, DAMASE POTVIN

l'hospitalité

L'hospitalité a pour ainsi dire disparu de nos mœurs, à mesure que la charité chrétienne s'est refroidie;...
Les Ennemis des Curés, MGR. DE SÉGUR

L'hospitalité s'exprime souvent ainsi, au Québec, dans le saisissement, le brouhaha, une mainmise complète et exubérante sur l'arrivant.
Alexandre Chenevert, GABRIELLE ROY

l'hostie

... le pain des pauvres et des malheureux.
Un homme et son péché, CLAUDE-HENRI GRIGNON

humain

... pour être humain, il faut être civilisé.
Les Demi-civilisés, JEAN-CHARLES HARVEY

l'humanité

... l'humanité est ainsi faite: elle méprise ceux qui lui sont utiles pour encenser ceux qui lui sont nuisibles!
Le Pirate du St-Laurent, ÉMILE CHEVALIER

l'humble

L'humble est un soumis, un courbé, un voyageur aux épaules basses. L'humble ne sait pas propager son savoir. Il lave des plaies mais laisse aux autres le soin de les guérir.
Le Roi de la Côte Nord, YVES THÉRIAULT

la bonne humeur

... la bonne humeur est le plus grand des biens et il faut avoir les défauts de ses qualités.
Les Xistes, MICHELLE LE NORMAND

humilier

Chercher à l'humilier serait vouloir fendre l'eau avec une épée.
Poussière sur la ville, ANDRÉ LANGEVIN

l'humilité

Il y a des gens qui sont beaux à cause de leur humilité; je me dis que mon orgueil n'est pas permis, devant leur douceur suppliante.
Tête blanche, MARIE-CLAIRE BLAIS

Pour me comprendre, il faut que tu apprennes une humilité que tu ne connais plus.
N'Tsuk, YVES THÉRIAULT

l'hypocrite

Hypocrite consommé, il savait composer son visage pour toutes les circonstances, de façon à ne faire naître aucun soupçon sur sa conduite.
Geneviève, ALPHONSE GAGNON

Vois un hypocrite avec une personne qu'il veut tromper: il a toujours un œil humblement à demi fermé,...
Les Anciens Canadiens, PHILIPPE AUBERT DE GASPÉ (père)

Elle est de c'te race de monde qui ont toujours l'air de tout donner, pendant qu'ils vous arrachent le sang du cœur.
Marie-Didace, GERMAINE GUÈVREMONT

On avance plus à louvoyer qu'à baisser les voiles.
Les Demi-civilisés, JEAN-CHARLES HARVEY

L'homme heureux est hypocrite.
Le Fou de l'île, FÉLIX LECLERC

i

l'idéal

L'originalité à tout prix est un idéal de preux:...
Prochain Épisode, HUBERT AQUIN

A ne rien souhaiter, on demeure sans joie.
On vit sans idéal et l'on meurt sans bonheur.
Grand Désir, PAUL-ÉMILE BELLEAU

... l'homme, toujours à la recherche d'un bonheur idéal, s'agite et croit le trouver dans le bruit.
En chemin de fer, ALPHONSE GAGNON

... j'ai vu trop de sacrifices aveugles et inutiles faits au nom d'un idéal truqué.
La Famille Plouffe, ROGER LEMELIN

T'as de l'Idéal? Tu rest's honnête?
Tu vis du travail de tes mains?
J'te l'répèt', t'es rien qu'une gross' bête!
T'as c'que tu mérit's... crèv' de faim!
Engueulade à un idéaliste, JEAN NARRACHE

l'idée

... le plus souvent je ne pense pas. Je crains les idées comme le chat craint le feu.
La Puissance des idées, ARMAND FAILLE

Je me fais une idée très haute de toi, et la pire déception de ma vie serait de te trouver, un jour, inférieur à elle.
Les Demi-civilisés, JEAN-CHARLES HARVEY

Au fond, je m'en fiche des idées des jeunes... Quand vous saurez qu'on ne gagne pas d'argent à écrire et à gueuler, vous reviendrez à la vieille méthode, qui consiste à rentrer dans le rang, à profiter sagement des occasions qui empêchent de mourir dans la crotte.
Les Demi-civilisés, JEAN-CHARLES HARVEY

On peut... considérer l'histoire des idées comme un univers autonome, fermé, possédant ses propres principes d'évolution,...
La Relève, JACQUES PELLETIER

C'est une épreuve que de voir s'échapper une idée, faute du mot qui la fixerait.
Contes et Propos divers, ADJUTOR RIVARD

L'idée est, parmi nous, une puissante mère
Qui dicte à ses enfants la leçon du devoir.
Les Fondateurs, BENJAMIN SULTE

Les idées les plus simples sont parfois les plus justes.
Les Nomades, JEAN TÉTREAU

... je comprends mieux les paroles d'idées que les phrases de ceux qui ne pensent qu'aux sons,...
La Fille laide, YVES THÉRIAULT

Les gens qui ont des idées ont presque toujours des idées croches.
Saint-Pépin, P.Q., BERTRAND VAC

l'idée noire

Les idées noires me tournaillent dans la tête comme le linge sale dans la laveuse.
Bousille et les justes, GRATIEN GÉLINAS

l'idole

... trop d'idoles avaient été renversées, trop d'illusoire quiétude s'était évanouie.
Les Vendeurs du temple, YVES THÉRIAULT

l'ignorance

Les ignorants croupissent dans la misère.
La Terre ancestrale, LOUIS-PHILIPPE CÔTÉ

Plus j'approfondirais les sciences, plus je serais étonné de mon ignorance.
Jean Rivard, ANTOINE GÉRIN-LAJOIE

Dites-vous bien que vous ne savez rien et que tout l'effort d'une vie ne suffirait pas à vous donner ce qui vous manque.
Les Demi-civilisés, JEAN-CHARLES HARVEY

Ah! si nous pouvions enfin nous convaincre que nous sommes tous des ignorants, quels savants nous ferions!
Lettres à Claude, FERNAND SAINT-JACQUES

... on s'inquiéta de l'ignorance livresque du petit, par opposition à son savoir animal.
Le Roi de la Côte Nord, YVES THÉRIAULT

On revient de l'ignorance, on en sort, ou on y entre. Je ne sais qu'une chose. D'en savoir si peu me rend ignorant...
Le Samaritain, YVES THÉRIAULT

L'ignorance, comme le silence, est un refuge merveilleux où s'engouffrent toutes les rébellions, tous les dégoûts, toutes les protestations de la conscience...
Les Vendeurs du temple, YVES THÉRIAULT

l'illusion

Chaque jour détruit une illusion; chaque jour remplace cette illusion par une poignante réalité, et ce front maintenant soucieux, autrefois ouvert et riant, vous indique d'une manière ineffaçable que le monde a passé là.
Une entrée dans le monde, NAPOLÉON AUBIN

... les illusions sont un léger bagage, et bien fou celui qui compte y trouver gîte et nourriture.
Récits exotiques, EFFEM

Nous sommes tous plus ou moins des enfants. Nous ne voulons rien perdre, surtout pas notre confort, nos illusions de confort.
L'Ange gardien, WILFRID LEMOINE

Et c'est comme ça, en perdant une illusion un jour, qu'on devient tout autre le lendemain, et que plus rien n'est semblable.
Le Dompteur d'ours, YVES THÉRIAULT

l'imagination

L'imagination fait faire des détours au temps, l'ornemente de courbes farfelues, mais ne l'arrête pas. Il passe, froid, plein de son indifférence.
Gilles Vigneault, mon ami, ROGER FOURNIER

l'immigration

Ils seront jamais des vrais Canadiens; il y aura toujours, chez eux, quelque chose qui « clochera ».
Le Français, DAMASE POTVIN

Ah! l'horrible fléau de l'immigration, qui ne fait qu'éparpiller les forces de notre nationalité et les mettre le plus souvent au service d'intérêts hostiles à notre race et à ses plus légitimes aspirations...
Restons chez nous, DAMASE POTVIN

Ils sont venus, il n'y a pas si longtemps. D'abord, ils étaient des Français et, parmi eux, quelques Espagnols.
... De toutes races, de toutes langues, de toutes couleurs. Qu'importe!
Le Roi de la Côte Nord, YVES THÉRIAULT

l'immobilité

... ce secret qui consiste à ne résister à aucun instinct de paresse, à céder plutôt, à se vider l'esprit, à ne plus penser, à ne plus raisonner. L'immobilité ainsi acquise valait toutes le cures.
Agaguk, YVES THÉRIAULT

l'immortalité

... l'immortalité des vivants désolerait l'univers. Tout l'effort de la nature tend vers la multiplication et non vers la durée de la vie.
Tu vivras trois cents ans, JEAN-CHARLES HARVEY

Les pleurs ont un sourire. Sous les fleurs qu'a semées le veuvage solitaire, l'amour fidèle contemple une douce image de l'immortalité.
Jours des morts, CHARLES LEVESQUE

Les êtres sont immortels dans la mesure du souvenir ou de l'amour qu'on leur conserve.
Les Doigts extravagants, ANDRÉE MAILLET

Quoi que vous en disiez, les grandeurs, la beauté
Ne valent pas le don de l'immortalité.
La Rose et l'Immortelle, JOSEPH MERMET

l'impatience

Son impatience était celle de l'enfant qui piétine le jouet qui ne répond plus à ses désirs.
Poussière sur la ville, ANDRÉ LANGEVIN

L'impatience engendre l'exagération;...
Du Travail chez l'Homme, ÉTIENNE PARENT

Modère-toi,... L'impatience use.
La Route d'Altamont, GABRIELLE ROY

l'impuissance

Quand on n'a pas laissé d'enfant à une femme... on peut toujours être suspecté d'impuissance.
Prochain Épisode, HUBERT AQUIN

l'incompétence

—Nous sommes dans un milieu où triomphe l'incompétence. La vraie valeur est souvent négligée, mise de côté au profit de l'intrigue...
Le Beau Risque, FRANÇOIS HERTEL

l'inconnu

... l'inconnu attire. Tout ce qui est étranger à notre vie de tous les jours nous impressionne.
Les Souliers de Marianne, PIERRE DAGENAIS

Tout homme est dangereux, surtout l'inconnu.
Le Fou de l'île, FÉLIX LECLERC

Devant l'inconnu fascinateur, la perspective est généralement belle aux têtes légères et avides de plaisirs; moins riante aux esprits réfléchis, elle suggère la défiance et la circonspection;...
Restons chez nous, DAMASE POTVIN

Dans ma famille, parmi mes amis, nous n'accoutumions guère aux familiarités avec des inconnus.
Cul-de-sac, YVES THÉRIAULT

l'incroyant

Je suis plus qu'un superstitieux, je crois que je suis un incroyant.
Le Fou de l'île, FÉLIX LECLERC

l'indépendance

L'indépendance! Vain mot! On dépend toujours de son milieu.
Les Demi-civilisés, JEAN-CHARLES HARVEY

Vous n'irez pas loin avec vos idées d'indépendance. Dans la vie, il n'y a jamais d'indépendants!
Les Demi-civilisés, JEAN-CHARLES HARVEY

Il aime vivre seul, passe son temps à étudier et se moque pas mal des filles. Cependant, presque toutes le trouvent de leur goût...
Bonheur d'occasion, GABRIELLE ROY

l'Indien

Ils écoutaient l'appel des hommes qui vivent sous le ciel, errent en liberté, nomades comme des Indiens.
Nord-Sud, LÉO-PAUL DESROSIERS

Pauvre sauvage, retourne là d'où tu viens, là où seulement tu peux être quelqu'un, quelque chose.
La Montagne secrète, GABRIELLE ROY

l'indifférence

Qui sait jusqu'à quel point un homme peut pousser l'indifférence et l'oubli?
Angéline de Montbrun, LAURE CONAN

Sans doute, lorsqu'on souffre, rien n'est pénible comme le contact des indifférents.
Angéline de Montbrun, LAURE CONAN

Aimer pour en souffrir, n'en rien dire;
Et souffrir pour aimer, le cacher;
Croire à l'indifférence et sourire;...
Tryptique exquis, GUY DELAHAIE

... l'indifférence, c'est pire que la mort.
Qui est Dupressin?, GILLES DEROME

C'est dommage
Qu'on se frôle
Sans se toucher,
Qu'on se parle
Sans s'écouter,
Qu'on sympathise
Sans se le dire.
Le Respect Humain, DENISE GERVAIS

J'ai découvert très tôt qu'une certaine indifférence, légèrement hautaine et sarcastique, pouvait à la rigueur remplacer une bonne naissance ou une grande intelligence.
Le Manège ivre, MARCELLE McGIBBON

l'individualisme

... mon individualisme est le produit de ma nature et non de ma volonté, car j'ai plus de caractère que de volonté.
Les Demi-civilisés, JEAN-CHARLES HARVEY

Ah! je voudrais que l'on me regarde et que l'on me voie pour moi-même, pour ce que je suis au plus profond de moi-même; seule et unique dans mon cœur fermé.
Le Temps sauvage, ANNE HÉBERT

L'individualisme est comme le vent qui anime un brasier, mais qui éteint une chandelle.
Considérations, ÉTIENNE PARENT

Ne défendre que son petit bien propre en deçà de ses clôtures, fermer l'œil sur tous les empiétements de l'étranger, c'était trahir, se condamner à n'être bientôt qu'un peuple d'esclaves.
Menaud, maître-draveur, FÉLIX-ANTOINE SAVARD

l'industrie

Dans les villages, on est toujours un peu âpre au gain; l'établissement d'une industrie suscite toutes sortes de convoitises; on rêve alors d'expropriations payantes et de grosses indemnités.
L'Appel de la terre, DAMASE POTVIN

l'infidélité

Je ne veux plus être fidèle;
Le changement fait le bonheur;
L'amour doit voltiger de belle en belle,
Le papillon de fleur en fleur.
A Jenny, NAPOLÉON AUBIN

Elle changeait d'homme comme on change de chemise.
Le Temps sauvage, ANNE HÉBERT

J'acceptai sans haine mon sort;
Vous aviez droit d'être infidèle:
Les moineaux seuls ont le cœur fort,
Vous aviez un cœur d'hirondelle.
Les Moineaux, JOSEPH-ARTHUR LAPOINTE

Un pur amour avait uni nos cœurs,
Tu m'étais cher, je te fus infidèle...
O tendre ami, pardonne mes erreurs,
Des cœurs constants je serai le modèle.
La Somnambule, PIERRE PETITCLAIR

L'amour craint tout engagement;
Il ne peut souffrir de limite,
Qui le veut captiver l'irrite;
Il ne se plaît qu'au changement.
Sur l'Inconstance, JOSEPH QUESNEL

l'ingrat

« Ce garçon est un ingrat. Il n'y a rien de bon à attendre de lui. »
Le Temps sauvage, ANNE HÉBERT

l'injure

...le grand art ne consiste pas à rendre une injure, mais à la savoir accepter avec ce degré de noblesse qui caractérise l'homme patient.
Une Épisode gallico-canadienne, ANDRÉ-ROMUALD CHERRIER

moi,... on ne m'insulte pas, parce que je suis un enfant et qu'un enfant ne comprend pas l'injure.
La Secousse, JEAN FÉRON

l'inquiétude

Rien ne saurait inquiéter celui qui depuis longtemps ne se regarde plus.
L'Appartenance, JEAN-CLAUDE CLARI

L'inquiétude n'a jamais fait partie du patrimoine des paysans. Pourvu que le soleil se lève tous les matins, ça va bien.
En hiver, ROGER FOURNIER

l'instinct

Tu combattras l'instinct mauvais, jusqu'à la perfection.
Le Torrent, ANNE HÉBERT

... d'instinct l'homme de la campagne, comme l'animal, suspecte l'anormal qui le force à s'imaginer autre chose que le déjà-vu,...
Le Dernier des roseaux, PIERRE OLIVIER

l'instituteur

La silhouette de la maîtresse d'école est surtout évocatrice de cet être au dévouement sans bornes, à la patience inlassable ...
Vieilles Choses, Vieilles Gens, GEORGES BOUCHARD

Le peu de considération accordée à la noble profession d'instituteur l'a fait regarder jusqu'à ce jour comme un pis-aller.
Jean Rivard, ANTOINE GÉRIN-LAJOIE

On sait à quelle vie d'abnégation sont condamnés nos instituteurs; on connaît l'insuffisance du traitement qu'ils reçoivent pour leur ingrate besogne et l'exiguïté de la pension qui leur permet à peine de ne pas mourir de male-faim après toute une vie vouée à l'instruction de la jeunesse.
Kirouet et Cantin, JOSEPH MARMETTE

l'instruction

Mais quand donc arrachera-t-on notre race à cet errement traditionnel qui prévaut à peu près unanimement chez elle et qui nous tue encore plus qu'elle nous humilie, nous, les industriels de la terre; l'inutilité d'une forte instruction chez l'agriculteur?
La Terre, ERNEST CHOQUETTE

Dès qu'on est instruit, on n'est plus pauvre.
Sous le soleil de la pitié, JEAN-PAUL DESBIENS

Instruis-toi! Le reste viendra en son temps.
La Lettre, ARMAND FAILLE

L'homme, créé ignorant, rempli de défauts, doit se perfectionner, cultiver et mettre à profit cette noble intelligence que Dieu lui a accordée; c'est pour lui une obligation de s'instruire, ses efforts de chaque jour doivent tendre à cette fin.
Time is money, ALPHONSE GAGNON

... si l'ignorance a ses vices, le savoir a aussi les siens; l'esprit a son intempérance comme le cœur, et trop d'instruction peut être un don bien fatal pour celui qui la possède.
Sermon national, H. HUDON

... le temps de rire est passé,... il s'agit à présent de s'instruire.
Lectures sur l'univers, A. PAINCHAUD

l'intellectuel

Le travail intellectuel, c'est le chauchemar de notre population.
Le Vrai Remède, GEORGES-MARIE BILODEAU

... c'est là l'ambition de ces « intellectuels »: amasser le plus d'argent possible dans une situation qui flatte leur amour-propre.
La Puissance des idées, ARMAND FAILLE

Un intellectuel digne de ce nom, c'est un être qui sait penser, qui sait suivre ses propres chemins et se retrouver lui-même en lisant les œuvres des autres.
Fuir, ALICE PARIZEAU

l'intelligence

Plus l'intelligence s'accroît, plus l'être devient sensible à la souffrance,...
La Terre, ERNEST CHOQUETTE

—Une personne intelligente ne s'ennuie jamais.
La Terre ancestrale, LOUIS-PHILIPPE CÔTÉ

Comme elle est fragile, notre carcasse intellectuelle!
Gilles Vigneault, mon ami, ROGER FOURNIER

De nos jours, à moitié fou, c'est le grand maximum d'intelligence.
Le Silence d'une chanteuse, ELOI DE GRANDMONT

... vous êtes apte à tout comprendre, et il ne tient qu'à vous d'en profiter pour devenir quelqu'un dans la foule des médiocres que forment nos institutions de nivellement.
Les Demi-civilisés, JEAN-CHARLES HARVEY

Victime d'une intelligence facile, il avait peu à peu négligé le travail.
Le Beau Risque, FRANÇOIS HERTEL

... l'intelligence cultivée a le monde pour héritage.
Du Travail chez l'Homme, ÉTIENNE PARENT

A quoi vous servira votre intelligence, si vous la laissez oisive, ou si vous vous jetez dans une carrière déjà encombrée, où les chances de succès doivent être nécessairement fort minimes, et où par conséquent l'insuccès et la ruine attendent le plus grand nombre?
L'Industrie considérée, ÉTIENNE PARENT

Dépêchez-vous d'être intelligente, à trente ans tout le monde l'est.
Les Solitudes humaines, ALICE POZNANSKA

Il prétend avoir les yeux tournés vers l'infini, il n'a que les yeux dans le vide.
N'Tsuk, YVES THÉRIAULT

L'intelligence est peut-être une rançon à payer. Elle fait de chacun un être, c'est le commencement de la divinité.
Le Roi de la Côte Nord, YVES THÉRIAULT

l'intolérance

L'intolérance et la haine prospèrent dans l'ignorance, la stupidité et le faux nationalisme.
Les Mauvais Bergers, ALBERT-ENA CARON

l'Italien

—Pour les femmes, quand il n'y a plus personne il y a encore les Italiens.
Quand j'aurai payé ton visage, CLAIRE MARTIN

l'ivrognerie

De tous les maux qui affligent l'humanité, aucun n'est plus déplorable que l'ivrognerie.
Geneviève, ALPHONSE GAGNON

L'ivrognerie... est sans doute l'habitude qui a le moins de conséquence dans l'éternité.
Le gouffre a toujours soif, ANDRÉ GIROUX

... de la bouche d'un homme ivre, sortent des vérités.
Le Survenant, GERMAINE GUÈVREMONT

j

la jalousie

...le monde en général déprécie les qualités auxquelles il ne peut atteindre, et... il suffit de se distinguer par quelque perfection ou par quelque talent pour se trouver immédiatement en butte aux sarcasmes, aux reproches amers.
Une entrée dans le monde, NAPOLÉON AUBIN

Sa jalousie se gonflait à ses tempes comme le triomphe d'une passion de damné.
La Belle Bête, MARIE-CLAIRE BLAIS

La jalousie provient d'un manque de confiance non pas envers les autres, mais envers soi-même.
Les Témoins, EUGÈNE CLOUTIER

Les jaloux sont comme les fous et les ivrognes, ils ne se rendent jamais compte de leurs souffrances.
Les Témoins, EUGÈNE CLOUTIER

La jalousie s'enfonce vivement dans mon amour comme une écharde.
L'Ampoule d'or, LÉO-PAUL DESROSIERS

Si je me mettais à jalouser tous ceux qui ont plus que nous autres, il y aurait gros de monde et ça me ferait trop d'ouvrage.
Marie-Didace, GERMAINE GUÈVREMONT

... la jalousie, je la connais bien. Je l'ai portée en moi comme un monstrueux fœtus dont le poids m'accablait.
Quand j'aurai payé ton visage, CLAIRE MARTIN

C'était le rêve de l'homme jaloux. De l'homme qui a des souvenirs de cette espèce. Revoir la scène, se la rebâtir en mémoire.
Le Dompteur d'ours, YVES THÉRIAULT

le jansénisme

De quels tristes mariages entre puritains et jansénistes cette fausse austérité n'est-elle pas née, qui pervertit chez nous tant de rapports humains, rancit toutes mes joies?
Mon fils pourtant heureux, JEAN SIMARD

Était-ce un vieux fond de jansénisme qui lui imposait de nous voir comme des enfants plutôt que des hommes?
Cul-de-sac, YVES THÉRIAULT

le jeu

Joie de jouer! paradis des libertés!
Le Jeu, HECTOR DE SAINT-DENYS-GARNEAU

Les jeunes délaissaient la danse pour les jeux de société. Après la chaise honteuse et le clin d'œil, ils jouaient à échanger des « pappermannes d'amour »,...
Marie-Didace, GERMAINE GUÈVREMONT

Le jeu d'anneaux peut rivaliser avec le communisme pour aplanir les différences sociales...
La Famille Plouffe, ROGER LEMELIN

Les enfants, quand ils disent: « Je vais jouer », il faut voir de quel air sérieux, déterminé! C'est qu'à proprement parler, ils ne « jouent » pas: ils travaillent, ils inventent, ils agissent; et leur activité, que nous nommons improprement « le jeu », préfigure en réalité les occupations de l'adulte, son accession à l'Être.
Mon fils pourtant heureux, JEAN SIMARD

Le « mille » était un jeu qui se devait d'être connu de tous les enfants. Autrement à quoi joueraient-ils, le soir, dans les heures heureuses qui précèdent le coucher, heures toujours trop courtes, par l'appréhension constante de cette voix familière qui va bientôt nous rappeler pour la nuit.
Les Brèves Années, ADRIEN THÉRIO

... jouer pour jouer n'est pas longtemps intéressant. Tandis que jouer au travail, jouer à faire semblant de ne pas avoir le temps de jouer, voilà le beau jeu quand on a hâte d'être grand.
Conte-fable, GILLES VIGNEAULT

le jeûne

En somme, le jeûne était une vocation d'élite qui exigeait des moyens de fortune, une certaine indépendance.
Mourir de faim n'était pas à la portée de tous.
Alexandre Chenevert, GABRIELLE ROY

le jeune

Les jeunes s'amusent, c'est de leur temps!
La Maison vide, HARRY BERNARD

L'homme de demain se demande déjà en quel sens il prendra position dans la querelle intestine de notre vie.
Le Beau Risque, FRANÇOIS HERTEL

Quand on est jeune, on n'a qu'un but: être tout à fait comme les autres. On cache ses rêveries autant que possible.
La Petite Patrie, CLAUDE JASMIN

Ainsi, Messieurs de la jeune génération, point de reproches; soyez indulgents, soyez justes. Au prix des longs et rudes travaux de vos aînés, vous voilà entrés dans la terre promise; ils ont fait leur tâche, à vous maintenant de faire la vôtre.
Importance de l'étude de l'économie politique, ÉTIENNE PARENT

Les jeunes d'aujourd'hui ne connaissent pas le bonheur et la fierté de se tirer d'affaires avec ce qu'on peut avoir sous la main. Ils jettent tout.
La Route d'Altamont, GABRIELLE ROY

... chaque époque fournit à son contingent d'adolescents des vêtements particuliers qui prennent à leurs yeux la valeur d'un symbole, des chansons qui deviennent le rythme même de leur vie;...
Ce qu'il faut de regrets, PAULE SAINT-ONGE

Les jeunes sont tous de même; ils se cherchent des problèmes pour rien.
Les Heures rouges, PAUL-GHISLAIN VILLENEUVE

la jeunesse

Il était à cet âge où les jeunes gens se croient tout permis et ne voient qu'eux d'intelligents dans le monde.
L'Homme tombé, HARRY BERNARD

Découvrez un peu de bonheur d'être jeune. Tout est à vous.
Tête blanche, MARIE-CLAIRE BLAIS

Qu'est-il donc devenu ce temps de ma jeunesse,
Temps charmant où, rempli de la plus douce ivresse,
Je coulais à l'abri de tout souci fâcheux
Des jours toujours sereins, des jours toujours heureux?
Boutade, P. GARNOT

—Bah! Pourquoi se perdre dans les subtilités? Nous sommes jeunes. C'est l'âge du plaisir.
Le Beau Risque, FRANÇOIS HERTEL

L'expérience des siècles... a enseigné que tout l'édifice social d'un peuple repose sur sa jeunesse;...
La Jeunesse canadienne-française, JAMES HUSTON

La jeunesse tisse ses mythes généreusement.
Rimbaud, mon beau salaud, CLAUDE JASMIN

Jeunesse sans expérience
N'écoute pas ces inconnus...
Reste près du nid maternel:
Le foyer, l'école ou l'église,
Jusqu'à ce que le nid te dise:
Vole maintenant dans le ciel.
La Chat et le Jeune Oiseau, PAMPHILE LE MAY

La jeune vie est censée ne rien voir, ne rien entendre, ne rien souffrir.
Le Piano, MICHELLE LE NORMAND

La jeunesse, c'est l'âge des vertus patriotiques fortes et pures.
Importance de l'étude de l'économie politique, ÉTIENNE PARENT

Ils sont beaux et nombreux nos rêves de jeunesse;
Mais rien n'est comparable à ces heures d'ivresse
Des beaux jours d'autrefois.
Les Beaux Jours d'autrefois, EUSTACHE PRUD'HOMME

Ignore la jeunesse et la sourde révolte,
Le tumulte du sang et l'orgueil de l'esprit;...
Psaume, SIMONE ROUTIER

... la femme doit essayer de comprendre l'homme. C'est dans les bras de sa femme que l'homme conserve sa jeunesse.
La Dalle-des-morts, FÉLIX-ANTOINE SAVARD

Je ne vous dirai jamais rien
Car il se peut que la jeunesse
Soit la seule saison du monde...
Saison, GILLES VIGNEAULT

la joie

Je n'ai que d'humbles mots
Pour parler de ma joie
La Terre que je suis, MAURICE BEAULIEU

Il n'y a pas de Joie sans Tristesse, pas plus qu'il n'y a de Vérité sans Mensonge.
Isabelle, PIERRE DAGENAIS

La joie ne se commande pas. Elle est une réaction spontanée de l'être.
Expo 67 ou La Découverte de la fierté, PIERRE DUPUY

Je marche à côté d'une joie
D'une joie qui n'est pas à moi
D'une joie à moi que je ne sais pas prendre.
Accompagnement, HECTOR DE SAINT-DENYS-GARNEAU

Moi, je ne connais pas la joie. Je ne pouvais pas connaître la joie. C'était plus qu'une interdiction. Ce fut d'abord un refus, cela devenait une impuissance, une stérilité. Mon cœur était amer, ravagé. J'avais dix-sept ans!
Le Torrent, ANNE HÉBERT

Ce que tu appelles la joie de vivre n'est qu'une drogue si on l'obtient en dehors de la vertu.
Les Taupes, FRANÇOIS MOREAU

Mais les grandes joies sont courtes.
Le Français, DAMASE POTVIN

Mais plus il est nourri de joies, plus le cœur est insatiable.
La Petite Poule d'eau, GABRIELLE ROY

... la joie sort de la peine, ou entre dans la peine...
La Fille laide, YVES THÉRIAULT

le joual

Le joual—qui est une langue appauvrie et sans pouvoirs hors de la réalité immédiate—empêche toute prise de conscience.
Introduction à « Les Belles-sœurs », JEAN-CLAUDE GERMAIN

Le bon français, c'est l'avenir souhaité du Québec, mais le joual, c'est son présent.
Le Joual et nous, GÉRALD GODIN

Le joual, c'est, alternativement, une langue de soumission, de révolte, de douleur.
Comme tout le monde, JACQUES RENAUD

la jouissance

La jouissance est pleine de périls... elle n'a jamais rien produit de grand,...
A l'œuvre et à l'épreuve, LAURE CONAN

le jour

Quand le jour fuit devant l'aube, la lumière le blesse.
La Chambre 38, ROCH CARRIER

Le jour
a goût de pêche mûre
et pour le dévorer
que n'ai-je la dent dure.
Tentation, ALMA DE CHANTAL

Qu'est-ce que le jour nous veut
Il nous attend au prochain coin
il nous épie au sortir de la nuit
il a l'œil sur notre amour
Le Jour à recommencer, LUC PERRIER

Chaque homme a son moment, son heure dans le cours de la journée, qu'il préfère davantage. Il n'y a, pour ainsi dire, qu'à cette heure, qu'à ce moment, qu'il jouit, qu'il se sent vivre; tout le reste du jour n'est qu'une attente continuelle de cet instant de prédilection.
L'Après-coucher, ALPHONSE POITRAS

Chaque journée qui commence est désormais une longue avenue semée de mille travaux qu'il faut exécuter dans le même état d'esprit que le chrétien qui accomplit des rites religieux sans la foi.
Ce qu'il faut de regrets, PAULE SAINT-ONGE

Il y a des journées qui sont d'étranges journées dans la vie des gens. Des journées qui creusent une marque profonde à l'âme.
Le Dompteur d'ours, YVES THÉRIAULT

le journal

N'oubliez jamais que le tirage d'un journal est toujours proportionné aux souffrances des hommes, aux attentats à la pudeur et aux vols à main armée.
La Fin des haricots, JEAN-LOUIS GAGNON

Les journaux... sont généralement du côté du plus fort...
Mon commis-voyageur, J.-EUGÈNE CORRIVEAU

Ah! il fallait beaucoup de bonne volonté en ces temps pour choisir un journal honnête, et, même en lisant ce journal, pour discerner le vrai du faux.
Alexandre Chenevert, GABRIELLE ROY

... on ne parle que de guerre, que de sang, que d'oppression, que de révolte, que de peuples affamés, que d'enfants couverts de plaies, que de pays sans espoir...
Aaron, YVES THÉRIAULT

Les journaux,... c'est tout l'temps des menteries. On dirait qu'i' changent seulement les noms.
Placoter, GILLES VIGNEAULT

le journaliste

... ils sont tous pareils, les journalistes. C'est bavard, effronté, menteur comme un dentiste.
Le Reporter, ALEXANDRE HUOT

... il y a beaucoup de solidarité parmi les journalistes, mais il y a encore plus d'égoïsme.
L'Envers du journalisme, J.-M.-ALFRED MOUSSEAU

le juge

Un juge qui réfléchit est perdu.
Hôtel Hilton, Pékin, EUGÈNE CLOUTIER

le juif

Les juifs sont, entre tous les groupes formant le peuple d'Amérique, ceux qui échappent le mieux aux préjugés de race et de couleur. Souffrant eux-mêmes de l'ostracisme, ils

en comprennent la cruauté injuste et ils gardent envers les autres victimes une attitude quasi fraternelle.
Les Enfances de Fanny, LOUIS DANTIN

Le juif, l'homme qui lutte pour se rédimer, l'homme qui engueule l'Éternel, qui refuse la Fatalité, c'est lui l'être personnalisé entre tous.
Les Remparts de Québec, ANDRÉE MAILLET

Ce pays restait le meilleur puisqu'un juif, premier de classe, suscitait l'orgueil de ses maîtres.
Aaron, YVES THÉRIAULT

Je ne crois à rien, ma famille ne croit à rien. Les malheurs des juifs viennent de la croyance.
Aaron, YVES THÉRIAULT

Être riche, quand on est juif orthodoxe, cela ne signifie-t-il pas précisément l'abandon des préceptes?
Aaron, YVES THÉRIAULT

la justice

Les temps sont encore loin où la justice humaine
Veut qu'un peuple colon secoue enfin sa chaîne.
La Voix d'une ombre, F.-R. ANGERS

Il n'est plus d'hommes justes
Ni de demeures ouvertes.
Dieu tutélaire, MONIQUE BOSCO

La justice, la vraie, ce n'est pas celle-là que je redoute; c'est l'aveugle justice des hommes, qui me répugne et que je veux fuir.
La Terre, ERNEST CHOQUETTE

Qu'une paye pour les autres! C'est justice!
Le Printemps de Catherine, ANNE HÉBERT

—La Justice est aveugle et moi j'y vois clair;
La Terre que l'on défend, HENRI LAPOINTE

... il ne faut pas s'y tromper, après la justice des hommes, il y a encore, et heureusement, la justice de Dieu.
Échos de Québec, NAPOLÉON LEGENDRE

Quel est le fruit des chairs qui souffrent? Dites-le moi, mon Dieu, expliquez-moi la Justice!
Jalousie, ROGER LEMELIN

Il est pénible mais nécessaire d'admettre que la justice repose sur l'ordre et non sur l'égalité.
Les Pierres de mon champ, MARGUERITE TASCHEREAU

... pour obtenir justice, invoques-tu des humains ou des rouages?
N'Tsuk, YVES THÉRIAULT

1

le Labrador

La côte du Labrador est entièrement stérile, couverte de mornes et de ravins, de marécages et de petits lacs.
Une aventure au Labrador, PIERRE PETITCLAIR

la lâcheté

Tout homme porte en soi un crime inconnu, qui suinte et qu'il expire.
Le Torrent, ANNE HÉBERT

... il faudra bien que je me rende compte que je suis fait pour la lâcheté et la lâcheté faite pour moi, n'est-ce pas? Seulement, ça m'a pris vingt ans avant d'en être sûr.
La Mercière assassinée, ANNE HÉBERT

la laideur

J'ai le visage tissé de boutons. Je suis laide comme un cendrier rempli de restes de cigares et de cigarettes.
L'Avalée des avalés, RÉJEAN DUCHARME

Une fille laide, c'est de la pure injustice. On n'en sort pas. Un gars laid, passe encore.
Les Écœurants, JACQUES HÉBERT

Quand on est aussi laide qu'elle, il est infiniment plus facile de recruter des militants pour le parti communiste.
Fuir, ALICE PARIZEAU

Je préfère être laide pour qu'on se tienne loin de moi.
Amenachem, MICHEL TREMBLAY

le langage

Pour comprendre le langage d'un bûcheron une forte documentation religieuse est indispensable.
Brigandages, CARL DUBUC

En leur langage naïf, les mains, plus éloquentes que les voix, parlaient d'accord, d'amitié éternelle ou bien d'indifférence.
Le Survenant, GERMAINE GUÈVREMONT

la langue

C'est encore le 17e là-bas; moé, toé, fret, dret, la langue du roé, quoi!
La Mercière assassinée, ANNE HÉBERT

... la langue qu'on parle là-bas en ces steppes neigeuses où broutent l'orignal et le castor est demeurée miraculeusement archaïque et savoureuse...
La Mercière assassinée, ANNE HÉBERT

Chaque peuple... vit et respire par sa langue, d'où s'exhalent son passé, ses traditions, ses aspirations.
Discours et Allocutions, MGR LOUIS-ADOLPHE PAQUET

Votre langue vivra si vous savez la défendre contre votre propre négligence, contre vos propres défaillances, vos propres trahisons.
Discours, MGR PAUL-EUGÈNE ROY

les Laurentides

J'ai revu la forêt sombre des Laurentides
Où l'ombrage déclive, au rêve hospitalier,
Me reposa jadis de la ville fétide.
Sous-bois, HERMAS BASTIEN

la lecture

C'est la lecture qui m'a lentement initié à la vie mystérieuse du sexe. Dans mon milieu, les femmes sont fidèles et discrètes et les hommes complices de leur silence. Jamais une allusion à leur vie nocturne.
Les Témoins, EUGÈNE CLOUTIER

la lettre

Une première lettre d'amour s'écrit toujours sur un brouillon.
La Femme à l'aiguille, FAUCHER DE SAINT-MAURICE

la liberté

La liberté n'est pas un vain néant;
Songe toujours que d'une aile rapide
La liberté voltige en l'effleurant.
Impromptu, ANONYME

... pour se libérer de quelqu'un, il suffit de le tromper.
De retour: le 11 avril, HUBERT AQUIN

Il arrive parfois qu'un homme ait besoin de rendre à sa femme toute liberté, parce qu'il a grand désir de reprendre la sienne.
Le Dernier Beatnik, EUGÈNE CLOUTIER

—Ceux qui n'ont rien à laisser, rien à garder, qui n'ont pas de famille, peuvent bien aller où bon leur semble; mais tous n'ont pas ce droit.
La Terre ancestrale, LOUIS-PHILIPPE CÔTÉ

J'ai grandi libre, sans être jamais assujettie à rien, sur les grèves, dans la montagne, dans la forêt, toujours au grand air, même sous la pluie ou le brouillard.
L'Ampoule d'or, LÉO-PAUL DESROSIERS

Quand on se sent piégé on s'entoure de faux pièges et l'on se sent plus libre.
Le Cœur d'une mère, JACQUES FERRON

Je suis celui qui a besoin de liberté et je suis celui qui sait ce qu'est la liberté, parce qu'il est prisonnier.
Alpha, LOUIS GAUTHIER

Mais toute ma liberté dépend de mon portefeuille!... Et j'ai besoin de ma liberté!
Le Coureur de Marathon,
MURIEL GUILBAULT et CLAUDE GAUVREAU

... je chéris cette liberté que nous avons d'être l'un à l'autre sans contrainte, sans contrat.
Les Demi-civilisés, JEAN-CHARLES HARVEY

La liberté ne consiste pas à se soustraire aux lois naturelles et divines.
Poussière sur la ville, ANDRÉ LANGEVIN

Pour moi la liberté, c'est de pouvoir se rendre au bout de son bonheur.
Poussière sur la ville, ANDRÉ LANGEVIN

Que quiconque ne tient à sa liberté et à sa vie leur jette la première pierre!
La Terre que l'on défend, HENRI LAPOINTE

Dans les grandes boutiques il y a des esclaves, dans les petites, il y a des rois.
Le Fou de l'île, FÉLIX LECLERC

Ma liberté à moi, c'est de savoir que l'amour, ça n'est pas vrai!
Le Funambule, WILFRID LEMOINE

Un homme libre est un homme qui peut subir, engendrer ou donner des chocs, de quelque densité qu'ils soient.
Manifeste infra, CLAUDE PÉLOQUIN

Il faut aux hommes un univers plus vaste, un espace qui échappe à la matérialité et que chacun est libre d'organiser selon ses propres désirs et fantaisies.
L'Espace, ROBERT SAINT-AMOUR

La liberté, cela signifiait l'occasion de commettre le mal à l'insu de ses parents.
Cul-de-sac, YVES THÉRIAULT

Je ne demande rien. Je suis libre, et je veux le demeurer.
Le Dompteur d'ours, YVES THÉRIAULT

lire

C'est pas bon pour la tête de trop lire...
L'Ange de Dominique, ANNE HÉBERT

Il lisait avidement, goulûment, par besoin de meubler sa pensée.
Le Roi de la Côte Nord, YVES THÉRIAULT

la littérature

...la littérature d'un peuple, c'est son histoire;...
État de la littérature en France, P.-J.-O. CHAUVEAU

C'est ce que je reproche aux œuvres canadiennes... on n'y trouve toujours que des êtres et des situations hors nature...
La Terre, ERNEST CHOQUETTE

—Une seule chose manque aux littérateurs canadiens,... et c'est le public.
>*Un cénacle,* LÉO-PAUL DESROSIERS

Tous nos insuccès littéraires dans le passé s'expliquent par absence de culture.
>*L'Art et la Jeunesse,* PIERRE-J. DUPUY

On sait que la littérature de ce pays n'a jamais admis dans ses livres l'existence de l'amour ou d'une grande passion.
>*Les Demi-civilisés,* JEAN-CHARLES HARVEY

Notre littérature, en général, a une allure de pensum.
>*Marcel Faure,* JEAN-CHARLES HARVEY

La littérature, ce n'est pas une carrière au pays.
>*Le Beau Risque,* FRANÇOIS HERTEL

Plus elle devient vraie, plus notre littérature se noircit de malheur.
>*Convergences,* JEAN LE MOYNE

La belle littérature, comme on disait autrefois, voilà la vraie pâture d'un individu cultivé.
>*Fuir,* ALICE PARIZEAU

Ce qui distingue notre littérature, c'est son amour du beau et du vrai.
>*Les Guêpes canadiennes,* ADOLPHE ROUTHIER

La littérature d'un peuple est son verbe: c'est par elle qu'il manifeste au monde ses idées, ses croyances, ses affections, son rôle et ses destinées.
>*Introduction à « Le Répertoire National »,* ADOLPHE ROUTHIER

Servir: telle doit être la mission de l'écrivain, et telle, la mission d'une littérature.
>*Études et Croquis,* MGR CAMILLE ROY

La littérature corruptrice qui sort de Paris comme un fleuve immonde se répand sur notre pays depuis plus d'un demi-siècle.
>*Pour la patrie,* JULES-PAUL TARDIVEL

le livre

... ce livre est le fruit amer de cet incident anecdotique qui m'a fait glisser de prison en clinique...
>*Prochain Épisode,* HUBERT AQUIN

Rien ne corrompt comme la lecture d'un mauvais livre.
Coups de crayon, F.-A. BAILLAIRGÉ

... les livres, comme les hommes, sont remplis de secrets.
La Maison vide, HARRY BERNARD

... ici, ce n'est pas toujours le talent qui manque, ce sont surtout les situations, le milieu, les éléments, la matière première, quoi, si absolument essentielle pour l'inspiration et la composition du livre...
La Terre, ERNEST CHOQUETTE

... un bon livre devrait toujours former un véritable lien entre celui qui l'écrit et celui qui le lit.
Angéline de Montbrun, LAURE CONAN

... le génie et surtout les livres n'ont pas été donnés à l'homme inutilement! avec les livres on peut évoquer les esprits de l'autre monde; le diable même.
Le Chercheur de trésors, PHILIPPE AUBERT DE GASPÉ (fils)

—C'est écrit... c'est écrit dans un livre. Il faut y croire!
Quand reviennent les outardes, BERTHE HAMELIN-ROUSSEAU

... les livres... je les méprisais... Signes de ma fausse science. Signes de ma servitude.
Le Torrent, ANNE HÉBERT

Ce qui console, ce sont des livres,...
La Plus Belle Chose du monde, MICHELLE LE NORMAND

le loisir

A Montréal, il y a la Montagne, à Ottawa, le Canal, et Québec a son orgueilleuse Terrasse. C'est là qu'aux heures de loisir, l'on va se délasser un peu les jambes et la langue, vaguer, rêver, boire quelques bons coups d'air frais.
Le Français, DAMASE POTVIN

le loup

Quand on n'est pas loup, on ne hurle pas avec les loups.
Les Ennemis des curés, MGR LOUIS-GASTON DE SÉGUR

... il est connu que le loup déteste l'odeur de l'homme.
N'Tsuk, YVES THÉRIAULT

la loyauté

... nous avons l'une des civilisations les moins vivantes de toutes les races blanches du globe. Nous payons cher notre loyauté.
Les Demi-civilisés, JEAN-CHARLES HARVEY

L'espèce de loyauté farouche qui existe entre nous est affaire d'hommes.
Le Temps sauvage, ANNE HÉBERT

la Lune

Une lune large et ronde, grasse comme une femme de laitier. Une lune blanche, suspendue comme au bout d'un fil,...
Le Dompteur d'ours, YVES THÉRIAULT

La lune, c'est fait pour le rêve.
La Fille laide, YVES THÉRIAULT

la lune de miel

Le printemps, hélas! ça ne dure pas toujours; la lune de miel non plus.
Entre deux quadrilles, WILFRID LAROSE

la lutte

La lutte ne réussit qu'à nous appauvrir.
La Famille Plouffe, ROGER LEMELIN

m

mai

Oh! les charmes de mai, ce sont de doux sourires,
L'image du bonheur que notre cœur poursuit;...
Le Mois de mai, ÉDOUARD LAVOIE

maigre

Je suis une fille maigre
Et j'ai de beaux os.
La Fille maigre, ANNE HÉBERT

la main

Nos mains, comme une écorce ouverte aux crues d'aimer
Réinventent le vol de l'oiseau dans la pierre usée d'éternité.
Terre des Hommes, MADELEINE GUIMONT

... les mains blanches, les peaux trop fines, c'est un mauvais certificat par chez nous.
Au cap Blomidon, ALONIÉ DE LESTRES

La main rend l'homme sage, ingénieux, habile;
Son esprit, sans sa main, lui serait inutile.
La Main, JOSEPH MERMET

Le physique trahit plus qu'on ne pense. Les mains, par exemple, révèlent plus que certaines origines, car il est plus difficile de ruser avec ses mains qu'avec son visage!
La Cloison, MINOU PETROWSKI

la maison

Quand on est loin, comme on s'accroche à tout ce qui rappelle la maison.
La Campagne canadienne, ADÉLARD DUGRÉ

... la maison paternelle... lui apparaissait comme une forteresse imprenable.
La Famille Plouffe, ROGER LEMELIN

Oh! les choses bizarres, variées qui composent une maison, comme elles prennent un aspect piteux et lamentable lorsqu'on les expose ainsi, une à une, sans feu ou lieu!
Bonheur d'occasion, GABRIELLE ROY

Une fois qu'on a un toit sur la tête, on a le temps de penser au reste.
Bonheur d'occasion, GABRIELLE ROY

Ma maison, une forteresse,... contre tous ceux du village, contre la vie de chaque jour.
Le Dompteur d'ours, YVES THÉRIAULT

le maître

Certes, on ne devient grand qu'à apprendre d'un maître.
Agaguk, YVES THÉRIAULT

la maîtresse de maison

...ah! c'est qu'il en coûte aux bras et aux jambes d'être maîtresse de maison;...
Restons chez nous, DAMASE POTVIN

le mal

On dirait qu'elle aime son mal; elle l'entretient et en a soin comme d'une fleur en pot.
En pleine terre, GERMAINE GUÈVREMONT

... quand on a commencé à se faire du mal, un jour ou l'autre on va jusqu'au bout du mal qu'on peut se faire. C'est inévitable, ça arrive, c'est arrivé, c'est atroce et puis c'est fini.
Les Chambres de bois, ANNE HÉBERT

C'est une sorte de maladie, et qui souffre délicieusement; un exilé, un voyageur en cherche d'idéal; un être à part, dont le cœur se hausse et plane « où la raison boîteuse n'atteint pas. »
Chez nous, ADJUTOR RIVARD

... il n'y a rien comme d'être mal pourtant pour apprécier la vie!
Alexandre Chenevert, GABRIELLE ROY

L'acceptation du mal l'aggrave.
Têtes fortes, ARMAND ROY

Le mal est une bête câline et exigeante, une bête qui caresse et qui supplie, et ses pattes sont lourdes et veloutées, et ses dents sont jaunes, tartreuses, gorgées de venin.
La Crue, CLAIRE TOURIGNY

le malade

Lorsqu'un indésirable n'est pas criminel, on le dit malade; ainsi peut-on l'incarcérer sans procès.
Le Perroquet, JACQUES FERRON

Les malades se débarrassent parfois, au moment de mourir, de fardeaux qu'ils portent depuis des années, sans se soucier d'écraser des épaules plus frêles que les leurs.
Le gouffre a toujours soif, ANDRÉ GIROUX

la maladie

On apprend à penser lentement dans la maladie.
L'Aube de la joie, ANNE-MARIE

... la maladie donne des droits plus que l'âge.
La Jarre, MADELEINE FERRON

Sais-tu ce qu'il te faudrait? Quelque bonne maladie qui t'empêcherait de penser. Ça te nettoyerait les idées avec le sang.
Marie-Didace, GERMAINE GUÈVREMONT

Les gens qui vivent d'une vie facile sont prompts à s'inquiéter dès que chez l'un d'entre eux le mécanisme humain se dérange; mais ceux qui vivent sur la terre en sont venus à trouver presque naturel que parfois leur dur métier les surmène et que quelque fibre de leur corps se rompe.
Maria Chapdelaine, LOUIS HÉMON

la malchance

Quand la malchance vous marque, c'est pour la vie. On va, front bas, comme ces pauvres bêtes à l'œil triste qui passent lentement, le flanc marqué pour la tuerie.
Conciergerie, PAULETTE DAVELUY

le mâle

Dans la nature, au moins chez les bêtes à qui nous ressemblons, il faut que le mâle soit plus puissant, plus beau que la femelle...
Deux femmes terribles, ANDRÉ LAURENDEAU

le malheur

Est-il donc vrai que les malheurs chevauchent en groupes?
Sur mer et sur terre, ERNEST CHOUINARD

Dans mon milieu, chaque joie est une surprise; dans ton milieu, c'est le malheur qui survient chaque fois à l'improviste. Voilà pourquoi les malheurs ne nous rendent pas malheureux, et voilà pourquoi les joies ne vous rendent pas heureux.
Les Témoins, EUGÈNE CLOUTIER

... on accepte avec joie un malheur, lorsqu'il nous fait échapper à un malheur plus grand.
Angéline, ALPHONSE GAGNON

Ton cycle de malheur a dévoilé une vérité; ta chute t'a fait toucher aux entrailles de l'homme, au nœud de l'homme. Tu sais cela, toi, aujourd'hui. Cela te rend supérieur.
Les Pigeons d'Arlequin, MICHEL GRECO

... un malheur n'arrive jamais seul...
Le Survenant, GERMAINE GUÈVREMONT

Mon malheur est trop grand pour tenir en ce monde,
Il doit gésir quelque part dans une éternité.
Le Chant de l'exilé, FRANCOIS HERTEL

... tes malheurs ne te suffisent pas? Tu veux diriger ceux des autres?
Deux femmes terribles, ANDRÉ LAURENDEAU

—Alors, si tout le monde a raison, si tout le monde est honnête, pourquoi tout ce malheur?
L'Ange gardien, WILFRID LEMOINE

Le malheur, c'était... un manque d'intelligence ou de volonté.
Le Nom dans le bronze, MICHELLE LE NORMAND

Des choses surviennent qui sont considérées comme des malheurs, et qui se révèlent plus tard comme étant la source de grands bonheurs.
La Plus Belle Chose du monde, MICHELLE LE NORMAND

Il viendra un temps où tout se fera tout seul et alors ça sera, je pense, le comble du malheur.
La Rivière-à-Mars, DAMASE POTVIN

le malheureux

Le malheureux, a dit quelqu'un, trouve seul des entraînements dans la solitude et le silence, parce que rien ne convient au malheur comme la solitude et le silence.
Angéline, ALPHONSE GAGNON

... quand je suis malheureux, je suis tranquille.
Le Fou de l'île, FÉLIX LECLERC

... malheureuse comme le jour où elle avait dû se confesser d'avoir perdu sa virginité.
Saint-Pépin, P.Q., BERTRAND VAC

Qu'il est beau d'être malheureux.
Le 410 GILLES VIGNEAULT

manger

Nous mangeons, tranquillement, sans dire un mot, comme des vaches.
L'Avalée des avalés, RÉJEAN DUCHARME

La mangeaille après le coucher du soleil, c'est rien que de la graine de cauchemar.
Un homme en laisse, JEAN-PAUL FILION

les manières

... ses grandes manières n'étaient qu'impostures et mascarades.
Un grand mariage, ANNE HÉBERT

Les manières sont l'indice le plus frappant et le plus certain du caractère et de la pensée d'un peuple.
De l'Habitude de saluer les passants, GUILLAUME LEVESQUE

le Manitoba

Le Manitoba est par excellence le pays de l'uniformité: on aura beau y bâtir des villes, il restera plat comme l'océan en temps calme...
Légendes du Nord-Ouest, ABBÉ GEORGES DUGAS

marcher

Marcher, c'est le geste premier, le seul qui compte. Déjà l'enfant sait tenir, sait lancer. En sachant avancer sur ses jambes, il a conquis le monde.
Le Ru d'Ikoué, YVES THÉRIAULT

le mari

Tous les maris sont gênants, c'est entendu, pour les amies de leurs femmes restées jeunes filles.
Thé au rhum, MICHELLE LE NORMAND

le mariage

—Et tu t'occupes encore de littérature, d'art? Tu as conservé des illusions,... malgré le mariage...
L'Homme tombé, HARRY BERNARD

Se munir d'une femme
C'est accepter des lois,
C'est contenter son âme,
La soumettre à la fois.
Fragment iroquois, J.-G. BARTHE

Même dans le mariage, les âmes, si apparentées qu'elles soient, et si rapprochées, ne peuvent se mêler au point de se confondre.
L'Homme tombé, HARRY BERNARD

Quand un homme et une femme sont en présence l'un de l'autre, c'est deux familles qui s'unissent ou se repoussent,... deux mondes qui s'attirent mutuellement dans l'espace, ou qui viendront se briser l'un contre l'autre.
Les Témoins, ENGÈNE CLOUTIER

Dans le mariage, la réussite est basée sur la confiance réciproque des époux:...
Maryse, DIELLE DORAN

Quand on est mariée, il faut rester avec son mari et ses enfants, attendre là que le reste de soi-même se soit tout évaporé.
L'Avalée des avalés, RÉJEAN DUCHARME

... le vrai mariage est dans le cœur...
Le Quadrillé, JACQUES DUCHESNE

Après dix ans de ménage, quelle femme... n'a pas le goût de tromper son mari avec Dieu?
Papa boss, JACQUES FERRON

Comment peux-tu t'amuser à faire l'amour lorsque tu n'as pas les moyens de te marier?
Jean Rivard, ANTOINE GÉRIN-LAJOIE

«... elle l'avait épousé pour la sécurité de ses vieux jours;...»
Marie-Didace, GERMAINE GUÈVREMONT

C'est cela le mariage, la même peur partagée, le même besoin d'être consolé, la même vaine caresse dans le noir.
Kamouraska, ANNE HÉBERT

Cela aurait pu être si simple entre nous. Pourquoi faut-il que cet homme parle d'amour et de mariage? Quelle exigence.
Les Chambres de bois, ANNE HÉBERT

Sans rien préméditer, avec une passivité égale de part et d'autre... nous nous laissâmes glisser vers le mariage.
Poussière sur la ville, ANDRÉ LANGEVIN

En effet, leur union avait été un mariage d'amour, d'un amour si puissant qu'il avait fait d'eux comme un couple de bêtes traquées.
Déchéance, ROGER LEMELIN

Quand on se marie sans être amoureux passionnément, on se marie sans amour.
Les Remparts de Québec, ANDRÉE MAILLET

Attendons un peu, mon ami, avant de nous mettre la corde au cou, nous allons d'abord jouir de la vie de garçon.
Kirouet et Cantin, JOSEPH MARMETTE

Les hommes n'épousent que pour avoir ce qu'ils n'obtiendraient pas autrement.
Les Taupes, FRANÇOIS MOREAU

Il est vrai qu'il y a tant de façons de s'ignorer en vivant l'un près de l'autre.
La Cloison, MINOU PETROWSKI

Les mariages, dans nos campagnes du pays de Québec, se bâclent vite.
Le Français, DAMASE POTVIN

Même avant le mariage, malgré leur prétention, les hommes n'ont déjà plus de secrets pour leur future.
Louis Riel, exovide, JEAN-JULES RICHARD

... je veux que tu saches qu'il n'y a pas que des joies dans le mariage. Y a gros de peines aussi.
Bonheur d'occasion, GABRIELLE ROY

... pour faire ce qu'on va faire, il faut être bien sûr de s'aimer. De s'aimer pour la vie.
Bonheur d'occasion, GABRIELLE ROY

Il me semblait que pour se lancer dans le mariage, il fallait être en mesure de payer à une femme tout le confort possible.
Ce qu'il faut de regrets, PAULE SAINT-ONGE

... l'argent dépensé pour marier ses filles, n'est-ce pas justement ce qu'on peut appeler « un placement de père de famille »!
Mon fils pourtant heureux, JEAN SIMARD

Le mariage, cela est fait pour embellir une chose laide, rectifier une chose qui n'est pas selon les lois.
La Fille laide, YVES THÉRIAULT

On s'mariait avec une hache, une couvarte, pis un fanal.
Les Vendeurs du temple, YVES THÉRIAULT

... neuf ans de ménage lui avaient appris que la vie à deux est un continuel renoncement.
Saint-Pépin, P.Q., BERTRAND VAC

le marin

... le marin est riche de l'abandon de sa sécurité.
Cap aux Antilles, GUY DESILETS

la masse

Les arts et les lettres, ce sera toujours pour quelques-uns, pour l'élite. La masse sera la masse!
L'Homme tombé, HARRY BERNARD

le matérialisme

Le matérialisme américain attaque sérieusement cette société à peu près préservée jusqu'ici des sophismes et de l'incrédulité.
Les Dames Le Marchand, ROBERT DE ROQUEBRUNE

le matin

Rien n'est plus beau comme le matin d'un beau jour,...
Angéline de Montbrun, LAURE CONAN

J'aime la quiétude de ces matins d'hiver, la maison repliée sur elle-même, fermée de partout. On entend à peine les bruits de la rue et cela fait chaud, mollet.
Poussière sur la ville, ANDRÉ LANGEVIN

... ce qu'est le matin: une heure de décision, d'élan, d'enthousiasme, une heure qui rend à l'homme la fraîcheur de sa volonté; un départ; un début de voyage!
Alexandre Chenevert, GABRIELLE ROY

... le matin, c'est la plus belle image du monde. On devrait l'encadrer!
Le Matin, GILLES VIGNEAULT

la maturité

J'ai considérablement vieilli en trois mois. Ce doit être cela, la maturité, sentir ses chaînes tout à coup et les accepter parce que de fermer les yeux ne les abolit pas.
Poussière sur la ville, ANDRÉ LANGEVIN

mauvais

... il faut sortir de soi les mauvaises choses, les étaler en pleine lumière, pour voir qu'elles ne sont peut-être pas si mauvaises.
Le Dompteur d'ours, YVES THÉRIAULT

la méchanceté

On finit par souhaiter que les gens que l'on déteste et croit méchants agissent de façon détestable et méchante.
Liguou, ANDRÉ BELLEAU

Il y a chez lui un besoin de protection masochiste et un désir de domination sadique: besoin de la mère et haine du père.
Qui est Dupressin?, GILLES DEROME

Il faut se dompter jusqu'aux os. On n'a pas idée de la force mauvaise qui est en nous!
Le Torrent, ANNE HÉBERT

Le plaisir de l'un
C'est de voir l'autre se casser le cou.
Attends-moi « Ti-gars », FÉLIX LECLERC

... je ne peux pas le chercher ailleurs que chez les hommes, ailleurs que dans le mal.
Le Fou de l'île, FÉLIX LECLERC

... on aime tellement être méchant avec ceux qu'on aime...
La Crue, CLAIRE TOURIGNY

le mécontentement

Il n'est dans le siècle où nous sommes
Personne content de son sort;...
La Rose et l'Immortelle, P. GARNOT

le médecin

Si l'on est en réalité vite vieilli dans la profession médicale, on est encore plus vite jugé bon à mettre au rancart.
La Terre, ERNEST CHOQUETTE

La sérénité ne touche pas facilement le front d'un médecin.
Poussière sur la ville, ANDRÉ LANGEVIN

Les docteurs, les docteurs, j'te dis que j'les ai loin, asteur! Ça pense rien qu'à la piasse, les docteurs. Ça égorge le pauvre monde, pis ça va passer l'hiver en Califournie!
Les Belles-soeurs, MICHEL TREMBLAY

J'ai eu tous mes enfants sans docteur et je ne m'en porte pas plus mal.
Saint-Pépin, P.Q., BERTRAND VAC

la médiocrité

Le vrai bonheur, suivant Horace,
Est dans la médiocrité.
Le Juste Milieu, NAPOLÉON AUBIN

Dans la seule compagnie de ma médiocrité, il me semble parfois qu'une paix descend sur mes épaules, bienfaisante, pure et blanche comme une aube de prêtre.
L'Ampoule d'or, LÉO-PAUL DESROSIERS

On ne choisit pas la médiocrité: elle nous est donnée avec le sexe.
La Femme-prétexte, MARIANNE FAVREAU

L'argent est au bas de l'échelle
Et le talent par en haut
C'est pourquoi personne en haut
Pourtant la vue est plus belle.
Attends-moi « Ti-Gars », FÉLIX LECLERC

... il est malheureux de dire que cette médiocrité d'aspirations a envahi toute notre vie, et a passé de nos arts plastiques dans nos lettres, où règne l'à peu près, qui est une sorte de trompe-l'œil.
Marges d'Histoire, OLIVIER MAURAULT

la méfiance

La méfiance est la sagesse des grands,...
La Montréalaise, ANDRÉE MAILLET

la mélancolie

O mélancolie
Qui partout me suis
Vois, mon âme se plie
Aux faix des ennuis!
Tristesse, NAPOLÉON AUBIN

la mémoire

... on sait que notre mémoire est faussée par les sentiments, que, suivant ces derniers, on embellit ou on enlaidit.
Gilles Vigneault, mon ami, ROGER FOURNIER

La mémoire est ouverte comme un coffre qui contiendrait des fantômes.
Le temps sauvage, ANNE HÉBERT

La mémoire est l'une des facultés les plus bizarres de notre intelligence. On ne peut vraiment pas s'y fier...
Souvenirs en accords brisés, ANDRÉ MAILLET

Vivre sans mémoire, c'est vivre seul.
Notes sur le thème du pays, GILLES MARCOTTE

La punition de l'homme, c'est de posséder le souvenir.
Aaron, YVES THÉRIAULT

On ne sépare jamais le temps révolu du temps qui vient. Il n'y a pas de solution de continuité entre la mémoire et l'anticipation.
Aaron, YVES THÉRIAULT

le ménage

Dans un ménage, l'élément stable, il faut que ça soit l'homme
Deux femmes terribles, ANDRÉ LAURENDEAU

le mensonge

L'intrigue et le mensonge remplacent trop souvent l'honneur et la probité chez des hommes qui occupent des charges importantes.
Les Forces nouvelles, LUCIEN FAVREAU

Ses mensonges sont-ils vraiment des mensonges? Il ne dit jamais le contraire de ce qu'il croit être la vérité.
Le Funambule, WILFRID LEMOINE

Mes amis, s'il vous plaît d'étriller mes mensonges
êtes-vous aussi sûrs du calme de vos cœurs
Musique, ALAIN PONTAUT

le menteur

Il n'y aura de vrais hommes dans le monde qu'à une condition et c'est qu'il y ait de grands menteurs.
Isabelle, PIERRE DAGENAIS

mentir

Un gars qui réussit si bien à se mentir porte pas la paix.
L'Orage, FÉLIX LECLERC

C'est fou ce qu'on ment bien quand on aime.
Quand j'aurai payé ton visage, CLAIRE MARTIN

On peut dire que je mens pour sauvegarder la vérité.
Quand j'aurai payé ton visage, CLAIRE MARTIN

Mentir donc...? Non. Il reste assez de lâchetés dans la vie sans en ajouter de plus.
Le Dompteur d'ours, YVES THÉRIAULT

le mépris

... le mépris vaut mieux que la pitié au malheur qu'on ne soulage pas.
Le Chercheur de trésors, PHILIPPE AUBERT DE GASPÉ (fils)

C'est tellement pire que la haine, le mépris...
Le Samaritain, YVES THÉRIAULT

la mer

La mer fauve, la mer vierge, la mer sauvage,
Au profond de son lit de nacre inviolé
Redescend, pour dormir, loin, bien loin du rivage,
Sous le seul regard pur du doux ciel étoilé.
La Mer, NÉRÉE BEAUCHEMIN

Mer, caverne aux parois de varech et de noyés enlacés,
Convie-nous à ton banquet de mirages.
Litanies de la mer, RONALD DESPRÉS

Des morts, des noyés, il y en a toujours plein la mer.
Les Demi-civilisés, JEAN-CHARLES HARVEY

Quand le ciel et la mer
Se seront épousés
La mer n'aura plus de marées.
Marées, RINA LASNIER

La mer a ses lauriers aussi bien que la terre.
Allez donc en cueillir; naviguez sur son sein,...
Le Tableau de la mer, JEAN TACHÉ

La mer, bien féminine, imprévisible, câline, cruelle, mordante et destructrice, ou enveloppante comme un chaton devant l'âtre.
Le Roi de la Côte Nord, YVES THÉRIAULT

la mère

Une mère n'a pas d'autres raisons de vivre que ses enfants.
Les beaux jours viendront, CHARLES-H. BEAUPRAY

Mais toutes les mères deviennent fatiguées quand leurs enfants leur en donnent le temps.
Tête blanche, MARIE-CLAIRE BLAIS

Il est des choses... qu'une oreille de père ne pourrait entendre comme l'oreille d'une mère.
La Secousse, JEAN FÉRON

Ma mère, ma mère à moi, ça c'était vaillant! Levée avec le jour à travailler jusqu'aux étoiles. Ça mangeait mais ça travaillait.
Marie-Didace, GERMAINE GUÈVREMONT

... le culte de la mère fait pendant au culte du prêtre.
Le Temps sauvage, ANNE HÉBERT

Les mères ont la chair perceptive et beaucoup de patience.
Poussière sur la ville, ANDRÉ LANGEVIN

... l'esclave de ses enfants, l'inconsciente despote de son mari,...
La Famille Plouffe, ROGER LEMELIN

... la mère, respectable, vénérable, sacrée, intouchable, imprenable, la mère est bien le principe d'interdiction.
Convergences, JEAN LE MOYNE

Devenir épouse, devenir mère, vous transforme tellement que d'abord vous ne retrouvez presque rien en vous de la jeune fille que vous étiez auparavant.
Le Bouquet d'iris, MICHELLE LE NORMAND

... l'homme pouvait s'évader: la femme demeurait liée par les bras des petits.
La Plus Belle Chose du monde, MICHELLE LE NORMAND

Celui qui aime sa mère ne sera jamais méchant; et si, par malheur, il oublie ses devoirs, ce qui le ramènera à la vertu, ce sera le souvenir de sa bonne et pieuse mère.
Livre de lecture, A.-N. MONTPETIT

... quand on est mère, on n'a plus le droit d'être autre chose.
Les Solitudes humaines, ALICE POZNANSKA

Et quant à nous, les pauvres mères, notre destinée, c'est d'attendre les coups. Nos enfants, nous les portons dans nos entrailles d'abord; puis, quand ils ont grandi, nous les avons dans la tête et dans le cœur; et c'est pire souffrance encore.
La Dalle-des-morts, FÉLIX-ANTOINE SAVARD

la messe

L'Église est généreuse pour les malades: elle ne se contente pas de quelques supplications, mais leur consacre toute une messe.
Le gouffre a toujours soif, ANDRÉ GIROUX

le métier

... lorsqu'on ne met pas de cœur dans son métier, on n'en met point dans sa vie, n'est-ce pas?
La Terre, ERNEST CHOQUETTE

On passe la moitié de sa vie à l'apprendre, son métier, pis le reste de sa vie à l'oublier.
Bonheur d'occasion, GABRIELLE ROY

le millionnaire

Comme les rois constitutionnels, le millionnaire règne mais ne gouverne pas.
L'Ame américaine, EDMOND DE NEVERS

Les millionnaires sont devenus avares de leur vie; ils l'usent jusqu'à la corde avant de la rendre.
La Sortie, JACQUES FERRON

la misère

Le mond' c'est comm' ça! La misère, en pièc', ça les fait pleurnicher; mais quand c'est vrai, c't'une autre affaire!
Les Deux Orphelines, ÉMILE CODERRE

... il ne me reste qu'à couler peu à peu, comme un navire qui fait eau, dans la pauvreté, la misère et l'abandon.
L'Ampoule d'or, LÉO-PAUL DESROSIERS

Les misères vivent en bande comme les loups;...
Nord-Sud, LÉO-PAUL DESROSIERS

Faut pas trop lui en vouloir. Elle a mangé de la grosse misère, ça l'a endurcie.
Marie-Didace, GERMAINE GUÈVREMONT

Bien entendu les femmes adorent s'extasier à la seule vue de la misère des autres...
Fuir, ALICE PARIZEAU

Chacun sa vie et sa misère.
La Vie, ALPHONSE PICHÉ

—C'est vrai qu'on a de la misère, mais il y a la récompense au bout. Si c'est pas dans ce monde-ci, ce sera dans l'autre...
La Rivière-à-Mars, DAMASE POTVIN

... les hommes et les femmes sur terre étaient irrémédiablement isolés les uns des autres par les misères particulières à leur sexe et, qu'à tout prendre, celles des femmes étaient peut-être les plus lourdes.
Alexandre Chenevert, GABRIELLE ROY

Toute seule je n'ai pas craint la misère; à deux, nous en ferons ce que nous voudrons.
Le Baiser d'une morte, FAUCHER DE SAINT-MAURICE

La misère est sans conscience.
Cul-de-sac, YVES THÉRIAULT

On n'a pas été mis sur la terre pour avoir du plaisir, mais bien pour avoir de la misère et souffrir.
Les Brèves Années, ADRIEN THÉRIO

Vous, vous paraissez encore jeune, vous avez pas eu la misère que j'ai endurée...
Vézine, MARCEL TRUDEL

le missionnaire

... ces hommes de religion: méthodistes, anglicans ou catholiques, qui, jusqu'en leur impitoyable climat, allaient troubler, relancer, parfois disputer pour leur Dieu, de naïves populations.
La Montagne secrète, GABRIELLE ROY

Les missionnaires nous ont appris bien des choses que nous ne savions pas. Voler, mentir, mésuser de notre corps.
N'Tsuk, YVES THÉRIAULT

Quand le missionnaire fait sa tournée, il baptise ceux qui sont nés pendent son absence, bénit les unions qui se sont faites... et le reste.
Louise Genest, BERTRAND VAC

la mode

L'homme à la mode
Est l'homme enfant.
Le Jargon du bel esprit, JOSEPH MERMET

les mœurs

Les mœurs, plus utiles encore à la société que les lois, peuvent quelquefois les suppléer, mais jamais être suppléées par elles.
Sermon national, H. HUDON

le monde

Le monde est une loterie
Où le gros lot sort rarement
Mes Souhaits, ANONYME

Je ris de cette comédie
Où chacun de nous est acteur;
Car ce monde est une folie,
Dont les morts sont les spectateurs.
Démocratie, ANONYME

... que c'était agréable d'être oublié du monde, de ce sale monde et de ses sales sollicitations,...
Un fameux carambolage de billard, JEAN BASILE

Personne de nous n'existe vraiment pour le monde extérieur. Mais chacun de nous est si vivant l'un par rapport à l'autre.
Les Témoins, EUGÈNE CLOUTIER

Tout se paye dans ce bas monde, pas vrai?
Un homme et son péché, CLAUDE-HENRI GRIGNON

Le monde n'est pas beau,... Il ne faut pas y toucher. Renonces-y tout de suite.
Le Torrent, ANNE HÉBERT

Il me semble que je devrai traverser un monde totalement inconnu avant de pouvoir sauter enfin dans le monde réel...
Le Funambule, WILFRID LEMOINE

En ce bas monde, il faut se contenter de la moitié de ce que l'on souhaite.
Le Nom dans le bronze, MICHELLE LE NORMAND

... le monde était malheureux parce qu'il agissait avec inconséquence, avec égoïsme; les parents multipliaient les fautes, les enfants forcément les expiaient.
La Plus Belle Chose du monde, MICHELLE LE NORMAND

Le monde est un lieu de tourment
Et le bonheur, c'est un mensonge
La Jeune Mère au chevet de son fils, FÉLIX-G. MARCHAND

C'est la place qui manque. Y a trop de monde su' la terre.
Bonheur d'occasion, GABRIELLE ROY

Le monde est fou! Ça s'laisse voler, ça s'laisse manger la laine sus l'dos.
Les Vendeurs du temple, YVES THÉRIAULT

le monologue

Tout seul, il ne s'ennuyait pas: il avait des monologues abondants, il tenait des discours impétueux, il discutait vivement.
Vézine, MARCEL TRUDEL

Montréal

Montréal d'anges fiévreux à travers le sang des léopards
Montréal de courants immémoriaux tendus à l'œil de la terre.
Lettre à Montréal, GÉRARD ÉTIENNE

... en français, en anglais, toujours, il faut bien, car on est dans une ville qui pense et souffre en deux langues.
Alexandre Chenevert, GABRIELLE ROY

C'est elle, cette précieuse et coûteuse fourrure, qui est à l'origine de la ville de Montréal.
Le Roi de la Côte Nord, YVES THÉRIAULT

le Mont-Royal

Au sommet du Mont-Royal, tout le monde admet qu'il y a amplement de place mais au pied de la montagne, c'est une autre affaire: on s'en moque pas mal de votre diplôme.
Les Condisciples, ANDRÉ DUVAL

Symbole de la sauvage grandeur du Canada.
Aaron, YVES THÉRIAULT

Un parc, lisait-on en des bouquins plaisants. Un simple parc que ce Mont-Royal. Mais à la mesure du Canada.
Aaron, YVES THÉRIAULT

la mort

Quand on est mort, on n'a pas besoin de maison de pierre...
L'Homme tombé, HARRY BERNARD

... jamais la mort ne sera aussi belle que la vie que l'on a perdue!
L'Insoumise, MARIE-CLAIRE BLAIS

... la mort n'est que pour les bébés et les vieillards.
Une saison dans la vie d'Emmanuel, MARIE-CLAIRE BLAIS

... quand je serai arrivé sur la fin de mon règne,... je serai là, les yeux au ciel, fier comme un roi de repartir voir un dernier pays.
Le Survenant, GERMAINE GUÈVREMONT

La mort—qui dissout tous les dissentiments, adoucit tous les angles et suspend toutes les colères, a souvent pour résultat de rétablir l'harmonie entre quelques voisins hargneux.
Vieilles Choses, Vieilles Gens, GEORGES BOUCHARD

Cette vie que je me suis choisie
Est devenue une chose errante depuis que la Mort,
Sur toi, à étendu son manteau de tristesse.
Triste, HÉLÈNE CHARBONNEAU

Chez moi la pensée de la mort m'aide à mieux vivre. J'accueille chaque journée comme si c'était la seule, l'unique, la dernière... j'en tire une jouissance raffinée.
Hôtel Hilton, Pékin, EUGÈNE CLOUTIER

Misère profonde! il me faut la pensée de la mort pour supporter la vie.
Angéline de Montbrun, LAURE CONAN

La mort,... c'est l'oubli du passé, le remède du présent; la mort, c'est le repos sans trêve; la mort, c'est le bonheur!
Récits exotiques, EFFEM

... une fois que c'est accepté, la mort, ça s'oublie vite.
Le Cercueil apprivoisé, MADELEINE FERRON

La mort en soi n'est pas grandchose, mais elle a toujours offensé les sociétés.
Le Cœur d'une mère, JACQUES FERRON

Que la mort conférait de dignité à ceux qui en était l'objet!
La Compote de rhubarbe, D'IBERVILLE FORTIER

Moi, la mort, je n'ai jamais réussi à me rendre compte de ce que c'est...
Le gouffre a toujours soif, ANDRÉ GIROUX

Il y a toujours la mort, à la fin de tout, qui rend la vie dérisoire.
Les Pigeons d'Arlequin, MICHEL GRECO

La vie... la mort... si proches, si loin!
Marie-Didace, GERMAINE GUÈVREMONT

Le prêtre se sentait réjoui de remettre une si belle ouaille au bon Pasteur mais l'homme pleurait son ami.
Marie-Didace, GERMAINE GUÈVREMONT

C'est une permission du bon Dieu qu'il soit parti.
Le Survenant, GERMAINE GUÈVREMONT

... on veut mordre le fruit de la vie avant de boire au calice de la mort.
Les Demi-civilisés, JEAN-CHARLES HARVEY

... l'immobilité n'existe vraiment que dans la mort...
Les Demi-civilisés, JEAN-CHARLES HARVEY

Peu importe la mort quand on a épuisé en un jour le bonheur de toute une vie.
Les Demi-civilisés, JEAN-CHARLES HARVEY

La mort est une réalité trop stupéfiante. Elle vous écrase d'abord, si complètement que la douleur ne vient que plus tard, bien plus tard.
Poussière sur la ville, ANDRÉ LANGEVIN

La mort est le plus égoïste de nos actes. Il ne saurait être question d'épargner les survivants.
Poussière sur la ville, ANDRÉ LANGEVIN

Dieu voulait, pour orner les célestes phalanges,
Cueillir cette belle âme au début de la vie.
A la douce mémoire d'un enfant, ÉDOUARD LAVOIE

Porte-monnaie, parchemin et beaux tissus,
Crédits, valeurs, placements à fonds perdu
Ça fait de l'engrais et c'est vraiment perdu,
Quand l'fil se coupe on part tout seul, on part tout nu.
Comme Abraham, FÉLIX LECLERC

Je suis content de vivre et je mourrai content:
La mort n'est-elle pas une peine fictive?
J'ai mieux aimé chanter que jeter l'invective.
J'ai souffert, je pardonne, et le pardon m'attend.
Ultima Verba, PAMPHILE LE MAY

La mort (ou la vie) n'est plus qu'un instant éternel des plus intimes délices.
La Mort exquise, CLAUDE MATHIEU

Mais à quoi sert de regretter
Les jours en notre court passage?
La mort ne doit point attrister,
Ce n'est que la fin du voyage.
Stances sur mon jardin, JOSEPH QUESNEL

... la mort a la plus grande partie des atouts dans la guerre.
Neuf jours de haine, JEAN-JULES RICHARD

—Docteur, de quoi donc est-il mort? Il n'était pas malade.
—Non, il n'était pas malade... il avait simplement fini de vivre.
Contes et Propos divers, ADJUTOR RIVARD

... la mort n'était-elle pas cela justement, un sommeil sans obligations et sans peines.
La Montagne secrète, GABRIELLE ROY

Quand on glisse vers la mort, il faut se raidir.
Cul-de-sac, YVES THÉRIAULT

... la vie est plus à craindre que la mort.
La Fille laide, YVES THÉRIAULT

La mort est ainsi. Tellement plus difficile pour ceux qui restent...
La Fille laide, YVES THÉRIAULT

Je ne peux pas me résigner à attendre la mort; je veux mourir en me consumant.
Les Heures rouges, PAUL-GHISLAIN VELLENEUVE

le mort

Quand je serais dans l'éternelle nuit,
Mon ombre encore reviendrait te sourire.
Plaintes et Espoir, ANONYME

Le mort d'aujourd'hui est le patient de demain.
L'Insoumise, MARIE-CLAIRE BLAIS

Je me demande si les morts sont las d'avoir existé.
Tête blanche, MARIE-CLAIRE BLAIS

O morts! dans vos tombeaux vous dormez solitaires,
Et vous ne portez plus le fardeau des misères
Du monde où nous vivons.
Les Morts, OCTAVE CRÉMAZIE

Mais les vivants n'ont pas de pitié des morts
Et que feraient les morts de la pitié des vivants
La Mort grandissante, HECTOR DE SAINT-DENYS-GARNEAU

... puis la mortalité... trois jours sur les planches... un réveillon à toutes les nuits...
Marie-Didace, GERMAINE GUÈVREMONT

Ce gros monsieur qui vient de mourir, il sera porté à l'église, lui, parce qu'il paie pour un service;...
La Terre paternelle, PATRICE LACOMBE

Les hommes sont des enfants: près d'un mort ils se souviennent qu'ils vont mourir eux aussi.
Deux femmes terribles, ANDRÉ LAURENDEAU

le mot

Il y a des mots qui ronflent comme des hommes qui ont bu.
Les Pavés secs, JACQUES GODBOUT

Où trouver des mots quand les gestes suffisent.
Agaguk, YVES THÉRIAULT

Que peut-on faire quand des mots sont prononcés, armes en eux-mêmes, promesses, assurances, images que l'on fait miroiter?
Ashini, YVES THÉRIAULT

Mes mots sont des outres de vent
Ce ne sont point des cornemuses
Viennent de loin s'en vont devant
Je plains celui qui s'en amuse
Jean-Jean, GILLES VIGNEAULT

Ouvrez les mots que je vous donne
Ils sont de coquille très mince
Ce ne sont point des mots de prince
A dure écorce et rien dedans
Présages, GILLES VIGNEAULT

mourir

Nous mourrions avec délices, de la plus lâche des morts: celle par inaction.
L'Homme tombé, HARRY BERNARD

Puisqu'il faut mourir, ce sont les heureux qu'il faut plaindre.
Angéline de Montbrun, LAURE CONAN

Les mourants d'ailleurs n'ont pas d'humeur; ils voient, ils constatent, c'est tout: le moment est trop vif pour qu'ils puissent l'approfondir, l'apprécier, le goûter.
Cotnoir, JACQUES FERRON

Quand on mourait au lit, on mourait chrétiennement. En cas d'accident, on ne pouvait savoir.
La Compote de rhubarbe, D'IBERVILLE FORTIER

Mourir, c'est ne plus bouger puis, s'en aller dans une grosse voiture noire avec des gens qui parlent et qui gesticulent en arrière.
Le gouffre a toujours soif, ANDRÉ GIROUX

De la peine,... ça meurt comme de la joie. Tout finit par mourir à la longue.
Le Survenant, GERMAINE GUÈVREMONT

Mourir de tourment? Mais, c'est vivre cela.
Le Temps sauvage, ANNE HÉBERT

—Si le bon Dieu le veut, elle va mourir.
Maria Chapdelaine, LOUIS HÉMON

Les choses meurent plus lentement que les hommes, parce qu'elles ne souffrent pas sans doute.
Poussière sur la ville, ANDRÉ LANGEVIN

L'homme et la bête peuvent mourir à la conquête de l'amour, l'homme peut mourir par désespoir d'amour, mais il n'y a qu'une fleur qui puisse pousser l'abnégation et le sacrifice jusqu'à mourir pour assurer l'amour et la vie.
La Vallisnérie, JULES LARIVIÈRE

Coûte que coûte il nous faudra, les uns et les autres, nous en aller dormir dans la terre qui n'a pas cessé de nous appeler et de nous attendre...
Au cap Blomidon, ALONIÉ DE LESTRES

Mieux vaut mourir tués que de soif et de faim.
Dollard des Ormeaux, BOURBEAU RAINVILLE

Quand on parle de guerre, on parle de mort et pourtant, guerre ou pas, les gens continuent de mourir.
Une visite à la mer, CHARLES SOUCY

Il allait mourir, mais il voulait vivre.
... il s'arc-boutait contre ses souvenirs pour repousser la mort.
Agaguk, YVES THÉRIAULT

Ne te préoccupe pas de moi. Ne cherche plus à m'aider. Mon temps achève, je te l'ai dit, demain, je mourrai.
N'Tsuk, YVES THÉRIAULT

S'il est mort, c'est qu'il avait atteint son terme, dont personne ne peut décider pour soi.
N'Tsuk, YVES THÉRIAULT

mûrir

Je commence à comprendre que mûrir, c'est avoir les yeux dessillés, voir la vie telle qu'elle est, sans le halo d'illusions auxquelles on se raccroche le plus longtemps possible...
Ce qu'il faut de regrets, PAULE SAINT-ONGE

la musique

...la musique... Le seul art qui faisait appel aux forces mystérieuses de l'homme, et qui assimilait véritablement ses accents aux obscures appréhensions du subconscient.
Les Témoins, EUGÈNE CLOUTIER

Musique!
Charmante poésie
Qui habite les ondes.
Musique!
Qui, sans dire un mot,
Fait parler le monde.
Musique, CLAUDE DESCHÊNES

De sa morne retraite, aux heures de silence,
La musique bannit un ennui redouté
Et réjouit du moins son aride existence
D'un songe de félicité.
Souvenirs, F.-M. DEROME

le mystère

L'affaire est close. Le mystère subsiste.
Le Roman de Xavier Gris, ANDRÉ-PIERRE BOUCHER

le mysticisme

Une crise de mysticisme suit parfois une déception sentimentale.
Les Demi-civilisés, JEAN-CHARLES HARVEY

n

la naissance

A un premier, c'est toujours long. Il faut prendre son mal en patience. Après, quand t'as ton petit dans les bras, tu te rappelles même pas d'avoir souffert le martyre.
Marie-Didace, GERMAINE GUÈVREMONT

J'arriverai sur notre infime planète sans y rien ajouter et j'en partirai sans en rien enlever.
Les Demi-civilisés, JEAN-CHARLES HARVEY

Mettre un enfant au monde, mon vieux, c'est pire qu'aller à la guerre.
La Famille Plouffe, ROGER LEMELIN

... elle avait désiré, chaque fois, mettre au monde un enfant mâle qui souffrirait moins qu'elle.
Bonheur d'occasion, GABRIELLE ROY

naître

Pour naître vrai
Il faut naître vieux.
Cannelles et Craies, CÉCILE CLOUTIER

La grande tragédie, mon cher, c'est d'être né.
Isabelle, PIERRE DAGENAIS

la naïveté

Son enthousiasme pouvait facilement passer pour de la naïveté.
Quelqu'un pour m'écouter, RÉAL BENOIT

la nation

Toute la nation repose sur ces obscurs qui ont été presque les seuls à vraiment souffrir pour la sauver.
Les Demi-civilisés, JEAN-CHARLES HARVEY

Notre Nation ne forme-t-elle pas une famille nombreuse?
La Montréalaise, ANDRÉE MAILLET

la nationalité

La nationalité, selon nous, n'est pas seulement dans l'originalité des mœurs et des manières, dans la langue, dans la religion; elle est encore beaucoup dans la chronique d'un peuple, dans ses légendes, dans ses traditions, dans ses souvenirs;...
La Société canadienne, L.-O. LETOURNEUX

... notre nationalité, c'est notre propriété; en cherchant à la conserver, nous ne faisons qu'user de notre droit,...
L'Industrie considérée, ÉTIENNE PARENT

Si nous voulons conserver notre nationalité, il faudra nous assurer une puissance sociale égale, pour le moins, à celle qui lui sera opposée.
L'Industrie considérée, ÉTIENNE PARENT

la nature

Bref, la vie est trop courte pour nous permettre de contempler à notre aise toutes les beautés de la nature.
La Terre ancestrale, LOUIS-PHILIPPE CÔTÉ

Notre nature est trop forte. Elle nous impose ses états d'âme, elle nous pénètre et nous façonne à son image.
Le Rêveur, LÉO-PAUL DESROSIERS

C'est la nature que j'aime, c'est elle qui m'émeut, telle qu'elle est partout, sans altérations, sans déformations et sans voiles, toute crue pour ainsi dire et non pas assaisonnée ou cuite pour les estomacs fragiles.
Le Rêveur, LÉO-PAUL DESROSIERS

La nature, elle est la grande victorieuse, plus habile que les artistes, plus variée que leurs moyens, elle nous défie éternellement d'exprimer son infini.
Le Rêveur, LÉO-PAUL DESROSIERS

C'est l'inexorable loi, chacun dans la nature est tour à tour mangeur et mangé.
L'Inexorable Loi, JULES LARIVIÈRE

Je dois cet amour de la nature à je ne sais quelle indifférente indulgence pour les hommes, qui m'est venue de la vie elle-même.
Le Bois des renards, ANDRÉE MAILLET

La nature canadienne est variée; il y a la terre rude, plate, nue; ailleurs, un peu plus loin, l'on aperçoit le sol riche, frissonnant, feuillu et délicat. La race est, dirait-on, formée à l'image du sol. Elle est forte, ergoteuse, d'opinions profondes et parfois passionnées.
Le Français, DAMASE POTVIN

... la nature se plie moins au génie de l'homme qu'elle ne le domine et le modèle.
La Rivière-à-Mars, DAMASE POTVIN

... la nature a créé partout sur la terre un équilibre que nul ne doit rompre sans subir les conséquences.
Le Ru d'Ikoué, YVES THÉRIAULT

la négligence

Le malheur entrait dans une vie par le fait d'une négligence.
Alexandre Chenevert, GABRIELLE ROY

la neige

La neige omniprésente impose sa splendeur
A l'infini des champs, aux bois dominateurs.
Blancheur, ALPHONSE BEAUREGARD

La neige emprunte les tons du ciel ou du soleil. Elle est bleue, elle est mauve, elle est grise, noire même, mais jamais tout à fait blanche...
Ateliers, JEAN CHAUVIN

Avec la neige définitive un apaisement s'installa dans la maison.
Le Survenant, GERMAINE GUÈVREMONT

La neige arriva, rapide amoncellement sur la terre, emprise immédiate de l'hiver.
Agaguk, YVES THÉRIAULT

la nervosité

... la solitude, la vie parasitaire ou le travail d'arrache-pied, surtout l'absence de maternité, livrent une constitution au paroxysme de la nervosité.
Vézine, MARCEL TRUDEL

New York

C'est ici que les blondes et sveltes Américaines cachent sous leurs bouches charnues et rougies les secrets de leur intérieur sensuel et perverti.
La Voix des sillons, ANATOLE PARENTEAU

New York! est-ce une ville, est-ce un monde? En tout cas, il renferme tout.
Restons chez nous, DAMASE POTVIN

Noël

C'est assez étrange cette façon de célébrer la naissance d'un enfant sur la paille par un débordement de mercantilisme.
Poussière sur la ville, ANDRÉ LANGEVIN

Ah! il nous est doux de savoir que l'on conserve toujours, chez nous, à la campagne, les vieux noëls qui réjouissaient nos pères.
Restons chez nous, DAMASE POTVIN

la noirceur

La noirceur n'est-elle pas invitante, percée par une mince lumière qui lui donne un air de grande dame, cachant sous son manteau des milliers de surprises?
Les Brèves Années, ADRIEN THÉRIO

le nom

Le bruit que fait un ange en déployant ses ailes,
Et les plus doux concerts des lyres éternelles,
Sont moins doux que ton nom.
Ton nom, ANONYME

—Un nom ne signifie rien,...
Le Repaire des loups gris, ANDRÉ BER

De vous, je ne sàis rien que votre petit nom;
Mais la Femme souvent nous trompe sur ce thème:...
A l'Inconnu, FRANCIS DESROCHES

Au pays de Québec l'orthographe des noms et leur application sont devenues des choses incertaines.
Maria Chapdelaine, LOUIS HÉMON

Jamais un nom français n'a blessé mes oreilles,
Excité mon humour ni froissé mon esprit;
Même les plus claquants sont de pures merveilles
—Segonzac, Izernore et Castelnaudary!
Musique des noms, PAUL MORIN

Quoi! pas un mot pour te défendre!
Ta gloire, tes exploits, tout cela dans l'oubli!
Ton nom est-il enseveli
Pour toujours sous ta cendre?
A Salaberry, J. PHELAN

Ton nom j'aimerai ton nom
Je le dis et je le crie
Ton nom m'ouvre les portes de l'espoir.
La Moisson forte, ROGER RENY

Lorsqu'une femme se nomme Marie, on se souvient de son visage, car elle porte un nom anonyme.
Une lettre pour mon aimée, CHARLES SOUCY

le Nord

Dans ce haut de contrée où le temps qu'il fait est le seul sujet de conversation, la mort prend les proportions d'un événement,...
Violence chez Sam Pareau, LÉA PÉTRIN

C'est l'une des régions les moins peuplées au monde, un triste pays perdu où l'on rencontre pourtant des représentants d'à peu près toutes les races de la terre.
La Petite Poule d'eau, GABRIELLE ROY

... dans ce pays du Nord, chacun se tient pour dit que là où le facteur ne peut passer, personne ne passera.
La Petite Poule d'eau, GABRIELLE ROY

le Nord-Est

Le Nord-Est, ce large vent du golfe...
Toujours, il s'annonce par un brouillard si épais qu'il borne la vue à trente pas.
La Terre ancestrale, LOUIS-PHILIPPE CÔTÉ

...c'est lui qui rend nos automnes pluvieux et retarde nos printemps.
La Terre ancestrale, LOUIS-PHILIPPE CÔTÉ

le Normand

« Ah! la Normande qui pense toujours à ses sous! »
Le Survenant, GERMAINE GUÈVREMONT

Ces Normands! Il faut toujours qu'ils gagnent quelque chose; quand ce n'est pas de l'argent, c'est du temps.
Petit-Baptiste, A.-H. TRÉMAUDAN

le notaire

...les notaires, c'est comme les avocats, moins t'en vois, plus t'as d'quoi.
Le Chauffeur, GILLES VIGNEAULT

le nouveau-né

Toute la beauté de la vie, et toute la bonté du monde sont réunies ici, autour de cette chose minuscule et fragile: un nouveau-né!
L'Aube de la joie, ANNE-MARIE

Les nouveaux-nés pleurent parce qu'ils ne veulent pas naître.
Le Funambule, WILFRID LEMOINE

La vérité, c'est qu'un enfant naissant ne ressemble à rien, ni à personne. C'est un paquet informe de suif rouge, avec le visage ridé, grimaçant et simiesque d'un vieux petit nain.
Mon fils pourtant heureux, JEAN SIMARD

la Nouvelle-France

...le pays de la Nouvelle-France est un nouveau monde et non un royaume,...
Voyages, SAMUEL DE CHAMPLAIN

Délaissée par la mère-patrie au moment du péril, seule, elle osa affronter le danger, tant le courage de ses enfants était vivace.
Angéline, ALPHONSE GAGNON

le noviciat

—Il n'y a qu'un remède...
—Il n'y a toujours qu'un remède.
Le Noviciat!
Une saison dans la vie d'Emmanuel, MARIE-CLAIRE BLAIS

... le Noviciat fût ce jardin étrange où poussaient... les plantes gracieuses du Vice et de la Vertu.
Une saison dans la vie d'Emmanuel, MARIE-CLAIRE BLAIS

la nuit

la nuit dépose à nos yeux les tisons acérés du Silence
et l'homme à l'Homme alors répond dans toute sa frayeur
Neige, PIERRE BERTRAND

La nuit ne se ferme jamais tout à fait.
Habitudes, GUY DUCORNET

N'est-ce pas la nuit qui nous offre la plus grande liberté, n'est-ce pas elle qui porte toutes nos aspirations, elle dont la présence ne s'efface jamais si on l'a choisie.
La Vallée sacrée, HÉLÈNE FECTEAU

Entre deux jours trop longs s'inscrit la nuit trop brève;...
Soir automnal, FRANÇOIS HERTEL

Ah! que la nuit se dépêche et que les ténèbres nous écrasent.
Deux femmes terribles, ANDRÉ LAURENDEAU

Chaque nuit est un noir tunnel dont il faut traverser une grande partie les yeux ouverts, toute seule, avec l'obsession des bonheurs disparus, des amertumes présentes et des futurs désespoirs.
Ce qu'il faut de regrets, PAULE SAINT-ONGE

O

obéir

Les hommes ne sont bon qu'à obéir; et ils n'obéissent que s'ils sont commandés.
Contes et Propos divers, ADJUTOR RIVARD

l'obligation

—Tu dois être utile à la société, tu dois vivre pour les autres, tu n'as pas le choix,...
L'Insoumise, MARIE-CLAIRE BLAIS

... tu as l'obligation de pratiquer sur toi-même une sorte d'autopsie métaphysique...
Les Témoins, EUGÈNE CLOUTIER

l'oisiveté

... il faut des siècles de désoeuvrement pour pouvoir supporter l'oisiveté du dimanche.
La Mercière assassinée, ANNE HÉBERT

Pour l'homme sain de corps, il n'y a qu'une excuse à l'oisiveté, c'est l'ineptie.
Du Travail chez l'Homme, ÉTIENNE PARENT

Il faut être riche pour être oisif.
Cul-de-sac, YVES THÉRIAULT

l'Ontario

Le fanatisme se réveille dans l'Ontario. On nous considère, nous, les Canadiens français, comme des étrangers indésirables!
Le Petit Maître d'école, ARMAND LECLAIR

l'opportunisme

Je prends la vie qui vient et je profite de tout ce qui passe.
Les Heures rouges, PAUL-GHISLAIN VILLENEUVE

Jouissons de la vie, des plaisirs et des amusements que nous pouvons nous offrir. A plus tard les troubles du ménage et les ennuis de la marmaille.
L'Autre Guerre, JEHAN MARIA

l'optimisme

L'optimisme est visiblement la dernière chose que les hommes abandonnent.
Les Nomades, JEAN TÉTREAU

l'orange

... une orange, ce n'était pas un jus, ce n'était pas dans un verre; c'était un fruit qui rappelait Noël.
Bonheur d'occasion, GABRIELLE ROY

l'ordre

A l'origine de toute déchéance, il y a un défaut d'ordre. L'ordre est à la base de la vie; il doit être dans les idées, dans le gouvernement de soi-même, les rapports de l'individu avec ses semblables, la famille, la société.
La Maison vide, HARRY BERNARD

l'orgueil

Son orgueil de femme masquait soigneusement les indiscrétions qu'elle avait commises,...
L'Insoumise, MARIE-CLAIRE BLAIS

Oh! laissez, oubliez cette vertu stoïque,
Cet orgueil que l'on vante et qu'on nomme héroïque.
Le Jeune Latour, ANTOINE GÉRIN-LAJOIE

L'orgueil qu'en toi tu laisses naître
T'empêche de te reconnaître
> *Le Singe qui se voit dans une glace,* PAMPHILE LE MAY

... notre orgueil... c'est justement de trouver tous les moyens possibles de nous soustraire à la domination anglaise.
> *La Famille Plouffe,* ROGER LEMELIN

L'orgueil est le manteau de nos misères.
> *Les Pierres de mon champ,* MARGUERITE TASCHEREAU

l'originalité

... L'originalité! C'est elle qui a fait la grandeur de la France. Le banal donne la frousse au Français.
> *Marcel Faure,* JEAN-CHARLES HARVEY

Ottawa

Il n'y a que les gens d'Ottawa pour ignorer les trésors d'Ottawa.
> *La Maison vide,* HARRY BERNARD

... les Anglais d'Ottawa... qui nous mangeront la laine sur le dos...
> *Trente arpents,* RINGUET

l'oubli

Qu'elle est lente la marche à l'oubli et longue la foulée de la fuite.
> *Mémoire,* JACQUES BRAULT

La terre serait-elle oublieuse comme les enfants?
> *La Rivière-à-Mars,* DAMASE POTVIN

oublier

Oublier, c'était laisser perdre quelque chose que l'on avait acquis, et c'était plus grave que de ne pas s'instruire.
> *La Petite Poule d'eau,* GABRIELLE ROY

l'oeuvre

Abolir dans l'oeuvre toute trace de fatigue est immense labeur. Pourtant, c'est là, peut-être, l'un de ses premiers commandements.
> *La Montagne secrète,* GABRIELLE ROY

l'ouvrier

On ne connaît l'ouvrier qu'à l'œuvre...
Les Chroniques québecquoises, BLAISE

Travaille, ouvrier... épuise-toi, peine, vis dans la crasse et la laideur.
Bonheur d'occasion, GABRIELLE ROY

p

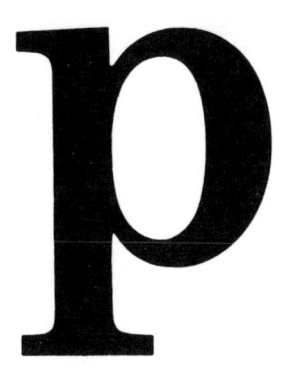

le paganisme

Les hommes étaient bien tranquilles au temps du paganisme. A l'occasion, ils étranglaient deux ou trois pigeons devant une statue et tout était dit.
Quand j'aurai payé ton visage, CLAIRE MARTIN

la paix

Plus de paix, d'harmonie
Dans ma pauvre patrie!
Quand des vautours lui déchirent le sein,
Comment ne pas trembler pour son destin?
Le Premier Jour de l'An, ANONYME

Le bonheur et la paix, c'est une question de silence.
La Fin des haricots, JEAN-LOUIS GAGNON

La paix est en chacun de nous, mais elle meurt de nos folies.
Les Pigeons d'Arlequin, MICHEL GRECO

... la paix n'est pas dans la révolte mais dans l'obéissance à l'amour.
Entre deux civilisations, ARMAND LECLAIR

Le monde ne change pas. Jamais, dans aucun temps, il n'a réussi à faire durer les quelques rares années de paix qu'il a vécues.
L'Autre Guerre, JEHAN MARIA

C'est le temps de la paix, c'est le temps du bonheur.
Ode à la patrie, MELTHÈNE

La paix a été aussi mauvaise que la guerre. La paix a tué autant d'hommes que la guerre.
Bonheur d'occasion, GABRIELLE ROY

La paix, voilà ce qu'on aime; mais il n'y a pas de paix désirable, en dehors de la vérité et de la justice.
Les Histoires, J.-C. TACHÉ

la palabre

Une palabre avec toi,... c'est perdre son temps.
Le Ru d'Ikoué, YVES THÉRIAULT

le paradis

Au paradis, paraît-il, mes amis,
C'est pas la place pour les souliers vernis,
Dépêchez-vous de salir vos souliers
Si vous voulez être pardonnés...
Moi, mes souliers, FÉLIX LECLERC

Le Paradis, ce sera de vivre éternellement dans les œuvres d'art que nous aimons.
Fidélité d'un visage, CLAUDE MATHIEU

les parents

... les parents ont toujours des raisons.
L'Ampoule d'or, LÉO-PAUL DESROSIERS

Parents proposent et enfants disposent, souvent.
L'Appel de la terre, DAMASE POTVIN

Ah! parents, vous payez trop cher!
Faut-il que le Travail restaure
Le barbare impôt de la chair
Offert jadis au Minotaure?
L'Usine-Minotaure, ERNEST TREMBLAY

la paresse

La paresse est mon Dieu. Le mensonge est mon habitude quotidienne.
Rimbaud, mon beau salaud, CLAUDE JASMIN

On payait pour vous garder à rien faire. Icitte, en Canada, c'était rendu que deux tiers de la population faisait vivre l'aut' tiers à rien faire.
Bonheur d'occasion, GABRIELLE ROY

Ce n'est pas en flânant que tu deviendras riche. Tu désires trop et ne fais pas assez.
La Laveuse automatique, OSCAR SÉGUIN

... de la paresse! Voilà le mal. Le vrai mal. Le mal qui n'est pas de Dieu, mais de toi.
Le Dompteur d'ours, YVES THÉRIAULT

le pardon

C'est toujours par le pardon que les plus belles choses recommencent.
La Dalle-des-morts, FÉLIX-ANTOINE SAVARD

Paris

Paris, c'est merveilleux quand on est libre.
Les Remparts de Québec, ANDRÉE MAILLET

parler

Si tous ceux qui parlent pesaient leurs mots, comme l'air serait léger!
Les Propos du timide, ALBERT BRIE

Personne ne le voyait
Parce que jamais il ne parlait.
La Ballade du solitaire, ROSAIRE DION-LÉVESQUE

—Je déteste les hommes qui parlent trop. Ils ne sont jamais intelligents. Pour la même raison, je n'aime pas la compagnie des femmes.
Les Demi-civilisés, JEAN-CHARLES HARVEY

Pourquoi parler quand on se pressent, quand on sait déjà, rien qu'à se toucher les doigts, que l'emprise existe, complète et définitive?
Tu vivras trois cents ans, JEAN-CHARLES HARVEY

Il est beau de parler sans doute, mais en ce pays n'a-t-on point déjà parlé trop?
Le Beau Risque, FRANÇOIS HERTEL

Parler pour vivre, pour ouvrir les yeux et aimer. Pour retrouver le village de sa naissance, enfoui quelque part sous la neige sans mémoire.
Recours au pays, JEAN-GUY PILON

Comme les humbles,... il ne parle que quand il le faut.
Le Français, DAMASE POTVIN

Il me semble que je parle depuis longtemps. Il me semble aussi que j'ai encore rien dit.
N'Tsuk, YVES THÉRIAULT

On dit des choses méchantes, comme ça, parce qu'il ne parle pas à tout le monde et que ça frustre les gens...
Douce Chaleur, MICHEL TREMBLAY

la paroisse

... la paroisse, la cellule primitive,...
Nord-Sud, LÉO-PAUL DESROSIERS

—On n'est pas pour aller demander de l'aide ailleurs. A peine de sonner le tocsin pour obtenir du secours de tout un chacun dans la paroisse.
Marie-Didace, GERMAINE GUÈVREMONT

Sa paroisse! C'était une famille de plusieurs milliers d'enfants,...
La Famille Plouffe, ROGER LEMELIN

Vous ne pensez pas en termes de corporation religieuse dont votre paroisse ne serait qu'un simple service, qu'un infime rouage.
Les Vendeurs du temple, YVES THÉRIAULT

... cette belle institution de la paroisse canadienne-française, qui devait être la raison de notre survivance et de notre multiplication,...
Restons chez nous, DAMASE POTVIN

la parole

Rien n'éblouit comme l'art de la parole, et c'est le plus souvent parmi les avocats qu'on rencontre les hommes qui exercent ce talent avec le plus de puissance.
Jean Rivard, ANTOINE GÉRIN-LAJOIE

—La parole, c'est mécanique... Tout est mécanique!
Quand reviennent les outardes, BERTHE HAMELIN-ROUSSEAU

La parole est un don de Dieu. Les mots sont des inventions de l'homme;...
Contes et propos divers, ADJUTOR RIVARD

Et je me demandais alors souvent
A quoi bon posséder six langues étrangères
Et monter six étages dans Babel
Quand j'ignorais les mots que mon cœur voulait dire
A celle qui suivait sans savoir où j'allais.
Le Retour d'Oedipe, PIERRE TROTTIER

le parti

... l'esprit de parti a remplacé l'esprit national.
Angéline de Montbrun, LAURE CONAN

Un parti ou l'autre, c'est la même chose. Ce qui compte, c'est d'être du bon côté. Du côté qui paye...
Les Occasions profitables, JEAN HAMELIN

De même qu'il ne faut pas être plus catholique que le Pape, de même aussi il ne faut pas être plus conservateur que le chef du parti.
Pour la patrie, JULES-PAUL TARDIVEL

... le parti, cette machine monstrueuse qu'on ne voit nulle part et qui agit partout.
Vézine, MARCEL TRUDEL

partout

Partout, c'est nulle part,...
Le Dompteur d'ours, YVES THÉRIAULT

le parvenu

Ces goûts fastueux qui distinguent les parvenus tout frais sortis des haillons de leur jeunesse,...
Kirouet et Cantin, JOSEPH MARMETTE

le passé

Qu'ils étaient beaux, hélas! ces temps antiques,
Temps de vertus et de félicité!
Le Premier jour de l'An, ANONYME

Pourquoi revenir au passé?
Pourtant, ce n'est pas une faute?
C'est l'appel d'un âge effacé
Qui nous fait remonter la côte.
Ballade sur la côte, GEORGES BOITEAU

Il y trente, cinquante ans, hier, aujourd'hui, où est la différence sinon en nous?
La Mémoire incertaine, MARIANNE FAVREAU

Malheur au rêveur qui franchit la zone interdite du passé.
Un grand mariage, ANNE HÉBERT

J'ai vécu, j'ai aimé, j'entrevoyais l'aurore
D'un riant avenir; tout cela est passé,
Et que me reste-t-il?
Le Passé, ÉDOUARD LAVOIE

Souvent je me reporte à ces scènes passées;
Alors je crois ouïr au fond de mes pensées
Les sons mélodieux d'un orchestre à cent voix.
Les Beaux Jours d'autrefois, EUSTACHE PRUD'HOMME

Quiconque ne connaît pas le passé doit comprendre peu le présent et ne rien voir dans l'avenir.
L'Histoire moderne, JOSEPH-S. RAYMOND

—le passé fait son chemin aux vrilles du sillon dans l'oracle des saisons—
Pays nommé, JEAN ROYER

Dans le passé, presque tout s'était fait au prix du sang.
Menaud, maître-draveur, FÉLIX-ANTOINE SAVARD

Il se retournait vers son passé, mais ce passé était un grand remous où de misérables souvenirs flottaient sans pouvoir s'échapper.
Vézine, MARCEL TRUDEL

C'est le passé qui nous parle de l'avenir...
Aaron, YVES THÉRIAULT

Mais ressusciter le passé veut dire ressusciter tout ce qu'il était.
Les Brèves Années, ADRIEN THÉRIO

Quand donc serait-elle libérée de cette cuirasse écrasante, de cet étau qu'était son passé.
Louise Genest, BERTRAND VAC

la passion

Quand une passion nous presse, nous obsède,
Hélas! bien trop souvent l'on cède
Sans demander comment cela devra finir.
Le Cerf altéré, PAMPHILE LE MAY

On ne va au-delà de soi-même que par la passion.
Souvenirs en accords brisés, ANDRÉE MAILLET

la paternité

C'est un diplôme de virilité auquel peu d'hommes restent insensibles.
Mon fils pourtant heureux, JEAN SIMARD

la patience

L'on sait que Dieu créa la moitié de l'humanité pour exercer la patience de l'autre.
Le Mariage blanc d'Armadine, BERTHELOT BRUNET

Ne vous préparez pas à beaucoup de repos mais à beaucoup de patience.
L'Ampoule d'or, LÉO-PAUL DESROSIERS

Patience n'est qu'un habit de lenteur.
L'Avalée des avalés, RÉJEAN DUCHARME

A chacun ses armes, j'ai la patience.
Deux femmes terribles, ANDRÉ LAURENDEAU

La patience est la seule chose dont on ait besoin en vieillissant.
Quand j'aurai payé ton visage, CLAIRE MARTIN

Si elle était patiente, elle obtiendrait bien ce qu'elle voulait.
Bonheur d'occasion, GABRIELLE ROY

... la patience, ça tenait l'homme en langueur, empêchait son destin.
La Minuit, FÉLIX-ANTOINE SAVARD

En lui enseignant la patience je lui ai peut-être enseigné la lâcheté...
Aaron, YVES THÉRIAULT

Nous marcherons lentement, mais nous arriverons.
Agaguk, YVES THÉRIAULT

J'ai la patience d'attendre la mort, comme j'ai eu la patience de vivre la vie.
N'Tsuk, YVES THÉRIAULT

... la patience procurerait à la fin, par vertu de longue attente, la compréhension.
Le Ru d'Ikoué, YVES THÉRIAULT

la patrie

Du Saint-Laurent que la rive affranchie
Répète au loin ce cri de la patrie:
Au Canada jurons fidélité,
Vivent nos droits, vive la liberté!
Chant patriotique, ANONYME

La patrie, c'est tout ce que l'on aime et que l'on ne retrouve nulle part ailleurs.
Bleu-Blanc-Rouge, ÉVA CIRCÉ

C'est un beau lit pour mourir que le sol sacré de la patrie.
Angéline de Montbrun, LAURE CONAN

Nous sommes Canadiens français, mais notre patrie n'est pas confinée au territoire ombragé par la citadelle de Québec: notre patrie, c'est le Canada,...
Discours, WILFRID LAURIER

La Patrie... ce n'est pas seulement le pays qui nous vit naître, ce n'est pas le lieu où l'on a été baptisé, ni l'endroit où l'on a enterré ses vieux parents lorsque la mort les a ensevelis pour toujours. La Patrie, c'est le cœur, c'est toute la terre.
La Voix des sillons, ANATOLE PARENTEAU

On n'aime jamais plus son pays que quand on s'en est éloigné et qu'on ne peut plus y revenir. C'est toujours l'éternel et irrésistible attrait du fruit défendu qu'il exerce sur nous;...
Restons chez nous, DAMASE POTVIN

Les années inutiles rongent l'amour d'un homme pour sa patrie.
Louis Riel, exovide, JEAN-JULES RICHARD

le patriote

Étranger aux plaisirs, sans ambition personnelle, cet homme admirable n'a songé qu'à sa patrie.
Angéline de Montbrun, LAURE CONAN

... l'amour de la patrie vit toujours au plus vif, au plus profond de mes entrailles.
Angéline de Montbrun, LAURE CONAN

La voix de ma patrie m'appelle aux champs de gloire.
Le Soldat canadien-français, ÉDOUARD LAVOIE

On est tous des profiteurs, ou si vous aimez mieux, pour ne pas nuire à notre effort de guerre, disons que nous sommes tous de bons patriotes.
Bonheur d'occasion, GABRIELLE ROY

le patriotisme

La servilité est le tombeau du patriotisme.
Marcel Faure, JEAN-CHARLES HARVEY

... le patriotisme n'existe pas sur les lèvres, mais dans le cœur; il n'existe pas dans les paroles, mais dans les actions.
La Jeunesse canadienne-française, JAMES HUSTON

... le patriotisme trouvera un aliment fortifiant dans l'étude de nos vieilles archives littéraires.
Introduction au « Répertoire national », ADOLPHE ROUTHIER

... notre patriotisme,... ça consiste en plus gros profits pour ceux qui restent en arrière que pour ceux qui vont se faire casser la gueule au front.
Bonheur d'occasion, GABRIELLE ROY

le pauvre

J'aime me rapprocher des pauvres, des humbles, c'est-à-dire des forts qui portent si vaillamment de si lourds fardeaux.
Angéline de Montbrun, LAURE CONAN

Il faut que l'homme souffre en son corps, en son âme;
Mais une larme est un trésor.
Les pauvres brilleront au ciel comme une flamme.
Et tiendront une palme d'or.
Le Bon Pauvre, ALFRED GARNEAU

... tu trouves qu'un pauvre, toujours paré à partager avec son semblable le petit brin qu'il a, est moins donnant que le richard qui échappe ses grosses piastres seulement quand il en a trop?
Le Survenant, GERMAINE GUÈVREMONT

Ils ne protestent pas, ces tristes chiens battus.
On dit: la pauvreté fait fleurir les vertus.
Et comme ils sont naïfs et bons, ils se résignent.
              Les Pauvres, JOSEPH-ARTHUR LAPOINTE

C'est parce que je suis pauvre et à un pauvre il faut peu de choses pour que ce lui soit l'extraordinaire.
              Le Fou de l'île, FÉLIX LECLERC

... le quartier pauvre, cimetière des rêves de toute une classe.
              La Famille Plouffe, ROGER LEMELIN

Quand on est pauvre, il faut rien dire
Mais s'laisser plumer au trognon:
Faut pas penser su' c'qu'on peut lire...
Faut mêm' pas avoir d'opinion.
              Engueulade à un idéaliste, JEAN NARRACHE

La moite fraîcheur du soir... devenait l'unique et trompeuse délivrance accordée au peuple des taudis et des rues étroites.
              Aaron, YVES THÉRIAULT

la pauvreté

La pauvreté devient sagesse lorsqu'elle répond à la nécessité.
              Coups de crayon, F.-A. BAILLAIRGÉ

Quand je vois mépriser la pauvreté, je suis partagé entre l'indignation et l'envie de rire.
              Angéline de Montbrun, LAURE CONAN

Encore quelques degrés à descendre et ils se trouveraient dans la pauvreté absolue.
              Nord-Sud, LÉO-PAUL DESROSIERS

—Quel spectacle pénible que tous ces enfants, dont la pauvreté raille les ambitions, dont les accrocs exhibent les corps,...
    Quand reviennent les outardes, BERTHE HAMELIN-ROUSSEAU

L'imagination des enfants trop pauvres pour avoir de vrais jouets est inépuisable.
              La Petite Patrie, CLAUDE JASMIN

... la pauvreté est comme un mal qu'on endort en soi et qui ne donne pas trop de douleur, à condition de ne point trop bouger. On s'y habitue, on finit par ne plus y prendre garde tant qu'on reste avec elle tapie dans l'obscurité,...
              Bonheur d'occasion, GABRIELLE ROY

le pays

Les pays qui négligent de cautériser leurs plaies tombent dans l'impuissance et dans la décadence; l'esprit public disparaît, la loi devient lettre morte.
L'Indépendance économique, ERROL BOUCHETTE

Riches cités, gardez votre opulence,
Mon pays seul a des charmes pour moi:...
Chanson patriotique, AUGUSTIN-NORBERT MORIN

Dans ce pays-là, on n'était pas riche; mais on y respirait le bon air; et toujours le vent y faisait tourner quelque parfum, soit du bois, soit des champs. On vivait loin des autres; mais aussi, loin de la poussière des grandes routes, et plus libre que ceux des villes.
Menaud, maître-draveur, FÉLIX-ANTOINE SAVARD

le paysage

Il arrive parfois, heureux hasard, que l'homme touche un paysage sans le gâter.
La Rivière-à-Mars, DAMASE POTVIN

le paysan

Ces vieux paysans de race, les choses seules de la terre les absorbent; toute leur histoire se résume aux événements de leur paisible vie rurale. Or il est pour eux peu d'événements aussi importants que la vente ou l'achat d'un cheval.
La Terre, ERNEST CHOQUETTE

...en cette contrée, et sans doute par longue fréquentation avec la nature,... les gens du peuple ont tous aspect fort noble que n'ont pas les paysans de France.
L'Attaque du calvaire, SYLVA CLAPIN

Fils d'un riche paysan—c'est beaucoup dire, car on ne pouvait pas être riche et paysan dans cette aride contrée des Laurentides.
La Compote de rhubarbe, D'IBERVILLE FORTIER

Il me semble que notre paysannerie est la plus civilisée qui soit au monde. Elle est la base sur laquelle nous bâtissons sans cesse. Ce n'est pas chez elle qu'on trouve la plaie des demi-civilisés: c'est dans notre élite même.
Les Demi-civilisés, JEAN-CHARLES HARVEY

L'air de cet homme est lourd et buté, un vrai paysan.
Les Chambres de bois, ANNE HÉBERT

Pour les paysans, tout ce qui touche à la terre qui les nourrit, et aussi aux saisons qui tour à tour assoupissent et réveillent la terre, est si important qu'on peut en parler même à côté de la mort sans profanation.
Maria Chapdelaine, LOUIS HÉMON

Les paysans ne meurent point de chagrins d'amour, ni n'en restent marqués tragiquement toute la vie.
Maria Chapdelaine, LOUIS HÉMON

Nos paysans demeurent ce qu'ils sont: des campagnards pauvres, mais fidèles à leur pauvreté.
Le Beau Risque, FRANÇOIS HERTEL

L'homme de nos campagnes travaille des années et des années pour défricher et mettre en valeur un mauvais coin de terre,...
Le lac est vide, JULES LARIVIÈRE

Le paysan, calme et d'allure quelque peu sauvage, est lent à se mouvoir, mais lorsque sous une impulsion il s'est mis en marche, rien ne l'arrête. Il est tenace comme la racine des merisiers et rude pour lui-même comme la terre glaise.
Le Français, DAMASE POTVIN

Ah! le triste spectacle que celui d'une nature de paysan par atavisme qui ne cherche, par la force d'une imagination mal dirigée, qu'à l'entraîner vers une vie à laquelle elle n'est pas prédestinée!
Le Français, DAMASE POTVIN

Comme elles travaillent l'âme de nos gens, ces rêvasseries de nomades qui font de paysans par atavisme un primitif troupeau d'êtres errants et poursuivant la chimère!
La Rivière-à-Mars, DAMASE POTVIN

Les paysans avaient appris de la terre la sagesse lente et calme, la volonté tenace de parvenir, la patience des lentes germinations, la joie des explosions généreuses de vie.
Menaud, maître-draveur, FÉLIX-ANTOINE SAVARD

Il faut nous voir comme vous verriez le rocher. Une masse, énorme, dure, avec des rayures et des fautes, mais en elle-même dure et solide.
La Fille laide, YVES THÉRIAULT

Gens rudes et simples, sans demi-haine ou amour subtil.
La Fille laide, YVES THÉRIAULT

le péché

Son seul péché, d'ailleurs indépendant de sa volonté, était de distraire les hommes pendant la messe.
Le Temps des fraises, ROGER FOURNIER

Avez-vous remarqué comme beaucoup de catholiques n'osent pas aimer la chair? Ils la confondent avec le péché. La chair semble leur violer Dieu.
Le gouffre a toujours soif, ANDRÉ GIROUX

Comme chez tous les scrupuleux, la peur du péché vous conduit au péché.
Le gouffre a toujours soif, ANDRÉ GIROUX

Nous avons péché ensemble puisque tous deux nous croyons au péché.
Malgré tout, la joie, ANDRÉ GIROUX

Cesse de ruminer les péchés de la terre; ça ne réussit à personne ces choses-là: il n'y a que les confesseurs que ça amuse.
Les Pigeons d'Arlequin, MICHEL GRECO

Mes fautes, je les aime, parce qu'elles me donnent l'occasion de m'humilier, de me tremper le front dans la boue du chemin...
Les Demi-civilisés, JEAN-CHARLES HARVEY

Je me saoule de péchés et me flagelle de remords.
Les Demi-civilisés, JEAN-CHARLES HARVEY

Mon péché a été d'être charitable envers l'anormal, non parce qu'il était l'anormal, mais parce que je ne l'étais pas.
Jalousie, ROGER LEMELIN

... péché caché est à demi pardonné.
Les Remparts de Québec, ANDRÉE MAILLET

... dans la province de Québec celui des péchés qui surpasse tous les autres en horreur et en punition est celui de la chair,...
Les Vendeurs du temple, YVES THÉRIAULT

pécher

Pensez à la mort, et vous ne pécherez jamais,...
La Voix des sillons, ANATOLE PARENTEAU

la peine

La peine ne se perd pas. Elle sert à la joie des autres.
Tête blanche, MARIE-CLAIRE BLAIS

... elle chérissait trop orgueilleusement sa peine pour vouloir en guérir.
Une saison dans la vie d'Emmanuel, MARIE-CLAIRE BLAIS

Toute peine qui devient bruyante est à moitié guérie. On pleure, on crie, et le trou se remplit.
Les Terres noires, JEAN-PAUL FUGÈRE

la pensée

... ne tiens aucun compte de mes maladresses de langage, pour ne t'attacher qu'à mes pensées profondes.
Le Dernier Beatnik, EUGÈNE CLOUTIER

La pensée... fait la supériorité. Sans elle, aucune force personnelle n'est possible.
Les Demi-civilisés, JEAN-CHARLES HARVEY

Ma pensée est couleur de lumières lointaines
Du fond de quelque crypte aux vagues profondeurs
Clair de lune intellectuel, ÉMILE NELLIGAN

Et après tout, on n'est pas responsable de ses pensées. On est coupable seulement de celles que l'on cultive.
Neuf jours de haine, JEAN-JULES RICHARD

Il y a des nuances de la pensée qu'on peut sentir et comprendre, mais qui refusent de s'encadrer dans les limites de nos phrases banales.
Essais, CHARLES EDWARD SAUNDERS

Qui est maître de ses pensées est maître de son cœur.
Les Pierres de mon champ, MARGUERITE TASCHEREAU

penser

Le principal est de disposer de quelque répit, de pouvoir souffrir et de ne penser à rien pour penser à tout.
Papa boss, JACQUES FERRON

J'ai toujours admiré les hommes qui font métier de penser comme d'autres se font soldats, acrobates ou marchands d'épices. Je les admire parce qu'en fin de compte, penser est quelque chose d'épuisant, de désespérant même.
La Fin des haricots, JEAN-LOUIS GAGNON

S'endormir dans leur rêve... Imitons nos aïeux:
Ils ne pensaient pas tant, ils vivaient plus heureux.
L'Automne, PIERRE LAVIOLETTE

Il a été donné à l'homme de penser pour savoir survivre. Survit-il vraiment?
N'Tsuk, YVES THÉRIAULT

le Père

Le soleil des beaux jours a bruni sa paupière;
Son œil mâle est pensif; il est homme, il est père.
Les Ages, HENRI-RAYMOND CASGRAIN

Pour assurer le bonheur de son enfant, un père ne peut-il point tout oser sans rougir?
La Terre, ERNEST CHOQUETTE

La voix rare du père sonnait par instants, pareille à un gong sourd réclamant le silence...
Les Chambres de bois, ANNE HÉBERT

Bien rares les pères qui se résignent du premier coup à voir grandir leurs fils.
Le Beau Risque, FRANÇOIS HERTEL

Qu'est-ce qu'un père? C'est un homme qui pourvoit aux nécessités des siens.
Souvenirs en accords brisés, ANDRÉE MAILLET

Mon père, c'était l'étranger prestigieux qui venait de temps à autre me faire sauter sur ses genoux, m'emmenait en promenade et m'achetait des bonbons.
Ce qu'il faut de regrets, PAULE SAINT-ONGE

la perfection

La perfection ne consiste pas à faire des choses extraordinaires, mais à bien faire les plus communes...
Livre de lecture, A.-N. MONTPETIT

la grande personne

Les grandes personnes n'expliquent pas pourquoi elles sont gentilles.
Tête blanche, MARIE-CLAIRE BLAIS

C'est étrange que les grandes personnes aussi craignent la mort...
Tête blanche, MARIE-CLAIRE BLAIS

« ... seules les grandes personnes ne savent ni jouer, ni suivre un rythme qui les dépasse. »
L'Ange de Dominique, ANNE HÉBERT

Les grandes personnes croient que seulement ce qu'elles font est intelligent.
Les Enfants, YVES HÉBERT

... quand un enfant cesse de rêver, il est devenu une grande personne qui ne rêve plus le jour, mais seulement la nuit.
La Candeur de l'enfance, CHARLES SOUCY

le pessimisme

... il se trouve toujours quelqu'un ou quelque chose pour broyer nos félicités humaines.
L'Ampoule d'or, LÉO-PAUL DESROSIERS

le pessimiste

L'homme a assez de raisons d'être malheureux sans se montrer en plus pessimiste.
Les Cartes postales, ROCH CARRIER

Au pays du fatalisme, le pessimiste est roi...
Un million pour un casse-tête, OSCAR SÉGUIN

le peuple

Songez qu'un peuple ne meurt pas: Conservez encore l'espérance.
Un voyageur, ANONYME

Ainsi le peuple a ses misères
Et la justice est sa moisson.
La Misère du peuple, ANONYME

Souffre, toi, peuple, c'est ton lot. Mais n'émigre pas dans les pays où tu deviendras libre, où tu ouvriras les yeux sur tous les mensonges qu'on te débite en Canada.
Extrait de La Lanterne, ARTHUR BUIES

Le peuple se désintéresse complètement des choses intellectuelles. Il n'a pas de curiosité.
Têtes fortes, ARMAND ROY

la peur

J'ai peur parce que je suis seul et abandonné. Personne ne vient à moi, personne ne peut me rejoindre.
Prochain Épisode, HUBERT AQUIN

Je suis un petit agneau tremblant,
Un agneau perdu dans les broussailles,
Je ne sais plus où il faut que j'aille,
Je suis un petit agneau tremblant.
Pâques, JEANNE BÉLANGER

C'est par la peur que tu deviens solidaire du monde.
Hôtel Hilton, Pékin, EUGÈNE CLOUTIER

Quand c'était pas le portrait du diable qu'on nous montrait pour nous faire trembler, c'était celui d'un Anglais ou bien d'un communiste. A part nous autres, le reste du monde, c'était rien que des méchants.
Florence, MARCEL DUBÉ

Vous, comme les autres. Vous avez peur d'entendre la vérité.
Marie-Didace, GERMAINE GUÉVREMONT

Quelque part entre tout et rien
J'ai peur.
Tout et Rien, SYLVAIN LELIÈVRE

... sans la peur, la vie devient ennuyante.
La Candeur de l'enfance, CHARLES SOUCY

... la peur est mauvaise conseillère...
Cul-de-sac, YVES THÉRIAULT

La peur de l'étranger deviendra... la peur de tous les individus. Tout deviendra sujet à suspicion.
Extrait de l'Action nationale, ANDRÉ VANASSE

la philosophie

La philosophie humaine est basée avant tout sur la survie.
Le Roi de la Côte Nord, YVES THÉRIAULT

le pionnier

La plupart des pionniers s'évadaient des traditions gênantes pour goûter la jeunesse d'une terre neuve et la liberté des solitudes.
Les Demi-civilisés, JEAN-CHARLES HARVEY

—A mon avis,... le titre de pionnier en vaut bien d'autres plus élevés dans l'échelle sociale.
La Terre que l'on défend, HENRI LAPOINTE

...sachons-le bien, nous ne sommes pas seulement une race civilisée, nous sommes des pionniers de la civilisation;...
Discours et Allocutions, MGR LOUIS-ADOLPHE PAQUET

Mon Pionnier du Canada, c'est un nomade dans ses tâches, un nomade et un bohème.
Le Roi de la Côte Nord, YVES THÉRIAULT

la pitié

Un jeune homme aime la pitié quand il peut l'offrir généreusement, dans un élan de confiance ou d'orgueil.
L'Insoumise, MARIE-CLAIRE BLAIS

L'amour est un piège. La pitié aussi.
Un grand mariage, ANNE HÉBERT

... il n'entre pas dans mes habitudes de permettre que l'on me plaigne ou que l'on prie pour moi. Question d'orgueil et respect de l'indépendance d'autrui.
Le Temps sauvage, ANNE HÉBERT

Ma pitié, c'est peut-être ça l'amour en fin de compte, quand on a cessé d'aimer comme si on ne devait jamais mourir.
Poussière sur la ville, ANDRÉ LANGEVIN

Faut-il qu'un homme soit stupide pour ne pas parvenir à inspirer au moins de la pitié?
Quand j'aurai payé ton visage, CLAIRE MARTIN

les Plaines d'Abraham

En quinze minutes la bataille des Plaines d'Abraham fut livrée et perdue.
Le Marquis de Montcalm, THOMAS CHAPAIS

le plaisir

Rien n'est prompt comme la contagion du plaisir,...
La Maison vide, HARRY BERNARD

Le plaisir n'est que la forme la plus dépassée et la plus barbare de s'apparaître et ne pas mourir.
Mets tes raquettes, CLAUDE PÉLOQUIN

C'est le mal du siècle, voyez-vous. Le plaisir tient la première place en tout et partout.
Quand même, A.-H. TRÉMAUDAN

pleurer

Fanées les illusions de la vie, fanées les fleurs de l'amour! Pourquoi pleurer? ni les larmes, ni le sang ne les feront revivre.
Angéline de Montbrun, LAURE CONAN

Je dis qu'elle ne pleure souvent que parce qu'elle aime pleurer souvent, que parce que ça lui convient, que parce qu'elle aime se voir et s'entendre pleurer, que parce qu'elle trouve ses larmes belles, que parce qu'elle le veut. Quelqu'un qui ne veut pas pleurer ne pleure pas.
L'Avalée des avalés, RÉJEAN DUCHARME

Pleurer, c'est un signe de vie, et moi, je ne puis plus pleurer.
Le gouffre a toujours soif, ANDRÉ GIROUX

... telle est la différence de notre douleur, vous pleurez pour les morts, et moi, je pleure pour les vivants, pour les absents!
La Fille du brigand, EUGÈNE L'ÉCUYER

Que tu es laide quand tu pleures! Apprends à pleurer joliment; c'est un de nos précieux secrets, à nous, les femmes. On obtient ce qu'on veut des hommes avec de beaux yeux humides.
Les Remparts de Québec, ANDRÉE MAILLET

la pluie

Les hirondelles volent bas, en rase-mottes, signe de pluie...
Un voyage de noces, JEAN SIMARD

Le jour de pluie est tout à fait spécial. S'il tombe un jour de congé, les parents peuvent s'attendre au pire de la part des jeunes.
Les Brèves Années, ADRIEN THÉRIO

la poésie

La poésie cherche à bercer l'âme, alors qu'elle devrait pétrir les choses,...
Bestiaire, GILLES HÉNAULT

Je suis gai! je suis gai! vivent le vin et l'Art!
J'ai le rêve aussi de faire des vers célèbres,
Des vers qui gémiront les musiques funèbres
Des vents d'automne au loin passant dans le brouillard.
La Romance du vin, ÉMILE NELLIGAN

Chaque jour que je vis je le prends à la mort
Chaque poème écrit je le tire d'un mort.
En guise de testament, PIERRE TROTTIER

A celui qui disait
Le poète est là pour changer le monde
Je répondais que la poésie
Est une lame
A couper le pain des jours de l'homme
Et qu'il n'en faut point faire une épée.
La Lame, GILLES VIGNEAULT

le poète

Poète, il se nourrit d'amour et d'ambroisie;
Homme, il s'endette au restaurant.
Le Poète jeune patriote, ANONYME

Les poètes qui ont fait l'éloge de l'inquiétude ne pensaient pas plus loin que leur nez.
La Prévoyance de monsieur Lapointe, BERTHELOT BRUNET

... on ne doit jamais parler légèrement de ceux qui font des vers.
Angéline de Montbrun, LAURE CONAN

... dans notre pays, celui qui voudrait s'obstiner à être poète serait à peu près sûr d'aller mourir à l'hôpital. Ce n'est pas une perspective bien amusante.
Jean Rivard, ANTOINE GÉRIN-LAJOIE

... le poète ne vit que de souvenirs et d'espérance; c'est le souvenir qu'il redit, c'est l'espérance qu'il invoque dans ses chants!
La Campagne, EUGÈNE L'ÉCUYER

Être poète, c'est intervenir dans l'inconscient et dans l'inconnu.
Manifeste infra, CLAUDE PÉLOQUIN

Le poète n'est-il pas en quelque sorte un déséquilibré?
Chez nous, ADJUTOR RIVARD

Aussi, le poète passe-t-il dans la vie comme en un songe. Il est parmi les autres hommes ainsi qu'un étranger; les autres regardent, il contemple; les autres pensent, il rêve; les autres parlent, il chante.
Chez nous, ADJUTOR RIVARD

La nature ne fait qu'ébaucher le poète; l'art achève de le former, a justement dit quelqu'un.
Chez nous, ADJUTOR RIVARD

le pois

Ne quittez pas la campagne, jeunes vigoureux des campagnes, le lot que vous léguèrent vos bienfaiteurs, continuez à sarcler et à bêcher vos plates-bandes de pois, pour que notre grand mets tienne encore la première place dans les menus.
La Voix des sillons, ANATOLE PARENTEAU

le Pôle Nord

Les fiers Aventuriers, captifs de la banquise
En leurs tombeaux de glace à jamais exilés,
Avaient rêvé que leur gloire s'immortalise:
Le Pôle comme un Sphinx demeure inviolé.
Paysages polaires, RENÉ CHOPIN

la police

Chapeau blanc et boutons dorés,
Ventre rond comme une galère,
Bâton ferme et cerveau timbré;
C'est la force constabulaire!
Rondel, ÉDOUARD CHAUVIN

la politesse

... il n'est pas possible qu'une femme puisse apprendre la politesse avec des gens qui l'ignorent absolument; la politesse ne s'acquiert qu'avec une bonne éducation.
La Fille du brigand, EUGÈNE L'ÉCUYER

la politique

Aux sots laissons un jour la politique:
Sans adopter ou le noir ou le blanc,
Oublions donc et rois et républiques
Pour un sujet plus vert et plus galant.
Le Beau Sexe, GEORGE BATCHELOR

... le patriotisme, cette noble fleur, ne se trouve guère dans la politique, cette arène souillée.
Angéline de Montbrun, LAURE CONAN

Elle n'est ingrate qu'à ceux qui n'en connaissent tous les secrets.
Mon commis-voyageur, J.-EUGÈNE CORRIVEAU

T'es rouge, t'es rouge. On est bleu, on est bleu. Essaye pas de nous faire revirer notre capot.
Marie-Didace, GERMAINE GUÈVREMONT

C'étaient des chefs intelligents, dévoués et sincères, qui traînaient derrière eux une cohorte de médiocres, de hâbleurs, de faibles, et, dans plusieurs cas, de prévaricateurs.
Les Demi-civilisés, JEAN-CHARLES HARVEY

—Moi, j'sus pas dans la politique, pis j'sus pas voleur pis croche comme eux aut'.
Les Vendeurs du temple, YVES THÉRIAULT

—Oh! en politique, ce n'est jamais blanc comme neige... Toi-même, tu n'es pas sans tache.
Les Vendeurs du temple, YVES THÉRIAULT

La politique m'intéresse, mais de dehors seulement. Ne me parle pas de me faire entrer dans ce cirque-là.
Saint-Pépin, P.Q., BERTRAND VAC

La politique promet tant et demande si peu de qualifications!
Saint-Pépin, P.Q., BERTRAND VAC

Parle! dis n'importe quoi, mais ne t'arrête surtout pas pour réfléchir. L'auditoire n'aime pas ça. Compris? du bruit!
Saint-Pépin, P.Q., BERTRAND VAC

C'est un homme bien élevé. Qu'est-ce que vous voulez que ça fasse en politique, un homme de même?
Saint-Pépin, P.Q., BERTRAND VAC

le politicien

... je crois nos hommes d'état beaucoup plus occupés d'eux-mêmes que de la patrie.
Angéline de Montbrun, LAURE CONAN

Décidément de nos jours, ce ne sont plus les tremblements de terre qui sont à craindre... Ce sont les politiciens.
Mon commis-voyageur, J.-EUGÈNE CORRIVEAU

Les esprits spéculatifs font les pires hommes de gouvernement; ils délibèrent lorsqu'il faut agir:...
Jugement sur La Fontaine, ALFRED DE CELLES

Vous parlez pour ne rien dire comme un politicien.
Le Coeur d'une mère, JACQUES FERRON

pratique

Les gens trop pratiques ont toujours été écrasés par la fin qu'avait prévue le théoricien, le rêveur.
Jours de folie, HENRI BEAUPRAY

le présent

Laissons derrière nous le passé, et fermons les yeux sur l'avenir. Vivons désormais heureux du présent,...
Le Frère et la Sœur, J. DOUTRE

... c'est l'instant présent qui importe... le passé, l'avenir, ce n'est qu'une succession d'instants présents, mais on est toujours tenté de leur accorder une importance exagérée parce qu'ils ne sont plus ou parce qu'ils ne sont pas encore là.
Le Funambule, WILFRID LEMOINE

La mort du présent n'est rien; c'est la perte de l'avenir en soi qui est déchirante.
La Montagne secrète, GABRIELLE ROY

Voilà qui explique peut-être comment nous pouvons rester parfois stoïques, puisque nous tentons toujours et d'abord de songer à l'instant présent, à la tâche présente...
N'Tsuk, YVES THÉRIAULT

... aujourd'hui? C'est le temps de la joie. Demain, il sera toujours temps de songer à la douleur...
Aaron, YVES THÉRIAULT

Je souffre au passé, vous souffrez au futur. Quant au présent, il ne nous appartient pas.
Maouna, MICHEL TREMBLAY

Le temps présent porte son désespoir
Sur des épaules d'homme.
Je suis maintenant dans la file
Et j'ai le mien.
Galères, GILLES VIGNEAULT

la presse

La presse... mais c'est la langue du peuple, c'est l'expression de ses idées, de ses sentiments.
La Presse, ÉTIENNE PARENT

La presse façonne les peuples à son image, surtout si elle est mauvaise.
Mélanges, JULES-PAUL TARDIVEL

le prêtre

La pensée des prêtres, si mécanique, m'a toujours déplu; elle montre si peu qu'ils ont l'Esprit.
Cotnoir, JACQUES FERRON

Que ça fait donc chaud au cœur, dans les malheurs de la vie, de voir apparaître une soutane!
Bousille et les Justes, GRATIEN GÉLINAS

Un prêtre qui ne consacre pas exclusivement sa vie au ministère, moi, j'ai l'impression qu'il ne remplit pas exactement sa mission.
Le gouffre a toujours soif, ANDRÉ GIROUX

Le prêtre est à la fois sacrificateur et victime, comme le Christ.
Le Torrent, ANNE HÉBERT

Très tôt l'infaillibilité de certains prêtres m'a humilié l'esprit et rompu le cœur, tandis que l'on m'attachait la culpabilité au cou comme une meule, pour me noyer.
Le Torrent, ANNE HÉBERT

... le prêtre canadien n'est pas seulement le directeur de conscience de ses ouailles, mais aussi leur conseiller en toutes matières,...
Maria Chapdelaine, LOUIS HÉMON

C'est rare,... les prêtres pas scrupuleux.
La Famille Plouffe, ROGER LEMELIN

... petits hommes en noir qui louent des chambres pour l'éternité.
Le Fou de l'île, FÉLIX LECLERC

... le prêtre devint en outre le père du peuple, et... il l'est encore aujourd'hui.
Restons chez nous, DAMASE POTVIN

Il est des prêtres qui sont venus à Dieu par une ardente compassion pour l'homme; il en est d'autres pour qui les hommes ne seront jamais supportables qu'à cause de Dieu. Aux âmes sensibles, cette nuance est toujours perceptible.
Alexandre Chenevert, GABRIELLE ROY

Comme prêtre, mon rôle est d'offrir ce lien avec Dieu. Un lien tangible, ténu, mais qui demeure peut-être le seul possible dans certaines heures de ma vie.
Le Dompteur d'ours, YVES THÉRIAULT

prier

Celui qui sait prier, le Seigneur n'abandonne,
Pour des biens passagers, l'éternité lui donne.
Le Pèlerin d'amour, JEAN BERTHOS

Comment Dieu peut-Il attendre de nous une chose aussi impossible que la prière?
Tête blanche, MARIE-CLAIRE BLAIS

... il prie parce que c'est un fou.
Le Fou de l'île, FÉLIX LECLERC

Possédons-nous une âme?... Ou sommes-nous de simples machines à prières...?
Ainsi tu es roi? FRANCOIS DE TÉRAMOND

le printemps

—C'est ben le printemps,... Pus de chauffage. Pus de misère.
Un homme et son péché, CLAUDE-HENRI GRIGNON

Mieux que la première grive, l'arrivée des canards sauvages donnait le signal du printemps.
En pleine terre, GERMAINE GUÈVREMONT

Quand les vents échappés de leurs cachots de glace,
Furieux, ont dépouillé les bois de leur feuillage,
Petit oiseau tout blanc, tu viens nous réjouir,
T'exilant des forêts qui sont à reverdir!
A l'oiseau blanc, JOSEPHTE

La nature, au printemps, dans ces jours de soleil,
Ouvre un œil endormi, et, dans un doux réveil,
Surtout au ciel d'azur où court le blanc nuage...
Le Printemps, ÉDOUARD LAVOIE

Voici le printemps! Vive l'amour.
Le Long du chemin, MADELEINE (Mme W. Huguenin)

Le printemps, quelle saison de pauvres illusions!
Bonheur d'occasion, GABRIELLE ROY

la prison

—Les prisons n'abritent pas tous les grands coupables et logent des martyrs!
La Terre que l'on défend, HENRI LAPOINTE

le prix

C'est pas la peine de demander le prix; ça sera trop cher pour nous.
Bonheur d'occasion, GABRIELLE ROY

le professeur

Les meilleurs « baby-sitters » du monde, c'est encore les professeurs d'école.
Virginie, MARCEL DUBÉ

Le professeur devrait être doublé d'un psychologue, pour analyser les âmes qu'il manie, distinguer un poète d'un mathématicien, un commerçant d'un musicien, un prêtre d'un affectif.
Marcel Faure, JEAN-CHARLES HARVEY

Notre époque a beau se targuer de ses progrès, elle manque encore de recettes infaillibles pour former des professeurs.
Suggestions pratiques, MAURICE LEBEL

... qui donc a appris quoi que ce soit des professeurs? Il était lui-même son propre maître, rude et inflexible.
Bonheur d'occasion, GABRIELLE ROY

la profession

... faire choix d'un état, démarche grave qu'un jeune homme ne peut faire qu'en tremblant, car de là dépend le bonheur ou le malheur de toute sa vie.
Jean Rivard, ANTOINE GÉRIN-LAJOIE

la promesse

Lorsqu'un homme vous fait des promesses trop belles,
Pour vous mettre à l'abri rouvrez vite vos ailes.
Le Coq et le Putois, PAMPHILE LE MAY

... c'est la promesse qui compte et il faut la tenir.
Le Dompteur d'ours, YVES THÉRIAULT

le protestant

C'est un protestant, mais c'est du bon monde.
Les Vendeurs du temple, YVES THÉRIAULT

Il est Anglais et protestant. Tu ne dois pas l'oublier, et c'est assez pour que tu sois prudente.
Le Nom dans le bronze, MICHELLE LE NORMAND

Les mots... d'un protestant dangereux, d'un ennemi de l'Église, je n'ai plus besoin de les entendre!
Les Vendeurs du temple, YVES THÉRIAULT

la providence

Compter sur la providence, c'est s'appuyer sur le vent.
Geneviève, ALPHONSE GAGNON

la psychiatrie

La psychiatrie est la science du déséquilibre individuel encadré dans une société impeccable. Elle valorise le conformiste, celui qui s'intègre et non celui qui refuse; elle glorifie tous les comportements d'obéissance civile et d'acceptation.
Prochain Épisode, HUBERT AQUIN

la puissance

Drôle de peur, que la peur de la puissance... Parce qu'il faut l'aimer la puissance, et non la craindre!
Le Samaritain, YVES THÉRIAULT

la punition

—On est puni par où on a désiré, toujours.
La Route d'Altamont, GABRIELLE ROY

la pureté

Aimer ou être heureux, c'est absolument la même chose; mais il faut la pureté pour comprendre l'amour.
Angéline de Montbrun, LAURE CONAN

le puritain

Nous avons des affinités avec des puritains de Toronto, qui pèchent en jouant au bridge le dimanche, mais qui ne se feront pas scrupule de passer cette journée ivres au fond d'une chambre, volets clos.
Les Demi-civilisés, JEAN-CHARLES HARVEY

q

le Québec

Le fleuve le plus beau du monde;
Ces montagnes, ces lacs, ces portes,
Ces prés que ta main fertilise;
Puis tes mœurs, tes droits, ton église,
Veux-tu conserver ces trésors?

Au Peuple, ANONYME

... si les fondateurs de notre beau pays voyaient le Québec d'aujourd'hui, avec son visage fardé d'importations honteuses et d'enseignes stupides, avec son visage tuméfié de femme perdue, ils ne le reconnaîtraient plus...

Jours de folie, HENRI BEAUPRAY

... au pays de Québec rien n'a changé. Rien ne changera, parce que nous sommes un témoignage.

Maria Chapdelaine, LOUIS HÉMON

Au pays de Québec rien ne doit mourir et rien ne doit changer...

Maria Chapdelaine, LOUIS HÉMON

... une province où l'on dépense des sommes folles pour la pompe et le décorum,...

La Famille Plouffe, ROGER LEMELIN

Dans ce pays de montagnes et de rivières, la vie s'écoule aussi morne que les saisons.

Louise Genest, BERTRAND VAC

Québec

Elle est construite sur un roc immortel...
Au large de l'écueil, HECTOR BERNIER

... le nom de Québec, qui signifie détroit ou rétrécissement des eaux.
L'Épopée canadienne, JEAN BRUCHESI

Il n'est pas étonnant que Québec devienne de plus en plus un désert, les gens s'y mangent entre eux. Pauvre vieille capitale!
Chroniques canadiennes, ARTHUR BUIES

... Québec est peut-être la ville du monde où la morale est la meilleure, et justement, parce qu'elle est peuplée par des gens sortis depuis peu de nos bonnes paroisses rurales.
La Terre ancestrale, LOUIS-PHILIPPE CÔTÉ

... Québec, la ville aux mille charmes... véritable gardienne du fleuve.
Histoire de rat, JEAN-MARIE COURTOIS

Québec, le vieux Québec, le Québec d'en dedans les murs, est avant tout une ville aristocratique.
Chroniques, HECTOR FABRE

Québec est une toute petite ville qui ressemble à un souvenir de famille qu'on aurait emballé dans la naphtaline. C'est une ville de zombies.
La Fin des haricots, JEAN-LOUIS GAGNON

... l'ombre, surgissant de son rideau d'instants,
S'empare pas à pas du fleuve et des nacelles
Et repousse le jour vers la côte où s'étend,
De gradins en gradins, La Ville-Sentinelle...
François de Laval, PAUL GOUIN

... Québec est la fille cadette de l'Église.
Rimbaud, mon beau salaud, CLAUDE JASMIN

... la toute catholique ville de Québec, que des esprits malins comparent à Port-Royal, devient le rendez-vous de touristes en mal de bacchanales qu'ils n'osent organiser chez eux.
La Famille Plouffe, ROGER LEMELIN

le Québécois

Nous avons, nous, peuple pauvre, la charge d'élever les enfants, et les États-Unis récoltent les adultes.
La Campagne canadienne, ADÉLARD DUGRÉ

Mais a-t-on vu de près l'homme de mon pays
A-t-on vu ces milliers de lacs et de montagnes
Qui s'avancent à pas de bêtes dans ses paumes.
     Ode au Saint-Laurent, GRATIEN LAPOINTE

C'était un Québecois
Narquois comme tout Québecois
     Le Québecois, FÉLIX LECLERC

... on ne peut pas vouloir se faire tuer pour la patrie quand on est Québecois et qu'on a du bon sens.
     La Famille Plouffe, ROGER LEMELIN

... ils envahissent par troupeau, le dimanche soir, la terrasse Dufferin, qui ceinture le Château, afin de contempler, au moins une fois par semaine, du haut du Cap, leur cher grand fleuve.
     La Famille Plouffe, ROGER LEMELIN

la question

Toi aussi tu seras battu si tu poses des questions. Vaut mieux te taire et aller couper du bois comme les autres.
     Une saison dans la vie d'Emmanuel, MARIE-CLAIRE BLAIS

Moi, je ne m'interroge jamais sur quoi que ce soit, et je déteste que l'on me pose des questions.
     Le Temps sauvage, ANNE HÉBERT

Combien de fois t'ai-je répété que les questions des enfants sont toujours indiscrètes!
     Les Remparts de Québec, ANDRÉE MAILLET

Romains par le cœur, Normands par la tête, ils ont tout pour déconcerter les étrangers qui veulent les comprendre. Ils sont à la fois Français et Américains, ils sont simples et compliqués,...
     La Famille Plouffe, ROGER LEMELIN

le quêteux

Quêteux, il l'était de profession; pauvre par vocation, pour perpétuer la parole du Christ;...
     En pleine terre, GERMAINE GUÈVREMONT

Pour prévenir tout maléfice, il n'y a qu'un moyen: il faut éviter de faire parler les quêteux. On barre donc toutes les ouvertures, et l'on dépose quelques sous sur le seuil. Le quêteux de sorte, sans frapper, prend les sous et s'en va.
Chez nous, ADJUTOR RIVARD

Il faut donner aux quêteux, même quand les quêteux sont riches; car voyez-vous bien, s'ils ne quêtaient point, ils seraient pauvres, et s'ils ne le sont pas, c'est parce qu'ils quêtent. Chacun, ici-bas, a sa vocation; la leur est d'être quêteux.
Chez nous, ADJUTOR RIVARD

r

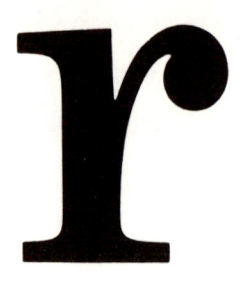

la race

Épée, soc et croix: voilà les emblèmes de la race, voilà nos trois signes vainqueurs, voilà nos titres de noblesse et le sceau apposé à notre acte de possession!
Vieilles Choses, Vieilles Gens, GEORGES BOUCHARD

Je suis née d'une race de défroqués et de forçats innocents.
Le Temps sauvage, ANNE HÉBERT

Ces gens sont d'une race qui ne sait pas mourir... Nous sommes un témoignage.
Maria Chapdelaine, LOUIS HÉMON

Les races qui reculent sont des races qui meurent...
Le Beau Risque, FRANÇOIS HERTEL

Il y en a encore qui croient à la race. Moi j'y crois, à la souche.
Le Feu sur la grève, FÉLIX LECLERC

Ne cherchons pas, de crainte de trop nous en convaincre, si nous appartenons à une race supérieure: prouvons-le.
Pour une doctrine, ÉDOUARD MONTPETIT

Nous sommes,... perdue en cette Amérique, une race issue de la France.
Le Français, DAMASE POTVIN

La race est... formée à l'image du sol. Elle est forte, ergoteuse, d'opinions profondes et parfois passionnées.
Le Français, DAMASE POTVIN

... c'est peut-être plus par nos défauts que par nos qualités si notre race survit à l'heure qu'il est...
Le Français, DAMASE POTVIN

Chaque race étrangère peut bien aussi apporter avec elle, chez nous, son idéal et en faire paraître la lumière dans notre vie canadienne.
Nos raisons canadiennes de rester Français, MGR CAMILLE ROY

Né d'une race qui bataille ici depuis trois siècles, j'avais le droit d'espérer que le pacte fait avec la terre de mes aïeux ne se briserait pas dans ma maison...
Menaud, maître-draveur, FÉLIX-ANTOINE SAVARD

Tu garderas la fierté de ta race avant tout! Si tu trahis, tu seras trahi à ton tour...
Aaron, YVES THÉRIAULT

Race neuve, je vous le dis et c'est ce qui me fascine. Une pensée neuve aussi, je le répète, à l'échelle des géants.
Le Roi de la Côte Nord, YVES THÉRIAULT

la raison

On entre dans le cœur par le sentiment mais on n'édifie rien de durable qu'en s'élevant jusqu'à l'esprit par la raison.
Coups de crayon, F.-A. BAILLAIRGÉ

Il semble que la raison humaine, par un suprême effort, ait forcé la nature à lui révéler ses secrets les plus cachés.
En chemin de fer, ALPHONSE GAGNON

raisonner

On ne raisonne pas une femme qui a ses facultés, encore moins lorsqu'elle les perd.
Mélie et le Bœuf, JACQUES FERRON

la rancune

... l'homme garde toujours au fond de son cœur un reste de rancune envers celui qui lui a fait du mal, même s'il est bien convaincu qu'il n'en est rien.
Les Brèves Années, ADRIEN THÉRIO

la réalité

La réalité dépoétisait le rêve.
L'Homme tombé, HARRY BERNARD

Le personnage inventé est-il plus réel ou moins réel que la personne qui l'imagine?
Qui est Dupressin?, GILLES DEROME

Tu vas vieillir. Le temps va t'apprendre bien des choses. Tu vas découvrir que la réalité n'est jamais belle comme le rêve.
Florence, MARCEL DUBÉ

Il n'y a que deux réalités au monde... la réalité de la promenade en voiture et celle de la dentelle au crochet...
La Maison de l'Esplanade, ANNE HÉBERT

Rien n'est immobile, surtout pas la conscience d'un homme. Rien n'est fixe, surtout pas la réalité entière d'un homme.
Le Funambule, WILFRID LEMOINE

Je sens encore une distance entre la réalité des autres et moi-même.
Le Funambule, WILFRID LEMOINE

La réalité dérange parfois nos idées comme le mouvement dérange une draperie. Lui qui croyait que la réalité, c'était la liberté, la fortune, le plaisir; non, c'était le rêve, cela; et la réalité, elle était là-bas à la ferme, dans la pauvreté décente,...
Restons chez nous, DAMASE POTVIN

la récompense

La récompense, c'était moi. Combien on m'avait battu! Combien on m'avait désiré! Comme on avait besoin de moi! J'arrivais juste à temps pour plaire à mes parents.
Une saison dans la vie d'Emmanuel, MARIE-CLAIRE BLAIS

réfléchir

Pour réfléchir: détruire ce qui nous manque.
Grimoire, ROLAND GIGUÈRE

le refus

... pour ne pas s'accorder ce qui est défendu, il faut savoir se refuser souvent et très souvent ce qui est permis.
Angéline de Montbrun, LAURE CONAN

le regard

Un regard est un puits sans fond.
Le Meurtre d'Igouille, ANDRÉE MAILLET

la religieuse

Des exaltés comme toi, Dieu n'aime pas ça beaucoup.
Une saison dans la vie d'Emmanuel, MARIE-CLAIRE BLAIS

Elle vit en lui un peu comme les saints vivent en Dieu.
Angéline de Montbrun, LAURE CONAN

la religion

La religion est un peu comme le théâtre. On pleure et on aime.
Tête blanche, MARIE-CLAIRE BLAIS

... la vie religieuse m'apparaît comme cette étonnante rivière, qui coule paisible et profonde, entre deux murailles de granit. C'es grand, mais triste.
Angéline de Montbrun, LAURE CONAN

... l'entrée en religion est comme la mort des petits enfants; déchirante à la nature mais, aux yeux de la foi, pleine d'ineffables consolations et de saintes allégresses.
Angéline de Montbrun, LAURE CONAN

—La religion... c'est le refuge en tout. Prenez la religion, vous verrez ce qu'elle vous fera.
Les Enfances de Fanny, LOUIS DANTIN

Tout le respect, toute la crainte dont l'autorité religieuse avait imprégné son enfance,...
La Famille Plouffe, ROGER LEMELIN

... ce qui distingua éminemment le peuple canadien, ce fut sa fidélité à la religion, cette source de toute poésie sociale et nationale.
La Société canadienne, L.-O. LETOURNEUX

Tout homme a besoin de s'attacher à une bouée spirituelle ou superstitieuse, tourmenté qu'il est par le mystère de l'inconnu, notamment celui du secret de la mort.
Louis Riel, exovide, JEAN-JULES RICHARD

On « pratiquait », dans notre monde, voilà tout. Cela faisait partie des bonnes manières.
Mon fils pourtant heureux, JEAN SIMARD

J'ai trop longtemps négligé la religion. Ça me donnerait de la force.
Le Dompteur d'ours, YVES THÉRIAULT

les Remparts de Québec

... si un jour vous désirez goûter une heure de joie saine et connaître l'émotion que procurent les découvertes, allez vous asseoir sur les Remparts. Vous découvrirez là quelque chose de nouveau et de très vieux à la fois; vous découvrirez là un petit coin de la vieille France, demeuré intact.
Jours de folie, HENRI BEAUPRAY

le repas

—C'est étrange, on met une heure à préparer un repas et il disparaît en trois minutes.
L'Insoumise, MARIE-CLAIRE BLAIS

Moi, un repas sans patates... j'aime autant pas manger.
Louise Genest, BERTRAND VAC

la réponse

Si je réponds mal à tes questions, ne t'étonne pas. C'est la vie qui me donne des réponses. Et la vie est bien humble.
Tête blanche, MARIE-CLAIRE BLAIS

le repos

Je désire un refuge où l'on peut se blottir
Et ainsi retrouver le repos primitif
La Mort blanche, LÉON DEBIEN

On nous avait promis le paradis et nous n'espérions qu'un peu de repos.
L'Étrangère, ROBERT ELIE

la résignation

A quoi bon se débattre au milieu de l'imparfait, de l'instable, du médiocre, du tronqué, à quoi bon essayer d'en sortir, quand il est bien évident que nous n'en sortirons jamais.
L'Aube de la joie, ANNE-MARIE

A quoi bon te débattre? Il faut endurer.
L'Ampoule d'or, LÉO-PAUL DESROSIERS

La résignation n'est bonne que pour les médiocres.
Le Silence de la ville, ROBERT ELIE

Oublie jamais que quand on est valet, on n'est pas roi.
Le Cabochon, ANDRÉ MAJOR

—Faut prendre les choses comme elles viennent,... Le Bon Dieu fait le reste.
La Minuit, FÉLIX-ANTOINE SAVARD

le respect

Le respect, c'est un instrument très utile, ça nous permet de ne pas nous traiter de con et de penser que les autres le sont.
L'Appartenance, JEAN-CLAUDE CLARI

On ne peut respecter ce que l'on méprise intérieurement.
Les Vendeurs du temple, YVES THÉRIAULT

la responsabilité

Les responsabilités trop lourdes écrasent les âmes faibles et timorées. Elles grandissent au contraire les âmes fortes et bien trempées.
Jours de folie, HENRI BEAUPRAY

... plus l'homme est débarrassé des soucis matériels de l'existence, plus il doit consacrer sa vie au service du prochain.
Pour la patrie, JULES-PAUL TARDIVEL

réussir

—L'indispensable pour réussir,... c'est la méthode. Sans cartésianisme, il serait vain de vouloir arriver à un résultat.
Le Repaire des loups gris, ANDRÉ BER

Qu'est-ce que cela veut dire « réussir »? N'est-ce pas faire ce que l'on aime avec le plus d'élan possible?
Le Temps sauvage, ANNE HÉBERT

On dit souvent qu'il n'y a pour réussir sur la terre que ceux qui sont nés et qui ont été élevés sur la terre; comme de raison... Les autres, ceux qui ont habité les villes, pas de danger qu'ils soient assez simples pour se contenter d'une vie de même!
Maria Chapdelaine, LOUIS HÉMON

le rêve

Pour plusieurs, une partie de la vie s'écoule à rêver endormis et l'autre à rêver éveillés!
Coups de crayon, F.-A. BAILLAIRGÉ

J'aime rêver ainsi sous la lune pensive
Et savourer du temps la torpeur excessive...
Entretien nocturne, GÉRARD BESSETTE

Il est fini mon noble rêve
Mais la nuit enfumée de noir
Dure et jamais ne s'achève.
Vigile obscure, sans espoir!
Le Ciel des satellites, JULES BRIÈRE

Les rêves sont notre poésie quotidienne.
Le Bâton de vieillesse, BERTHELOT BRUNET

Je contemple mon rêve ainsi qu'une ruine
Où pierre à pierre croule un somptueux palais.
Je contemple mon rêve, RENÉ CHOPIN

... les rêves de grandeur de l'homme et son incroyable vanité sont très certainement nés un jour de son impuissance à saisir ce qui l'entoure.
Les Témoins, EUGÈNE CLOUTIER

Est-ce ma faute, si ma pauvre âme s'égare dans un paradis de rêveries?
Angéline de Montbrun, LAURE CONAN

... il y a des réalités plus belles que le rêve.
Angéline de Montbrun, LAURE CONAN

Dans la procession sombre des vains désirs
Où marchent vaguement des âpres destinées,
Le Rêve pour encens exhale des soupirs
Et jette des regrets comme des fleurs fanées.
Chanson intellectuelle, LOUIS DANTIN

Les feuilles mortes sont les rêves
Qu'ont fait les arbres autrefois:
Il en est des longues, des brèves,
Mais toutes ont la même voix.
Feuilles mortes, ALPHONSE DESILETS

Mon misérable cœur a l'aspect de la brousse:
Chassés par le vent froid de la réalité,
Mes rêves les plus chers un par un l'ont quitté,...
Rondel d'automne, ALFRED DESROCHERS

—Et nous sommes pareils au bateau languissant,
Qui rêve d'archipels, d'inconnu, d'aventure,
Mais dont frissonne, seule, aux brises, la voilure!
Bateau captif, ROSAIRE DION (Léo-Albert Lévesque)

Marche seul et sois fier; plein de morgue, relève
Ta tête altière, et fuis les contacts infamants;
Ne choisis pour sentier que celui de ton rêve.
Liminaire, ALBERT DREUX

Dors, mon enfant; ton rêve est agréable,
Bientôt viendront des pensées de douleur.
A mon fils, FRANÇOIS-XAVIER GARNEAU

Quand j'aurai de quoi m'acheter quatre murs
J'irai dormir là, paisiblement
J'irai mourir là, doucement
Fuite, DENISE GERVAIS

Les rêves glissent sur la paroi d'aujourd'hui, perdent pied et retournent à l'éphémère éther tandis que l'on pavoise un navire des quatre vents futurs.
Lieux exemplaires, ROLAND GIGUÈRE

Plus personne maintenant ne veut ramper dans les profondeurs de la mine de rêves et, de nouveau, je me retrouve seul devant l'imaginaire.
Lieux exemplaires, ROLAND GIGUÈRE

... à l'âge des souvenirs, des doux regards d'enfant
Qui n'a encore connu dans la vie aucune ombre,
Laissons donc l'horizon s'ouvrir éblouissant
De rêves si beaux.
La Nouvelle Année, ÉDOUARD LAVOIE

Quand absent est l'amour et que tes frères sont morts,
quand présent est le vide et que la nuit demeure,
les rêves sont bien nécessaires...
J'inviterai l'enfance, FÉLIX LECLERC

Un jour, je pousserai le mur des songes.
J'irai m'assoir avec la majesté d'un roi
Au centre de ma vie, à l'origine de moi.
Poèmes, ODETTE LÉGER

Le rêve est un créancier sans entrailles, à ce qu'on dit; on doit lui rendre beaucoup plus qu'il ne prête et on doit le payer en billet de dure réalité.
Le Plat brisé, GÉRALD LESCARBEAULT

Le Rêve existe, mais il ne vit pas. Il ne vit qu'au moment où l'homme l'appelle.
Entre ciel et terre, ROGER POTHIER

... il n'y a pas de bonheurs dans les rêves d'enfant. Seulement la peur. La vraie. Plus tangible que celle des adultes, car ils ne savent pas encore se mentir.
La Candeur de l'enfance, CHARLES SOUCY

... il ne fallait pas combattre les rêves,... ils sont des habitants des pays du sommeil,... ils y vivent, libres et puissants, et... de les chasser une nuit les ramène, mille fois plus menaçants, la nuit suivante.
Agaguk, YVES THÉRIAULT

Avant, je vivais de rêve. C'est beau, le rêve. C'est du sang qui coule plus vite, c'est de la chaleur dans le duvet de la peau... mais il faut en sortir pour décider de la vie à venir.
La Fille laide, YVES THÉRIAULT

la révolution

La révolution viendra comme l'amour nous est venu,...
Prochain épisode, HUBERT AQUIN

Ce n'est pas l'évasion que nous avons cherché de ville en ville, mais la fraternité absolue de la révolution.
Prochain épisode, HUBERT AQUIN

La vraie révolution doit venir du dedans. C'est en soi-même qu'il faut l'accomplir d'abord.
Le Beau Risque, FRANÇOIS HERTEL

—Hormis quelques bourgeois encastrés dans leur confort, tout ce peuple remue.
Les Remparts de Québec, ANDRÉE MAILLET

C'est le propre de toutes les agitations populaires, surtout de celles qui prennent leur mobile dans le désir de la popularité, d'outrepasser le but de leurs premiers moteurs.
Considérations, ÉTIENNE PARENT

La seule révolution, c'est le combat contre la mort dans les laboratoires.
Mets tes raquettes, CLAUDE PÉLOQUIN

Il est tellement plus facile de souffrir que de se révolter.
Aaron, YVES THÉRIAULT

le rhumatisme

Le rhumatisme se réveille dans mon genou comme une couronne d'épines. C'est signe de tempête.
Le Temps sauvage, ANNE HÉBERT

le riche

Les riches sont toujours exposés aux coups de l'envie.
Les Demi-civilisés, JEAN-CHARLES HARVEY

Il est mort riche. Que peut-on demander de plus à un homme?
Quand j'aurai payé ton visage, CLAIRE MARTIN

Tout est relatif. Au pauvre, la perte d'un seul dollar est un drame. Pour les rois cachés, les hommes riches qui possèdent la forêt canadienne et qui l'administrent de Londres, de New York, de Genève ou de Bruxelles, perdre quelques millions pour sauver des milliards est logique.
Le Ru d'Ikoué, YVES THÉRIAULT

la richesse

La richesse, c'est le travail, c'est nos bras, c'est nos têtes à nous autres, la grande masse.
Bonheur d'occasion, GABRIELLE ROY

Tu vois, la richesse achète les compensations...
Aaron YVES THÉRIAULT

Des bons bâtiments... c'est la moitié de la richesse d'un homme.
Le Dompteur d'ours, YVES THÉRIAULT

le rire

Un homme qui rit tant que ça, la plupart du temps, il est pas vraiment gai dans son cœur.
Marie-Didace, GERMAINE GUÈVREMONT

je suis un homme
qui survit dans le rire d'un enfant
Ah si je tuais l'enfant, ANDRÉ MAJOR

le Rocher Percé

Défiant, calme et seul, les plus hautes marées,
Ses roches, par les flots saumâtres entourées,
Depuis des milliers d'ans, narguent le vent amer,...
Le Rocher Percé, GONZALVE DESAULNIERS

le roman

Écrire un roman, c'est savoir que chaque mot fait aussi partie d'un immense trésor.
Tête blanche, MARIE-CLAIRE BLAIS

Au roman comme à la vie c'est la phrase première qui coûte le plus.
Le Roman de Xavier Gris, ANDRÉ-PIERRE BOUCHER

... le roman est un des plus exécrables dissolvants de la morale publique. Son nom même est devenu presque synonyme de mauvais livre.
Préface à « Le Vieux Muet », PAUL-ÉMILE ROY

Le roman, surtout le roman moderne, et plus particulièrement encore le roman français, me paraît être une arme forgée par Satan lui-même pour la destruction du genre humain.
Pour la patrie, JULES-PAUL TARDIVEL

la rose

Les roses portent l'étendard de la beauté
Et l'essence de la mort.
Épouse immuable, ALICE BRUNEL-ROCHE

la routine

Ce qui gêne le plus, c'est de savoir affreusement qu'il n'y a pas moyen de compter sur la protection d'une routine.
Faits divers, ADRIENNE CHOQUETTE

La vie semblable à elle-même, de jour en jour sans espoir.
La Fille laide, YVES THÉRIAULT

Il y a cette routine, ce village, la vie monotone. Où s'en va-t-on?
Le Dompteur d'ours, YVES THÉRIAULT

la rue

... c'est étonnant, ce qu'on apprend des choses sur la rue. Le seul visage des gens, dans une foule affairée, nous éclaire les âmes.
La Maison vide, HARRY BERNARD

la rumeur

... il y a des rumeurs qui sont vraies parce qu'elles sont trop terribles pour avoir été inventées.
Une lettre pour mon aimée, CHARLES SOUCY

... elle promenait son museau sur la vie d'autrui: toute rumeur devenait chair longuement goûtée, mâchée, mastiquée, déglutie, digérée; et comme la nourriture revient à fleur de peau sous la forme nouvelle du sang, les faits devenaient tout à fait méconnaissables.
Vézine, MARCEL TRUDEL

... la rumeur publique est plus forte que toutes les puissances de ce monde...
Les Mains, GILLES VIGNEAULT

la ruse

Impossible de jouer au plus fort? Il restait donc à jouer au plus rusé.
Agaguk, YVES THÉRIAULT

S

le sacrifice

... à certains moments on sent que le sacrifice vaut mieux que toutes les joies.
Angéline de Montbrun, LAURE CONAN

Les sacrifices auraient leur compensation dans des jours graves.
Nord-Sud, LÉO-PAUL DESROSIERS

Son sort, elle l'acceptait. Son sacrifice, elle l'accomplissait.
Le Survenant, GERMAINE GUÈVREMONT

On y pense à la journée et on devient des spécialistes du sacrifice.
La Famille Plouffe, ROGER LEMELIN

Le secret est de ne jamais sacrifier une chose à une autre.
Aaron, YVES THÉRIAULT

Heureux ceux qui peuvent se dévouer, se sacrifier pour une grande cause.
Angéline de Montbrun, LAURE CONAN

la sagesse

... posséder la sagesse est chose d'importance pour l'humanité, puisque la race des géants a disparu du globe pour n'avoir su l'atteindre...
L'Ampoule d'or, LÉO-PAUL DESROSIERS

C'est dur la vie mais quand on sait la prendre, quand on sait que le temps des pique-niques est fini, que les p'tites aventures, ça ne mène presque jamais nulle part, on est sur le chemin de la sagesse.
Virginie, MARCEL DUBÉ

Souvent notre plus doux penchant
Est condamné par la sagesse;
Elle nous commande sans cesse
De résister au sentiment;...
Le petit bonhomme vit encore, JOSEPH QUESNEL

le Saguenay

Alors, on appelait le beau Saguenay le « Fleuve de la Mort ».... C'était une sombre rivière qui coulait dans un gouffre profond, taillé en pleines montagnes, au milieu de fantastiques rochers.
Restons chez nous, DAMASE POTVIN

le saint

Vous tous, saints inconnus, de l'immense Toussaint,
morts pour que ce pays soit à Dieu par les miens.
Saints de la terre, FÉLIX-ANTOINE SAVARD

Saint-Henri

Son village dans la grande ville! Car nul quartier de Montréal n'a conservé ses limites précises, sa vie de village, particulière, étroite, caractérisée, comme Saint-Henri.
Bonheur d'occasion, GABRIELLE ROY

le Saint-Laurent

Votre fleuve canadien est un noble et grand seigneur...
Au large de l'écueil, HECTOR BERNIER

L'étranger voit avec un œil d'envie
Du Saint-Laurent le majestueux cours;
A son aspect le Canadien s'écrie:
O Canada! mon pays! mes amours!
O Canada! Mon Pays! Mes Amours!,
GEORGE-ÉTIENNE CARTIER

L'étranger voit avec un œil d'envie
Du Saint-Laurent le majestueux cours;...
O Canada! Mon Pays! Mes Amours!,
GEORGES-ÉTIENNE CARTIER

Le fleuve du Saint-Laurent, le fleuve par excellence,...
De l'Influence, GUILLAUME LEVESQUE

Du riant St-Laurent la rive fortunée,
Nos forêts et nos monts, nos vallons et nos bois,
Notre douce patrie un jour sera chantée
Par une plus puissante voix.
Une page sur l'histoire du Canada, J.-T. LORANGER

le sang

Le sang parle plus fort que la raison.
La Terre que l'on défend, HENRI LAPOINTE

la santé

La santé,... c'est le premier des biens terrestres.
Jean Rivard, ANTOINE GÉRIN-LAJOIE

... c'est facile d'être calme, aimable, souriant, posé, serein, placide, gracieux, charmant, poli, quand on est en santé!
Le gouffre a toujours soif, ANDRÉ GIROUX

la satire

Sois toujours gai, toujours badin,
Et parfois même un peu malin,
Mais jamais de satire;...
Le Petit Mot pour rire, ANONYME

Quand on est bon et généreux, un beau spectacle de folie ridicule est un peu comme de bien manger.
Un amour libre, PIERRE VADEBONCOEUR

le sauvage

... il sourit jamais. Un sauvage sourit pas.
Le Survenant, GERMAINE GUÈVREMONT

... un entêtement de sauvage, cela valait celui du diable et du bon Dieu, réunis ensemble,...
Un grand mariage, ANNE HÉBERT

... les sauvages, ces grands enfants jamais apaisés, toujours en quête de nouvelles aventures, prouesses de chasseurs ou de guerriers, ne se pliaient pas à la paisible existence d'une bourgade fixe.
Catherine Tekakwitha, JULIETTE LAVERGNE

... le sauvage d'Amérique a pris nos vices et laissé de côté nos vertus; il a pris ce qui fait notre faiblesse, et négligé ce qui fait notre force,...
Du Travail chez l'Homme, ÉTIENNE PARENT

Les sauvages—comme tous les hommes contemplatifs—possèdent cette faculté précieuse de concentration nécessaire à l'unité de but et à la fermeté d'exécution, qu'on appelle le caractère.
L'Ilet au massacre, JOSEPH-CHARLES TACHÉ

sauvage

Sauvage est la forêt car elle ne respire point.
Sauvage est la bête, car elle ne raisonne point.
Sauvage est l'eau blanche, car elle est indomptable.
Sauvage est la montagne.
Sauvage la fleur qui croît sans lois.
N'Tsuk, YVES THÉRIAULT

le savant

... on ne peut pas être savant et n'être pas philosophe.
Le Triomphe de la croix, JULIEN DAOUST

savoir

Danger: dès lors que nous avons l'impression de tout savoir, nous avons l'impression de tout comprendre.
Avant-propos à « Voix et Images du pays V », RÉNALD BÉRUBÉ

Ce que je devrais savoir, je l'ignore par ma faute. Et combien sais-je qui est frivole, inutile, un fardeau en plus que je n'utiliserai jamais?
Le Ru d'Ikoué, YVES THÉRIAULT

le scandale

... les Québécois adorent les histoires de cul qui mettent en cause un juge ou un ministre.
Les Écœurants, JACQUES HÉBERT

... le scandale n'est-il pas le plus grand de tous les maux...
Un grand mariage, ANNE HÉBERT

scandaliser

... on ne scandalise que les faibles.
Les Demi-civilisés, JEAN-CHARLES HARVEY

la science

La science de plus en plus efficacement corrigeait la cruauté de la nature.
Alexandre Chenevert, GABRIELLE ROY

... une science naturelle ne naît pas de la confusion et du désordre, mais bien de l'ordre et de la régularité,...
Géologie, J.-B. MEILLEUR

le scrupule

L'arme du démon, contre vous, vous le connaissez, c'est le scrupule. Par ce moyen, il sème le doute dans votre âme, et quand le doute est solidement implanté, le découragement suit,...
Le gouffre a toujours soif, ANDRÉ GIROUX

... y a pas plus prude qu'un ancien vieux cochon.
Les Écœurants, JACQUES HÉBERT

la sécurité

... la sécurité est essentielle au bonheur. Beaucoup, je le sais, n'en jugent pas ainsi; mais un amour inquiet et trouble me paraît un sentiment misérable.
Angéline de Montbrun, LAURE CONAN

Un homme « normal » a besoin de se sentir les deux pieds sur le roc, autrement il prend peur.
Gilles Vigneault, mon ami, ROGER FOURNIER

Savoir que l'avenir est devant soi, quelle sécurité!
Les Remparts de Québec, ANDRÉE MAILLET

Si personne ne dépend de vous, si vous avez le choix d'une carrière, si vous avez tous vos membres, toutes vos facultés, vous avez la sécurité.
Les Remparts de Québec, ANDRÉE MAILLET

le seigneur

... nos anciens seigneurs nous manquent aujourd'hui, ou quelques hommes pour les remplacer et pour rallier tous les membres d'une même famille,...
La Société canadienne, L.-O. LETOURNEUX

la semaine

... la semaine comportait trois jours dont le rite devait rester immuable: le samedi, jour de grand ménage, le dimanche, où l'on se montre à la grand'messe et le lundi, où l'on lave:...
Vézine, MARCEL TRUDEL

le séminariste

... est presque prêtre, et cela le met au-dessus.
Trente arpents, RINGUET

le bon sens

... le bon sens, c'est ce qui manque le plus à bien des gens qui ont appris la vie dans les livres d'écoles. Quand on le lâche, on devient bon à rien.
Les Demi-civilisés, JEAN-CHARLES HARVEY

Rejetez tout ce qui froisse votre bon sens.
les Demi-civilisés, JEAN-CHARLES HARVEY

... les choses sensées, les choses qui sont admises et acceptées sont souvent bêtes.
Le Fou de l'île, FÉLIX LECLERC

le sentiment

A la campagne, on n'apprend guère à exprimer les sentiments du cœur.
Restons chez nous, DAMASE POTVIN

le séparatisme

On ne fait rien de grand, en séparant, en isolant ses actions...
Allocution, LIONEL GROULX

Non, non,... je refuse de me mettre sur le plan patriotique et nationaliste. Suis-je le seul?
Bonheur d'occasion, GABRIELLE ROY

la sérénité

Avoir la paix de l'exprit, c'est le plus grand des biens...
Cul-de-sac, YVES THÉRIAULT

le sexe

... quel mortel peut se flatter de ne devoir jamais succomber, quelque jour, en cette servitude qu'on a bien définie: la servitude sexuelle.
L'Erreur de Pierre Giroir, JOSEPH CLOUTIER

Comme beaucoup de ses concitoyens, il avait toujours à la bouche les mots « sexe » et « beau sexe ».
Les Demi-civilisés, JEAN-CHARLES HARVEY

... personne ne soufflait mot de « ces choses » liées à la chair ennemie:...
Mon fils pourtant heureux, JEAN SIMARD

Il se rendait compte que son corps était un pays neuf pour lui et qu'il révélait ce soir sous la robe blanche toute simple, serrée à la taille, de sublimes contrées qu'il ferait bon explorer.
Le Dompteur d'ours, YVES THÉRIAULT

le silence

C'est par le silence de la pitié qu'un homme sage doit répondre aux injures d'un manant,...
Le Vieux Muet, J.-B. CAOUETTE

... le silence demeure un merveilleux langage qui compte peu d'initiés.
Lettres à une provinciale, ROGER DUHAMEL

Dieu, que le silence est lourd!
L'Ange de Dominique, ANNE HÉBERT

Le silence est parfois comme une pierre qui tombe et qui s'alourdit à mesure qu'elle descend.
La Famille Plouffe, ROGER LEMELIN

Ma langue est inhabile à la reconnaissance,
Le silence est mon chant d'amour!
L'Evêque de Nancy, L'HERMITE

Apprenons à faire silence et nous serons charmés par la voix qui le remplit.
Les Pierres de mon champ, MARGUERITE TASCHEREAU

Le silence à mes doigts pesait comme une amphore:...
Tendresses décloses, MÉDJÉ VÉZINA

la sincérité

L'homme est toujours sincère avec lui-même. Il peut tricher tout le monde, mais pas sa nature.
Les Témoins, EUGÈNE CLOUTIER

... en amour moderne la sincérité est le pire défaut.
L'Appel de la terre, DAMASE POTVIN

la société

Pourquoi nous donner tant de mal de vivre en société, quand chacun de nous sait que cette même société, à la première occasion, le jetterait par-dessus bord.
La Maison vide, HARRY BERNARD

On pourrait espérer de trouver au milieu d'une société d'hommes corrompus la vérité, la paix et l'harmonie, seuls principes qui peuvent conduire à la vertu; et, sans la vertu, plus d'amour entre les hommes.
Le Chercheur de trésors, PHILIPPE AUBERT DE GASPÉ (fils)

Nous avons envers la société les mêmes obligations qu'envers notre famille; il faut que chaque citoyen agisse en vue du bien commun.
La Question sociale, VALMORE GRATTON

Toute société tend à la perfection, parce que toute société tend au bonheur, et le bonheur, pour la société comme pour l'homme, n'est que la tranquillité de l'ordre.
Sermon national, H. HUDON

La fin de la société, c'est l'homme, c'est le bonheur, c'est l'avancement moral et intellectuel de l'espèce humaine entière.
Conférences, ÉTIENNE PARENT

Vivre en société, ce n'est donc pas simplement vivre les uns à côté des autres, dans une cohésion matérielle plus ou moins dense; mais c'est vivre les uns par les autres et les uns pour les autres.
Discours religieux et patriotiques, MGR PAUL-EUGÈNE ROY

Malheur à la société où la vie individuelle absorbe et dévore la vie sociale, où les ambitions de chacun heurtent les intérêts de tous, où les appétits de l'individu ne se satisfont qu'au détriment du bien général;...
Discours religieux et patriotiques, MGR PAUL-EUGÈNE ROY

... nos sociétés modernes, les moins recueillies, les plus avides de bruit et de frivolités, les plus répandues au dehors, sont aussi, de toute l'histoire, les plus pauvres en grands caractères.
L'Ilet au massacre, JOSEPH-CHARLES TACHÉ

L'homme est grégaire et cela lui impose une vie collective.
Le Roi de la Côte Nord, YVES THÉRIAULT

la soif

« Si vous avez soif, mordez-vous la langue. Ça passera, vous verrez », avait coutume de dire Sœur B..., quand un enfant insistait pour boire, entre les repas.
La Mort de Stella, ANNE HÉBERT

soi-même

Il faut penser à soi dans la vie! Sinon, qui va penser à nous autres pour nous?
L'Homme tombé, HARRY BERNARD

C'est quand même une consolation... de pouvoir se dire que son propre sort ne dépend que de soi-même!
Le Coureur de Marathon,
MURIEL GUILBAULT ET CLAUDE GAUVREAU

Le pays où l'on habitait était une étoile, et cette étoile on l'a trouvée, elle était au fond de soi.
Le Drapeau, JEAN-PIERRE LEFEBVRE

le soir

L'oiseau trouve toujours son plus touchant refrain
A cette heure où le soir vient fermer sa paupière;...
Rayons et Ombres, NAPOLÉON LEGENDRE

Il est dans la journée certain moment propre surtout à entretenir la vie de famille: c'est le soir.
Restons chez nous, DAMASE POTVIN

le soleil

Le soleil sonne aux portes
Et dans de grandes chambres
S'éveillent les bras blancs
De celle que l'on aime
Beauté de l'été, ELOI DE GRANDMONT

la solidarité

... unanimité de sentiment et de pensée, qui font de tous les Canadiens pour ainsi dire un seul homme.
De l'Influence, GUILLAUME LEVESQUE

la solitude

La solitude et la maussaderie font bon ménage, paraît-il.
La Vengeance des hommes, CLAUDE AUBRY

J'étais seul avant de vous rencontrer. Je serai plus seul encore quand je vous quitterai.
L'Insoumise, MARIE-CLAIRE BLAIS

Ma solitude ne me perd pas. Ma solitude est un abri.
Tête blanche, MARIE-CLAIRE BLAIS

La solitude du cœur est la souveraine épreuve.
Angéline de Montbrun, LAURE CONAN

Qu'on juge de la solitude d'un homme par la privation de tant de biens!
Une entrevue, ANDRÉ-ROMUALD CHERRIER

De nos jours la solitude est une denrée qui ne s'achète que sur le marché noir.
Qui est Dupressin?, GILLES DEROME

La solitude me convient, elle s'accorde à mon âme avec le silence, avec l'humilité et le dépouillement.
L'Ampoule d'or, LÉO-PAUL DESROSIERS

... comme tu parais souffrir dans la solitude que tu cherches sans cesse!
Le Frère et la Sœur, J. DOUTRE

Il n'y a pas d'amour sans solitude.
L'Étrangère, ROBERT ELIE

Si ma chanson est nostalgique,
C'est que je l'ai écrite seul.
Je chante, SYLVAIN GARNEAU

... la solitude fuit les êtres qui la cherchent et rejoint ceux qui n'en veulent pas.
Mademoiselle et son Fils, OLIVETTE LAMONTAGNE

Instant sans cesse recommencé
Je change toujours et toujours je suis seul.
                Instant sans cesse recommencé, GATIEN LAPOINTE

Heureuse solitude! Onde fraîche où se baigne
L'âme enfiévrée et triste et lasse infiniment,
Où le cœur qu'a meurtri l'existence, et qui saigne,
Embaume sa blessure ardente, en la fermant...
                Solitude, ALBERT LOZEAU

(Charge-toi de ta solitude
elle t'ira comme une grimace
et personne ne s'inquiétera de ta voix
puisque tu t'enfermeras dans le privilège
de n'être rien.)
                Quelle loi, ANDRÉ MAJOR

Quand un couple rompt toute amarre, il commence par se féliciter de sa solitude. Il considère cette solitude comme une garantie. Il accueille les premières tentations d'en sortir d'un esprit inquiet.
                Quand j'aurai payé ton visage, CLAIRE MARTIN

Il y a beaucoup de choses à voir, quand on est seul; beaucoup de bruits à entendre, dans le silence. Je regarde, j'écoute, et le temps passe.
                Contes et Propos divers, ADJUTOR RIVARD

Me voici dans mon désert, sèche et lucide; et je suis battue par tous les vents de l'âme.
                La Folle, FÉLIX-ANTOINE SAVARD

... le bien de l'homme est sa solitude et... il perd tout moyen lorsqu'il se joint à d'autres hommes.
                Ashini, YVES THÉRIAULT

Quand on vit seul toute l'année, tu sais, on finit par comprendre bien des choses.
                Louise Genest, BERTRAND VAC

le sommeil

Le sommeil, ce refuge et cette bénédiction.
                L'Aube de la joie, ANNE-MARIE

Oh! pourquoi me fuis-tu, clément sommeil d'hier?
Ce conscient néant me plaisait en ton rêve;
Pourquoi donc m'en ravir si tôt le charme amer?
                Au cimetière des nuits, SIMONE ROUTHIER

le songe

Tout songe est
Longue caresse d'univers!
D'ici longtemps, GASTON DE GUISE

Tout songe n'est que mensonge.
Entre nous, LÉON LEDIEU

le sort

Quand le sort se met sur le dos d'un homme, dettes, procès, malheurs de toutes sortes, il ne manque rien. Tout semble permis contre un homme seul et sans défense.
La Lettre, ARMAND FAILLE

Vents du ciel; deuil, soucis, chagrins où nous tombons,
Sont maudits des méchants et sont bénis des bons.
La Harpe éolienne et la Girouette, PAMPHILE LE MAY

... le sort de la plupart des hommes qui est de rester enchaînés à l'insignifiance de la vie:...
Alexandre Chenevert, GABRIELLE ROY

le souci

Ah! si tu savais, mon cher, que de soucis, de misère, se cachent quelquefois sous un paletot à la mode!
Jean Rivard, ANTOINE GÉRIN-LAJOIE

la souffrance

La souffrance est une des conditions de la vie, elle purifie les hommes pour le ciel. C'est le creuset d'où sortent les âmes fortes, dignes du bonheur suprême, qui est la possession de Dieu.
La Maison vide, HARRY BERNARD

Elle existait donc puisqu'elle souffrait,...
L'Insoumise, MARIE-CLAIRE BLAIS

Tu aimes souffrir pour contempler tes souffrances.
Le Dernier Beatnik, EUGÈNE CLOUTIER

... la souffrance ne vaut que pour les grands.
L'Étrangère, ROBERT ELIE

Souffrir! c'est encore le bonheur!
La Chapelle de Tadoussac, LOUIS-JOSEPH FISET

Elle souffrait de migraines et de vapeurs et s'arrangeait pour échapper le plus possible à son devoir conjugal.
Un grand mariage, ANNE HÉBERT

Je n'ai pas de joies profondes mais je ne souffre que superficiellement, d'une souffrance chronique que j'ai apprivoisée.
Poussière sur la ville, ANDRÉ LANGEVIN

Vous souffrez, c'est tant mieux!
Nous ne sommes pas ici
Pour être heureux, ma fille!
Chanceuse
Le Seigneur
Vous envoie des douleurs.
La Veuve, FÉLIX LECLERC

Faut-il être un faible pour souffrir?
L'Élixir, ROGER LEMELIN

Je sais que sans souffrance une âme est inutile.
Saisons mystiques, LUCIEN RAINIER

—Dieu va plus loin que nous autres. C'est lui qui a inventé de faire souffrir.
Alexandre Chenevert, GABRIELLE ROY

Tous ceux qui souffrent sont frères et sympathisent entre eux.
En guettant les ours, VIEUX DOC (Dr Edmond Grignon)

la soupe aux pois

... continuez à sarcler et à bêcher vos plates-bandes de pois, pour que notre grand mets tienne encore la première place dans les menus.
La Voix des sillons, ANATOLE PARENTEAU

le souper

Scène vraie et touchante est celle du souper
Qui réunit, le soir, la famille au foyer.
Le Souper du Jour de l'An, ÉDOUARD LAVOIE

le souvenir

L'air est à la rêverie
Et mon âme à la peine
En suivant la route progressive des souvenirs.
Il était un jardin, HÉLÈNE CHARBONNEAU

On ne dépouille pas ses souvenirs comme un vêtement fané.
Angéline de Montbrun, LAURE CONAN

Je veux rêver au passé qui s'écoule:
Mon cœur, mon âme ont soif de souvenirs!
Le Vieux Calvaire, APOLLINAIRE GINGRAS

Les nombreux souvenirs qui peuplent ma mémoire
Font vivre le passé, baume consolateur.
Le Retour à la chaumière abandonnée, ÉDOUARD LAVOIE

J'inviterai l'enfance à s'attarder le temps qu'il faut,
qu'elle empoche des images pour les soirées d'hiver,
pour les longues longues heures de l'adulte
qui n'en finit pas de pousser sur l'ennui.
J'inviterai l'enfance, FÉLIX LECLERC

Le souvenir, c'est la mélancolie, car le souvenir est toujours douloureux, soit qu'il vous rappelle un malheur ou un plaisir.
La Campagne, EUGÈNE L'ÉCUYER

Les mauvais souvenirs aiment jouer à la cachette...
Le Funambule, WILFRID LEMOINE

Votre souvenir est une blessure qui ne se refermera probablement jamais.
Souvenirs en accords brisés, ANDRÉE MAILLET

Ah! pourquoi certaines heures ne durent-elles pas toujours comme les souvenirs qu'elles laissent...
L'Appel de la terre, DAMASE POTVIN

Dans le plus triste de mes jours,
Que mon image retracée
Occupe un moment sa pensée
Du souvenir de mes amours!
Sur un ruisseau, JOSEPH QUESNEL

Quand on tient à ses souvenirs, on devrait fuir comme la peste les endroits où l'on a été heureux.
Ce qu'il faut de regrets, PAULE SAINT-ONGE

Le souvenir est dans la chair, on sait ce que fut la douleur, et il semble qu'elle est encore là,...
La Fille laide, YVES THÉRIAULT

—Pourquoi faut-il que les plus beaux souvenirs de ma vie se rattachent à une période de deuil, d'injustice, de cruauté...
La Fragilité des idoles, LUCILE VALLIÈRES

le sport

... le sport est affaire de naturel quand on est jeune, de vocation à partir du moment où vous soumettez votre corps à un entraînement ascétique et de présomption quand vous entrez dans les catégories mûrissantes.

Les Propos du timide, ALBERT BRIE

C'est distrayant, à ce qu'on dit. On jette une boule contre un tas de quilles. Ce n'est pas malin, mais il paraît que cela empêche de penser.

Alexandre Chenevert, GABRIELLE ROY

le succès

Le succès encourage toujours l'audace.

Lettres à une provinciale, ROGER DUHAMEL

Le succès est relatif et l'on passe vite à autre chose, mais hélas avec moins de bonheur encore.

Le Renouveau du théâtre, JEAN HAMELIN

Les succès n'enflent point un homme de génie,
Et s'il se montre fier, c'est qu'on le lui dénie.

Épître à M. Généreux Labadie, JOSEPH QUESNEL

La première condition, la plus sure garantie du succès dans toute position où l'on peut se trouver, c'est de bien connaître et apprécier les forces de son adversaire.

Importance de l'étude de l'économie politique, ÉTIENNE PARENT

la supériorité

Nous avons nos supériorités: les connaître nous justifie de les admirer et de les défendre. Si nous nous comparons, nous n'avons pas beaucoup à envier à autrui.

Pour une doctrine, ÉDOUARD MONTPETIT

la superstition

Quand qu'on manque de se marier par sa faute, on est tourmenté dans l'aut' monde par les fantômes de tous les enfants qu'on aurait pu avoir.

La Douce, FRANÇOISE (Robertine Barry)

C'est toujours mieux de jeter de l'eau bénite quand il tonne,...

Un homme et son péché, CLAUDE-HENRI GRIGNON

... un mort sur les planches, le dimanche, c'est de la mortalité dans l'année.
Marie-Didace, GERMAINE GUÈVREMONT

Des enfants marqués, pis des monstres... Tout ça parce que la mère avait vu quèque affaire pas chrétienne avant...
Les Vendeurs du temple, YVES THÉRIAULT

—Un pigeon: chagrin; deux pigeons: le bonheur qui s'en vient.
Légende dans « La Lettre de Jésus-Christ », LOUISE DARIOS

le survenant

Un survenant, si tu veux le savoir, c'est quelqu'un qui s'arrête à une maison où il n'est pas invité... et qui se décide pas à en repartir.
Le Survenant, GERMAINE GUÈVREMONT

la survie

... la survie devait être une préoccupation dont l'essence même niait l'individualité et les ambitions personnelles.
Aaron, YVES THÉRIAULT

survivre

Vivre est encore de l'artifice; survivre est tout autre chose: c'est une condition biologique, accidentelle, anormale, où la nature condamne la créature intelligente qui refuse d'imiter la bête.
Les Nomades, JEAN TÉTREAU

le syndicat

Ti-Jean, Ti-Jean, te voilà bien mal pris.
Parc'que tu chantes sans permis;
As-tu ta carte? Fais-tu partie de la charte?
Coutumance, FÉLIX LECLERC

tu

le tabac

Le tabac, c'est comme les femmes: quand on n'a jamais goûté à ça, on n'en a pas envie.
Vézine, MARCEL TRUDEL

se taire

Quand on n'a rien de fertile à dire, on devrait se la tenir fermée.
L'Avalée des avalés, RÉJEAN DUCHARME

—Fermez-vous la yeule, j'ai d'quoi à dire!
Les Vendeurs du temple, YVES THÉRIAULT

le talent

A quoi sert la science
L'âge et l'expérience
Si ce n'est pour le bien? Les talents sont un prêt:
A Dieu le capital, au prochain l'intérêt.
Le Crapaud et l'Éphémère, CHARLES LABERGE

la taverne

A la taverne les hommes se sentent à l'abri. Séparés des femmes par les barrières de la loi, ils s'abandonnent à des orgies de verbiage qui révèlent la multiplicité des opinions que peut émettre l'individu le plus ordinaire.
La Famille Plouffe, ROGER LEMELIN

le télégramme

On ne laisse pas attendre un télégramme; on imagine toujours qu'il est porteur d'une annonce tragique...
De retour: le 11 avril, HUBERT AQUIN

le téléphone

... de nos jours, le téléphone est devenu une vraie place publique.
Prochain épisode, HUBERT AQUIN

la télévision

Finies les soirées de T.V., finies les heures passées devant le petit écran à regarder n'importe quoi, n'importe quand.
Le Temps d'une bougie, ALAIN SAUVION

le témoin

... moi, j'ose pas trop regarder; je me dis: il vaut mieux parfois pas être témoin de certaines choses...
Vézine, MARCEL TRUDEL

le temps

Détruisant toute humaine chose,
Le temps ride nos fronts joyeux,
Et nos jours sont ce qu'est la rose
Qu'effeuille le vent sous nos yeux.
Pensées poétiques et politiques, ANONYME

... le temps passe,... Et après, devant Dieu, il ne reste que nous et nos œuvres.
La Maison vide, HARRY BERNARD

Le temps est un Niagara sur ma pauvre tête si jeune et si vieille.
Les Cartes postales, ROCH CARRIER

Rien de si fugitif que le temps. C'est une fumée qui s'élève et qui disparaît aussitôt; c'est le vol de l'oiseau qui ne laisse aucune trace derrière lui,...
Time is money, ALPHONSE GAGNON

Le temps ne possède pas de durée propre; il se synchronise au rythme des impatiences, des attentes, des faims, des désirs, des ennuis.
Le Doute, ANDRÉ GIROUX

Je t'ai dit que tout se calme à la longue, notre joie comme notre peine. Tout s'en va avec le temps.
>*Marie-Didace,* GERMAINE GUÈVREMONT

tout en nous
est flamme vive
à brûler le temps
>*Éclosion,* MADELEINE GUIMONT

Ferme les yeux, ferme les yeux,
Le vent passe, moi je demeure.
>*Sérénade des anges,* RINA LASNIER

Le temps passe et parfois ne change rien.
>*La Plus Belle Chose du monde,* MICHELLE LE NORMAND

on va vient
laid comme une blessure
on dit le temps passe
et c'est la vie qui a passé
>*Poésie?* ANDRÉ MAJOR

Qu'est-ce que le temps? Quelle est la figure de cet ennemi avec lequel je n'ai pas voulu transiger pour garder la paix.
>*Ma sœur,* ANDRÉE THIBAULT

Sous la lime du temps
Dans l'usure des jours
Je t'aime. Je te mens.
>*Patience,* GILLES VIGNEAULT

Nous dépensons dix fois le temps de vivre
A discourir sur l'ennui de mourir
Et nous passons le reste dans les livres.
>*Vouloir,* GILLES VIGNEAULT

le bon vieux temps

Le bon vieux temps dont on nous rabat si souvent les oreilles était-il aussi voisin de l'âge d'or et de la perfection que l'on est porté à le croire? Valait-il mieux que le nôtre?
>*Douze ou treize,* ALFRED DE CELLES

la tendresse

Avec des gestes doux et des paroles vaines,
On ne va pas offrir des tendresses humaines.
>*On ne m'a jamais dit,* CÉCILE CHABOT

La tendresse,... c'est tout ce que je demande pour vivre longtemps.
Lettres d'amour, MAURICE CHAMPAGNE

la tentation

Quand tu sens la tentation qui vient, prends ton chapelet et dis des prières.
Maria Chapdelaine, LOUIS HÉMON

... des tentations, c'est ça que la société nous a donné,... Des tentations d'un boutte à l'autre. Toute la saprée bastringue de vie est arrangée pour nous tenter.
Bonheur d'occasion, GABRIELLE ROY

On cède trop facilement aux tentations mauvaises quand on se croit invulnérable.
Les Vendeurs du temple, YVES THÉRIAULT

la terre

La première richesse d'un pays et sa principale force... c'est la terre.
La Terre, ERNEST CHOQUETTE

... l'avenir est à l'industrie, à la finance, aux affaires. La terre a fait son temps ici...
La Terre, ERNEST CHOQUETTE

Toute maternelle qu'elle est, la terre tient à ne mesurer ses largesses que sur les sueurs qu'on lui consacre; et sans relâche elle sollicite, gourmande, distribue partout ses commandements muets.
La Terre, ERNEST CHOQUETTE

... c'est une chose immense que cette confiance de l'homme qui confie à la terre une partie du grain qu'il a conservé.
Clairière, M. CONSTANTIN-WEYER

La terre était sa grande charmeuse, sa maîtresse, sa passion; pour elle, il ressentait presque autant d'amour que pour ses enfants.
La Terre ancestrale, LOUIS-PHILIPPE CÔTÉ

... ce sol qui ne rendait une maigre pitance qu'à force de labeurs prolongés...
Nord-Sud, LÉO-PAUL DESROSIERS

La terre, c'est la vie.
Marche ou crève, Carignan, ROBERT HOLLIER

... ici, la terre ne consent à nourrir que l'homme décidé à lui sacrifier tout son être entier;...
Restons chez nous, DAMASE POTVIN

Ah! c'est cela, c'est bien cela, la vie, la douce vie des champs! Un tourment continuel où les bêtes même deviennent des tyrans; des soucis constants, un labeur sans trêve.
Le Français, DAMASE POTVIN

Je ne sais ce que le bon Dieu a mis au fond des choses, mais il me semble que la terre a besoin de l'homme, de la sueur de son front, bien sûr, mais même de ses regards et de ses bonnes paroles.
La Dalle-des-morts, FÉLIX-ANTOINE SAVARD

... si ça va mal, jette-toi sur une terre; avec une terre, comprends-tu, on finit toujours par retomber sur ses pattes.
Vézine, MARCEL TRUDEL

la tête

Des fesses molles, c'est normal, une tête, pas.
La Tête molle, JEAN-JACQUES SIMARD

têtu

Têtu comme un Normand et autoritaire comme un roi, il fallait, devant lui, ou casser ou plier.
La Terre ancestrale, LOUIS-PHILIPPE CÔTÉ

Moi, je change pas d'idée. Moi, quand j'ai dit oui, c'est oui.
Bonheur d'occasion, GABRIELLE ROY

le théâtre

L'art de représenter n'est point un jeu folâtre,
Il faut du jurement pour briller au théâtre;...
Traité de l'Art dramatique, JOSEPH QUESNEL

la timidité

La gaucherie des timides est la caution de leur sincérité.
Les Propos du timide, ALBERT BRIE

le titre

Il faut bien faire quelque chose dans la vie, de préférence avec un titre.
                        Le Cœur d'une mère, JACQUES FERRON

la tradition

Nous avons apporté d'outre-mer nos prières et nos chansons: elles sont toujours les mêmes.
                        Maria Chapdelaine, LOUIS HÉMON

Il faut conserver notre joie, notre esprit, nos vertus et notre langue: c'est par tout cela que nous ferons survivre nos traditions.
                        Études et Croquis, MGR CAMILLE ROY

Ma gloire et mon bonheur, en tout temps, à tout âge,
Sera toujours d'aimer, de défendre à la fois
Nos institutions, notre langue et nos lois.
                        Hoc Erat in Votis, CHARLES TRUDELLE

le traître

—Un traître est plus dangereux qu'un fou,...
                        Pour la patrie, JULES-PAUL TARDIVEL

le travail

Le travail d'une personne instruite, surtout celui de la terre, est plus intelligent, plus attrayant que celui de l'automate qui travaille comme le bœuf laboure.
                        La Terre ancestrale, LOUIS-PHILIPPE CÔTÉ

... pour atteindre notre grand objectif national, il faut, comme arme, le travail.
                        Préface à « Ce que dit la jeunesse », ATHANASE DAVID

Je ne vois pas qu'on puisse mépriser le travail manuel sans mépriser aussi un peu l'ouvrier.
                        La Puissance des idées, ARMAND FAILLE

Ce n'est qu'en divisant le travail à l'infini que les savants ont pu parvenir à recueillir les notions que le monde possède aujourd'hui sur les diverses branches des connaissances humaines.
                        Jean Rivard, ANTOINE GÉRIN-LAJOIE

...il n'est pas de travail plus pénible que celui de chercher du travail.
Jean Rivard, ANTOINE GÉRIN-LAJOIE

Chapi, Chapeau, y'a pas de moisson
Sans sueur des fronts et sans colons.
Chanson des colons, FÉLIX LECLERC

Ce qui te manque... c'est le travail, du sel de sueur sur ton corps, du sel de sueur sur tes tempes, du sel dans ta pensée...
Le Fou de l'île, FÉLIX LECLERC

Ce sont de redoutables rivaux qu'amour et travail, surtout quand celui-ci subtilise les heures qu'on avait accoutumé de donner à celui-là.
Quand j'aurai payé ton visage, CLAIRE MARTIN

Sans le travail, l'intelligence de l'homme ne s'expliquerait pas;...
Du Travail chez l'Homme, ÉTIENNE PARENT

...le travail ne rapproche-t-il pas l'homme du Créateur en le rendant créateur lui-même?
Importance de l'étude de l'économie politique, ÉTIENNE PARENT

...rien ne chasse mieux l'angoisse que le travail, ce véritable opium des hommes.
Fuir, ALICE PARIZEAU

Le Travail, il est vrai, fit fleurir l'industrie,
Ouvrit dans tous les arts la carrière au génie;...
Travail et Paresse, OPHIR PELTIER

D'ailleurs j'aime cela, je les aime, moi, ces durs travaux du dehors; ça nous chasse les mauvaises idées,...
Restons chez nous, DAMASE POTVIN

C'est plus sûr de compter su nos bras, rien que su nos deux paires de bras...
Bonheur d'occasion, GABRIELLE ROY

Avec le travail, on arrive à bout de tout.
Feu follet, A.-H. DE TRÉMAUDAN

travailler

Pour quelle raison travailler, toujours lutter, quand les autres s'empressaient de vivre d'abord, de jouir le plus possible?
L'Homme tombé, HARRY BERNARD

Comme ça repose,... de regarder travailler les autres.
La Vie en rêve, LOUIS DANTIN

D'abord je sais bien que nous sommes sur la terre pour travailler: c'est le Créateur qui l'a voulu ainsi, et ce que l'homme a de mieux à faire, c'est d'obéir à cette loi.
Jean Rivard, ANTOINE GÉRIN-LAJOIE

Ce n'est pas de travailler qui importe,... mais d'être présent.
Le gouffre a toujours soif, ANDRÉ GIROUX

Il n'y a rien d'impossible pour qui travaille.
La Comédie infernale, UN ILLUMINÉ (Alphonse Villeneuve)

... c'est aussi ben pas travailler,... et y rester su le secours.
Bonheur d'occasion, GABRIELLE ROY

Ce n'est pas pour notre époque que nous travaillons, c'est pour l'avenir.
Quand même, A.-H. TRÉMAUDAN

la tristesse

La tristesse me salit: je la pompe, je l'avale par tous les pores, j'en suis plein comme un noyé.
Prochain Épisode, HUBERT AQUIN

... on apprend la tristesse en même temps que la vie.
Notre croix, LÉO-PAUL DESROSIERS

Elle avait gardé sa tristesse pour soi, laquelle la ternissait de l'intérieur, la vieillissait un peu...
Cotnoir, JACQUES FERRON

Aujourd'hui je ne vois qu'épines,
Et mon âme, sous les verroux,
Aime à vous voir, tombeaux, ruines,
Sombre et morne elle est comme vous.
Sombre est mon âme comme vous, PIERRE PETITCLAIR

Et ce n'est souvent que dans la tristesse et dans le malheur, que nous levons le cœur vers celle qui nous a bercés dans l'enfance et que nous l'appelons pour nous venir en aide...
Restons chez nous, DAMASE POTVIN

le trompe-l'œil

Le trompe-l'œil est un mensonge et par définition devrait nous faire horreur.
Marges d'histoires, OLIVIER MAURAULT

se tromper

Le plus grand de tous les malheurs pour les peuples, comme pour les individus, est de croire bien ce qui est mal, et de considérer bon ce qui est mauvais.

Les Boissons, C. CHINIQUY

tuer

Tuer confère un style à l'existence.

Prochain Épisode, HUBERT AQUIN

Il faut une haine profonde de la vie pour vouloir la supprimer chez les autres, ou en soi-même. Moi, je ne l'ai jamais aimée suffisamment pour en arriver à la haïr à ce point.

Les Témoins, EUGÈNE CLOUTIER

Ce n'est pas par haine que l'homme tue, mais par amour pour le sang.

Le Meurtre d'Igouille, ANDRÉE MAILLET

l'université

Tout ce qui peut ressembler à l'indépendance de caractère, à l'émancipation de certains principes, est banni de l'université, gardienne de la tradition... et de la vérité.

Les Demi-civilisés, JEAN-CHARLES HARVEY

utile

A défaut d'être heureux, ou même nécessaire à quelqu'un... on peut toujours être utile: pour cela, il suffit d'accomplir, au jour le jour, la montagne de besognes qui vous attend, en évitant, autant que possible, de regarder en arrière ou en avant.

Ce qu'il faut de regrets, PAULE SAINT-ONGE

V W Z

le vagabond

Un vagabond de battures, ça met le feu aux pêches, ça vole,... ça fait du mal,...
Le Fou de l'île, FÉLIX LECLERC

vaincre

Éternel battu, il demeurait éternel plaideur.
D'une ordonnance de 1706, HARRY BERNARD

On n'est vraiment vaincu que le jour où l'on croit l'être.
Les Demi-civilisés, JEAN-CHARLES HARVEY

la vanité

... la vanité populaire est plus fière des légendes qu'elle crée que de celles qu'on lui impose.
La Famille Plouffe, ROGER LEMELIN

La vanité, don du médiocre!
Les Remparts de Québec, ANDRÉE MAILLET

vendre

Il n'est pas bon de vendre ce que l'on aime.
Le Temps sauvage, ANNE HÉBERT

la vengeance

Ma vengeance est imminente!
Que le diable soit avec moi!
La Terre que l'on défend, HENRI LAPOINTE

la vérité

La vérité n'a pas de place nulle part. Dès qu'elle se montre, on la fuit. Et, en la fuyant, c'est aux autres qu'on laisse le poids du mensonge inévitable qui la suit toujours.
Isabelle, PIERRE DAGENAIS

La vraie vérité fait peur à bien des gens.
Florence, MARCEL DUBÉ

La vérité n'a pas souvent satisfait les masses. Enseignez aux hommes des choses claires, simples, presque évidentes, ils ne vous écouteront pas.
Les Demi-civilisés, JEAN-CHARLES HARVEY

Nous possédons la Vérité!
Orgueil sublime de la noble, de l'héroïque pauvreté,...
Le Funambule, WILFRID LEMOINE

La vérité du peuple est criée par la bouche des enfants.
Les Remparts de Québec, ANDRÉE MAILLET

Elle n'est jamais très belle, la vérité. Et elle n'est surtout pas faite pour ceux qui n'ont pas de tripes!
Les Taupes, FRANÇOIS MOREAU

Précieuse et redoutable avec sa puissance consternante, la vérité apparaît rarement dans les actes et dans les propos humains; elle est timide, fuyante, et se dérobe sous l'esprit des convenances;...
L'Appel de la terre, DAMASE POTVIN

la vermine

On ne lutte pas contre la vermine. On change de vêtements.
Poussière sur la ville, ANDRÉ LANGEVIN

les vers

Les vers les plus sacrés se faneront un jour,
Quand nos cœurs éprouvés deviendront philosophes.
Les Vers muets, JOVETTE BERNIER

Les vers que j'ai cueillis au jardin de ma vie,
Je veux Te les offrir, Maître de l'Univers:
Car c'est Toi que toujours je cherchais à travers
Les sentiers de la Poésie.
Pour toi, ALICE LEMIEUX

Tonneaux toujours sans fond, vos vers sont toujours vides,
Vides de poésie et vides de bon sens.
Aux poètes décadents, WILFRID LEMOINE

la vertu

Elle était la vertu en personne, hein—pudique au point de baisser les yeux quand un homme enlevait ses souliers.
Une saison dans la vie d'Emmanuel, MARIE-CLAIRE BLAIS

Entre la vertu ordinaire et la sainteté il y a un abîme.
Angéline de Montbrun, LAURE CONAN

... que d'hommes ont été ramenés à la vertu par l'influence magique d'une femme!
En chemin de fer, ALPHONSE GAGNON

La perte des vertus a toujours été le terme de la prospérité des empires.
Sermon national, H. HUDON

Je crève d'ennui au milieu de toute cette vertu.
La Montréalaise, ANDRÉE MAILLET

Le souvenir d'un plaisir satisfait est plus tenace que celui d'une vertu pratiquée contre son penchant.
Les Remparts de Québec, ANDRÉE MAILLET

La vertu existe peut-être dans l'amour mais elle est une denrée périmée...
Aaron, YVES THÉRIAULT

Je dois vous avouer que la vertu m'est bien plus difficile quand je mange de la viande rouge.
Saint-Pépin, P.Q., BERTRAND VAC

les vêtements

Ah! les toilettes! Aujourd'hui, le pauvre veut être vêtu comme le riche.
La Terre ancestrale, LOUIS-PHILIPPE CÔTÉ

Les vêtements de dimanche n'habillent pas bien les hommes.
Le Fou de l'île, FÉLIX LECLERC

Les vêtements renseignent sur le goût, le milieu social, et je pense que l'apparence est intimement liée à la personnalité d'un individu.
La Cloison, MINOU PETROWSKI

Pas de changeage de corps de laine une fois par semaine comme les jeunes d'à c't'heure! Une fois par mois c'était assez...
Les Vendeurs du temple, YVES THÉRIAULT

le vice

... toi, t'as pas un vice, pas un en tout. Seulement tu possèdes tous les défauts.
Le Survenant, GERMAINE GUÈVREMONT

Je connais ses vices, mais nous avons trop de souvenirs communs pour que je l'abandonne.
Les Demi-civilisés, JEAN-CHARLES HARVEY

Il existe des ruses instinctives, animales, je crois, qui permettent une sorte de snobisme du vice.
Cul-de-sac, YVES THÉRIAULT

la vie

La vie est un brillant mirage
Qu'un moindre souffle peut ternir;
La scène où se fait le partage
Du passé d'avec l'amour.
Mes sentiments, ANONYME

La vie est action: on doit agir pour vivre.
La vie est un combat: que chacun donc le livre,...
Agir, PAUL-ÉMILE BELLEAU

La vie est si fertile en soucieuses pleurs
Que les amants, tous seuls, y recueillent des fleurs...
A mon amie, J.-G. BARTHE

La vie est folle, or je suis en vie, donc je suis folle...
Quelqu'un pour m'écouter, RÉAL BENOIT

De même qu'hier, de même qu'aujourd'hui, de même que demain, la vie sera ce qu'elle est, ce que je suis et ce que nous sommes.
La Solitude d'être seul, FERNAND BREDZETH

La vie ne comporte pas de dénouement, et c'est Dieu qui s'est réservé le dernier acte.
Le Méchant, BERTHELOT BRUNET

Ce qui me reste à vivre ne vaut pas ce que j'ai vécu;...
Chroniques, Voyages, ARTHUR BUIES

Muse, console-moi pendant que sur la route
Où l'on va tristement sans espoir de retour
Je fuis, épouvanté, la mort, sombre vautour
Dont le vol effrayant poursuit l'être en déroute;...
Muse, console-moi, ARTHUR DE BUSSIÈRES

... depuis les premiers jours de l'histoire, la vie se plaît à réunir des êtres voués dès leur premier contact à leur destruction mutuelle.
Les Témoins, EUGÈNE CLOUTIER

... je suis fatigué de la vie mondaine, c'est-à-dire de la vie réduite en poussière.
Angéline de Montbrun, LAURE CONAN

... une vie dure est utile à la santé de l'âme et du corps.
Angéline de Montbrun, LAURE CONAN

Qu'est-ce que la vie! Quelque brillante que soit la pièce, le dernier acte est toujours sanglant. On jette enfin de la terre sur la tête et en voilà pour jamais!
Angéline de Montbrun, LAURE CONAN

Qui donne la vie, donne la mort.
Clairière, M. CONSTANTIN-WEYER

En ce monde, je ne veux être qu'un passant. Comme le sont, d'ailleurs, tous les autres.
Isabelle, PIERRE DAGENAIS

Tout est mensonge.
Seule est vraie la vie.
Pierres et Cendres, IRENA DE GRANDPRÉ

Est-ce là ce qu'on appelle être
Que vivre et puis sitôt mourir!
Langage d'un papillon, F.-M. DEROME

Dans la vie... il faut savoir se battre, se défendre, conquérir, réaliser ses rêves et ses désirs.
Qui est Dupressin?, GILLES DEROME

La vie est comme on l'a faite, c'est une folie que de vouloir la changer quand il est trop tard.
Florence, MARCEL DUBÉ

La vie, c'est plein de dangers, vingt-quatre heures par jour... Même quand on la passe enfermé dans sa maison!
Florence, MARCEL DUBÉ

La vie ne se passe pas sur la terre, mais dans ma tête.
L'Avalée des avalés, RÉJEAN DUCHARME

Il n'y a pas de lieux pour la vie, les lieux n'existent que pour les hommes, des lieux qui nous attendent pour se livrer.
La Vallée sacrée, HÉLÈNE FECTEAU

J'en suis au point d'où j'étais parti: c'est ma vie qui n'a servi à rien!
Le Cœur d'une mère, JACQUES FERRON

Le naturel et le spirituel se marient dans le cours ordinaire de la vie comme les couleurs de l'arc-en-ciel en fondant dans la limpidité de l'air.
Papa boss, JACQUES FERRON

La vie, quel cadeau splendide! C'était une grande fleur vivace; on n'avait qu'à s'y poser doucement, comme un papillon d'aurore.
Les Enfants qui s'aiment, CLAIRE FRANCE

... les hommes ont la manie de n'attacher d'importance qu'aux vies racontées.
La Fin des haricots, JEAN-LOUIS GAGNON

La vie se regarde vivre. Elle éclate de rire. Elle rit à travers ses larmes chaudes de rire.
Petites Proses comparées, MICHELINE GAGNON

On naît, on meurt. C'est bête. Souvent même, c'est répugnant.
Le Temps des Fêtes, ELOI DE GRANDMONT

La vie ne serait pas la vie si un malheur était triste du commencement à la fin et une joie, gaie d'un bout à l'autre.
En pleine terre, GERMAINE GUÈVREMONT

En dehors de la pensée, de la beauté et de l'amour, c'est-à-dire en dehors de la vie, rien n'a d'importance à mes yeux.
Les Demi-civilisés, JEAN-CHARLES HARVEY

J'arriverai sur notre infime planète sans y rien ajouter et j'en partirai sans y rien enlever.
Les Demi-civilisés, JEAN-CHARLES HARVEY

La vie et la mort en nous reçurent droit d'asile, se regardèrent avec des yeux aveugles, se touchèrent avec des mains précises.
Mystère de la parole, ANNE HÉBERT

Si la vie est mal faite, c'est à nous de la refaire. Et puis chacun pour soi.
Le Temps sauvage, ANNE HÉBERT

... cette vie où l'on tue pour vivre parce que la loi inexorable de la nature est que la vie se nourrit de vie et que chacun est tour à tour mangeur et mangé.
L'Inexorable Loi, JULES LARIVIÈRE

C'est si petit, une vie humaine.
Marie-Emma, ANDRÉ LAURENDEAU

La vie n'est pas la vie...
Mais triste comédie
Qu'il faut vite quitter
Avant que d'y goûter...
La mer n'est pas la mer, FÉLIX LECLERC

La vie a fait de moi ce qu'elle a voulu, tant qu'elle a voulu. Elle m'a ballotté comme une pelure d'orange sur le fleuve. J'ai jamais eu plus de gouvernail que ça.
Le Voleur de bois, FÉLIX LECLERC

Recommencer la vie, à quoi bon? C'est toujours la même histoire; un jour elle est bonne, le lendemain elle est mauvaise.
Fin de semaine, MICHELLE LE NORMAND

Pour atteindre l'aventure, il faut courir au-devant. Pour bien goûter la vie, il faut tout aimer,...
Le Nom dans le bronze, MICHELLE LE NORMAND

La vie n'est sans doute qu'une série de toquades.
La Plus Belle chose du monde, MICHELLE LE NORMAND

Et toute cette longue course et ce long et monotone effort pour aboutir à quoi? Pour atteindre l'autre rive, y faire un clapotement et mourir.
Au cap Blomidon, ALONIÉ DE LESTRES

(ah! que la vie est triste et que l'espoir est fou!)
Chanson, ROGER MAILLET

La vie est faite pour en jouir, donc prenons ce qui passe, profitons-en.
L'Autre Guerre, JEHAN MARIA

Le vivant naît,
Il grandit,
Il fait des petits,
Il vieillit,
Puis il meurt,
Et cela recommence.
La matière vivante témoigne, ÉMILE MULLER

... tant on aime cette misérable terre, cette vallée de larmes, et que personne ne veut quitter:...
Lectures sur l'univers, A. PAINCHAUD

Vrai, la vie dispose de nous et nous ne pouvons guère disposer d'elle...
Le Français, DAMASE POTVIN

Il est dans la vie des jours où l'on est obligé de faire bon cœur malgré soi, et que l'on voit venir avec une crainte que l'on a peine à dissimuler.
Restons chez nous, DAMASE POTVIN

A quoi bon se préoccuper de mille et une questions, quand la vie est si simple et facile?
Contes et Propos divers, ADJUTOR RIVARD

... on fait pas comme on veut dans la vie; on fait comme on peut.
Bonheur d'occasion, GABRIELLE ROY

La vie, la vie d'un homme! On n'a jamais calculé ça encore. C'est une chose si petite, si éphémère, si docile, la vie d'un homme.
Bonheur d'occasion, GABRIELLE ROY

Tant que l'on n'a pas été contenu en un regard, a-t-on la vie? A-t-on la vie si personne encore ne nous a aimé?
La Montagne secrète, GABRIELLE ROY

Pour ma part, s'il est une chose dont j'ai acquis la douloureuse expérience, c'est que la vie quotidienne, avec son misérable fardeau de travaux ultra-prosaïques, de petits tracas qui grugent sournoisement le meilleur de vous-même, est fatale à l'amour...
Ce qu'il faut de regrets, PAULE SAINT-ONGE

—C'est le bon Dieu qui mène la barque.
>*La Minuit,* FÉLIX-ANTOINE SAVARD

Crois-tu vraiment, ma fille, qu'on soit sur la terre pour être heureuse? On y est pour faire son devoir, voilà tout! La vie n'est pas un roman.
>*Mon fils pourtant heureux,* JEAN SIMARD

Chacun mange le fruit de sa vie.
>*Les Pierres de mon champ,* MARGUERITE TASCHEREAU

La vie est une fuite,... Une longue fuite. On s'enfuit toujours. Souvent parce que l'on n'a pas le courage de rester et faire face à... à tout.
>*Le Dompteur d'ours,* YVES THÉRIAULT

La laideur et la vie... c'est bien uni et bien lié.
>*La Fille laide,* YVES THÉRIAULT

C'est une suite de preuves dans la vie. On vit en se prouvant les décisions, en se prouvant les actes.
>*La Fille laide,* YVES THÉRIAULT

On croit sa vie en état de durer telle quelle jusqu'à la mort quand un événement, une personne bouleversent l'ordre des choses.
>*Ma sœur,* ANDRÉE THIBAULT

Ma vie n'est pas lente et profonde comme j'imagine une vie heureuse.
>*Ma sœur,* ANDRÉE THIBAULT

Pour moi, je préfère le certain à l'incertain et jouir en cette vie de tout ce que l'on en peut attendre.
>*Quand même,* A.-H. TRÉMAUDAN

Tout le monde se décrasse dans la vie.
>*Saint-Pépin, P.Q.,* BERTRAND VAC

La vie est bien difficile à vivre... bien difficile.
>*Louise Genest,* BERTRAND VAC

Je vous en prie, souriez, riez, la vie est belle.
>*Louise Genest,* BERTRAND VAC

On trouve la vie ennuyante et c'est de notre faute parce qu'on ne sait pas orienter notre liberté...
>*Les Heures rouges,* PAUL-GHISLAIN VILLENEUVE

le vieillard

Oh! que la solitude est immense, effrayante,
Autour de ce vieillard à la démarche lente.
Les Ages, HENRI-RAYMOND CASGRAIN

Près de l'autel où Jésus s'offre en holocauste
Égrenant leur rosaire entre leurs doigts tremblants,
Pieux, les doux vieillards, dès l'aurore, à leur poste
Courbent leur front pensif nimbé de cheveux blancs.
Les Vieillards en prière, ARTHUR LACASSE

Dès l'aurore, vêtus de noir, par les ruelles,
En des quartiers déserts qu'assiègent les brouillards,
Silencieusement les débiles vieillards
Cheminent d'un pas lent vers les humbles chapelles.
Vieillards, CLÉMENT MARCHAND

Le vieillard, s'il regarde en arrière, voit un point noir: c'est le passé lointain qui ne revient plus...
Coeurs et Homme de Coeur, ANTONIO PELLETIER

Il a vieilli dans le bien; l'écorce est un peu rude, mais le cœur est d'or.
Journal d'un vicaire de campagne, JOSEPH RAICHE

la vieille fille

Il n'y a que les vieilles filles,... pour s'imaginer qu'on puisse simuler l'amour.
La Terre, ERNEST CHOQUETTE

... un missel usé, une statue de la Vierge, une broche d'un sou, un bloc de camphre. Tout l'arsenal des vieilles filles pauvres.
Kamouraska, ANNE HÉBERT

C'était une très vieille fille à tête blanche,
Aux longs cils clignotants, aux lèvres sans couleur,
Qui parlait en posant les deux mains sur ses hanches;
Et dont le rire sourd n'avait plus de chaleur.
La Vieille Tante, BLANCHE LAMONTAGNE

la vieillesse

... les grandes douleurs abrègent la vie, et les chagrins profonds amènent rapidement les traces de la vieillesse.
Angéline, ALPHONSE GAGNON

Ainsi, nos jours frais et riants
S'envolent devant la vieillesse,
Qui, dans son passage, nous laisse
Courbés sous les neiges du temps!
Les oiseaux sont partis!, NAPOLÉON LEGENDRE

Je suis vieille, Seigneur, et je n'ai plus d'emploi
dans la jeune cité vouée à Notre Dame.
Elles mouraient ainsi..., LUCIEN RAINIER

vieillir

Vieillir, c'est accepter. On commence très lentement et très tôt à vieillir.
Des souvenirs usés, CHRISTIANE BACAVE

On est devenu ce qu'on est: pas beaux à voir, hein ma vieille carcasse?
La Morte-saison, JACQUES BRAULT

Je vieillis. Ma vie s'écoule rapide. Je descends le versant qui mène à la tombe.
Miscellanées, HENRI D'ARLES

Quand on vieillit on fait mieux les différences.
Qui est Dupressin?, GILLES DEROME

En vieillissant, vous verrez que la vie est lourde à porter.
Les Demi-civilisés, JEAN-CHARLES HARVEY

En vieillissant, on devient trop cérébral. On a trop de soucis, trop de travail, trop de vie à vivre.
Le Beau Risque, FRANÇOIS HERTEL

Oh! ce sol est aride où l'on marche sans cesse,
Où, débris par débris, on laisse sa jeunesse
Aux rochers de la route,...
La Mémoire, P. HUOT

Il y a trop de femmes qui font vieillir leur homme.
La Dalle-des-morts, FÉLIX-ANTOINE SAVARD

la Sainte Vierge

Que de biens répandus par ta douce présence!
Que de pleurs elle essuie et qu'elle fait d'heureux!
Honneur et gloire à toi, mère de bienfaisance!
Honneur à toi, reine des cieux!
Hymne à Marie, E.C. (INCONNU)

le vieux

Il arrive que si les vieux n'ont pas été assez méfiants, un jour en revenant de vêpres ou d'une visite à un rentier de leur connaissance, ils trouvent leurs bagages sur la galerie.
Mes voisins, RÉAL BENOIT

Les vieux, c'est si peu amusant,...
La Terre, ERNEST CHOQUETTE

C'était un petit vieux
Abandonné, teigneux,
Plié par le milieu,
Au front livide, aux yeux
Ternis, à la barbe grise.
Le Petit Vieux, LIONEL LÉVEILLÉ

le village

... le village, c'est-à-dire la croisée des chemins devant l'église, représentait le centre de la vie sociale, où une personne qui paraît en négligé est déshonorée à tout jamais aux yeux des femmes.
Vézine, MARCEL TRUDEL

... dans une société de village, aucune alliance n'est sûre, il n'y a que des adversaires qui guettent leur occasion.
Vézine, MARCEL TRUDEL

Au village, on n'a pas le droit d'être malheureux. Quand on l'est, il ne faut pas le dire et surtout pas essayer d'y changer quelque chose. Une fois dans le fossé, dans le fossé pour la vie!
Louise Genest, BERTRAND VAC

la ville

Ces petites villes de province, c'est étonnant comme elles nous tiennent. Quand on y est, il semble qu'on ne vit pas, qu'on étouffe dans un monde renfermé. On voudrait se dégager, se libérer des faits mesquins et des habitudes qui vous y rivent, vous enchaînent de toute la force de leur banalité tyrannique.
L'Homme tombé, HARRY BERNARD

La ville est sourde et folle
Elle n'entend ni ne comprend.
La Ville folle, MONIQUE BOSCO

Malheureusement, la ville est un gouffre: les pousses les plus vigoureuses s'y étoilent après la deuxième génération; et combien d'infortunés y sombrent peu après y avoir été transplantés.
La Terre ancestrale, LOUIS-PHILIPPE CÔTÉ

—Si tu savais, mon cher enfant! comme on est vite ennuyé de ces plaisirs de la ville, qui souvent ne sont que des occasions de pécher.
La Terre ancestrale, LOUIS-PHILIPPE CÔTÉ

... la grande ville est une création de l'homme et l'homme s'y trouve orphelin de sa vraie mère, qui est la nature.
Les Condisciples, ANDRÉ DUVAL

—La ville... c'est plus beau de loin que de proche.
En pleine terre, GERMAINE GUÈVREMONT

La ville est mauvaise comme un champ d'herbe à puces. L'air qu'on y respire est pollué, l'eau qu'on y boit sent l'eau de javel, et les enfants s'étoilent là-bas comme des oiseaux en cage.
Le Temps sauvage, ANNE HÉBERT

—On n'est pas toujours heureux dans les villes,... Tout est cher, on vit enfermé.
Maria Chapdelaine, LOUIS HÉMON

... la vie des villes expose à toutes sortes de dangers.
Jean Rivard, ANTOINE GÉRIN-LAJOIE

Toutes les petites villes de la région ont un quartier préservé où les notables habitent des maisons cossues entourées de pelouses et de fleurs. Ici point.
Poussière sur la ville, ANDRÉ LANGEVIN

Comme toutes les autres choses qui finissent sur cette terre, bientôt vint le temps de boucler les malles pour s'enfuir vers la ville.
La Voix des sillons, ANATOLE PARENTEAU

Cette envie d'aller vivre dans les villes,... quand ça prend nos garçons, ça les lâche plus.
Le Français, DAMASE POTVIN

Sale poussière de ma ville
Durs barreaux de ma prison
Poison trahison de tous nos droits
Il nous faut vaincre l'asphalte brûlant.
La Ville, RAYMOND RABY

... l'monde d'la ville, c'est ça qui nous met dans l'malheur. C'est ceux-là que l'bon Dieu punit...!
Les Vendeurs du temple, YVES THÉRIAULT

... ma ville, où la bigoterie et les commérages étaient de beaucoup les préoccupations les plus importantes.
Cul-de-sac, YVES THÉRIAULT

le vin

Le vin vous rend aigre, comme du vinaigre...
La Fontaine de Paris, ELOI DE GRANDMONT

la violence

La violence, pour moi, c'est une maladie.
Le Funambule, WILFRID LEMOINE

la virginité

La virginité n'est pas une condition physique, c'est un état d'âme.
Le Dernier Beatnik, EUGÈNE CLOUTIER

L'être vierge agrandit démesurément toutes les idées, toutes les émotions, toutes les sensations.
Les Demi-civilisés, JEAN-CHARLES HARVEY

le visage

Les visages, beaux ou laids, ne servent à rien.
L'Avalée des avalés, RÉJEAN DUCHARME

Oh! oui, que j'aime à voir ce front et ce sourire
Sur ton visage pur, déjà que j'aime à lire;...
Le Père à sa fille, GALLET

...un visage d'enfant est un beau livre ouvert.
La Petite Sacristine, MICHELLE LE NORMAND

Il y avait dans son visage l'homme qu'il allait devenir et l'enfant qu'il avait été.
Une visite à la mer, CHARLES SOUCY

vivre

Je n'étais pas né pour exister, j'étais né pour vivre;...
Le Chercheur de Trésors, PHILIPPE AUBERT DE GASPÉ (fils)

Je ne connais de solitude autre que de l'homme
Je ne connais de plénitude autre que de vivre.
Tout mon sang s'anordit, MAURICE BEAULIEU

Vivre, c'est sentir son âme, toute son âme. C'est aimer, aimer de toutes ses forces, toujours, jusqu'à la fin, et jusqu'au sacrifice.
La Maison vide, HARRY BERNARD

Pour tout ce que la vie offre de magnanime
Dans ses gestes d'humanité;
Pour la lutte d'où l'on sort poudreux, mais sublime
Pour l'angoissante vérité;
Pour tout, j'ai proclamé ma volupté de vivre
Sans fausse honte et sans orgueil,...
C'est alors que l'on sait, JOVETTE-ALICE BERNIER

On ne vit pas en Canada, on se regarde vivre les uns les autres.
Extrait de La Lanterne, ARTHUR BUIES

Mieux vaut vivre accidentellement que de mourir sans savoir pourquoi!
Les Témoins, EUGÈNE CLOUTIER

Le refus de vivre s'est tapé dans ma volonté.
L'Ampoule d'or, LÉO-PAUL DESROSIERS

C'est vraiment une grande misère de vivre sur la terre,...
Quand la vie est pesante et amère, c'est le temps de méditer.
L'Ampoule d'or, LÉO-PAUL DESROSIERS

Vivre pour rien, ne laisser de son passage qu'une trace évanescente, une boucle, un fion, c'est un sort dont le spectacle ne mène pas loin; il commence, il finit et l'on n'en parle plus.
Le Cœur d'une mère, JACQUES FERRON

Vivant dans ce milieu de contraintes, sans aucune initiative personnelle, j'étais une chose inerte, passive, purement réceptive.
Les Demi-civilisés, JEAN-CHARLES HARVEY

... une fois qu'on a commencé de vivre, ça n'en finit plus.
La Robe corail, ANNE HÉBERT

—Je crois que l'art de vivre pleinement ne consiste pas tant à compliquer les choses simples qu'à simplifier celles qui ne le sont pas.
Le Beau Risque, FRANÇOIS HERTEL

... je veux avancer et non pas reculer; je veux vivre et je veux mourir. Et j'ai hâte.
Fin de semaine, MICHELLE LE NORMAND

Passé, avenir, pourquoi l'homme ne sait-il vraiment vivre dans l'un ou dans l'autre, au mépris du présent?
Passé, avenir, MICHELLE LE NORMAND

Vivez doucement, vivez doucement, apprenez à vivre au rythme des plantes; la vie est si douce.
Les Remparts de Québec, ANDRÉE MAILLET

d'un astre à l'autre
jamais lassé de vestige
tu as vécu ton rêve
et disparais
D'un astre à l'autre, OLIVIER MARCHAND

... lorsqu'une fois l'habitude est prise de vivre à grandes guides, il est extrêmement difficile de ramener au pas tous ses appétits lancés au galop.
Kirouet et Cantin, JOSEPH MARMETTE

Vivre c'est fuir de dos.
Être heureux, le midi,
Faire face à la vie,
Regarder haut!

Victoire, LÉON PINARD

Avant de savoir les mots pour vivre, il est déjà temps d'apprendre à mourir.
Recours au pays, JEAN-GUY PILON

Pour vivre la vie de tous les jours sans être écorché, il faudrait des sentiments moyens, une bonne dose de philosophie et pas mal d'égoïsme.
Ce qu'il faut de regrets, PAULE SAINT-ONGE

Qu'il fait bon vivre, mais comme c'est apeurant.
J'aime encore mieux le jus de betterave, ALAIN STANKÉ

—Tant d'années à attendre le lendemain! J'ai l'impression de vivre depuis toujours,...
Louise Genest, BERTRAND VAC

Sans s'en rendre compte, il avait vécu comme un automate depuis vingt ans, dormi, mangé, travaillé et arrondi le chiffre de son compte en banque.
Saint-Pépin, P.Q., BERTRAND VAC

voir

Laisse-moi seulement fermer mes yeux
Laisse-moi seulement poser les paumes de nos mains
   sur mes paupières
Laisse-moi ne plus te voir.
Avec ta robe. . ., ALAIN GRANDBOIS

J'appuie des deux mains et du front sur la vitre
Ainsi, je touche le paysage,
Je touche ce que je vois,
Ce que je vois donne l'équilibre
A tout mon être qui s'y appuie.
Je regarde dehors par la fenêtre, JEAN-AUBERT LORANGER

Moi, ça ne peut m'échapper: quand je dévisage une personne, je vois au fond.
Vézine, MARCEL TRUDEL

le voisin

. . . le voisin, presque un membre de la famille,. . .
La Terre ancestrale, LOUIS-PHILIPPE CÔTÉ

Pas même connaître ses voisins! Mais ça doit être ennuyant à mourir. . .
Alexandre Chenevert, GABRIELLE ROY

le voleur

Le problème posé à chaque homme pour réussir et faire fortune est celui-ci: Voler plus qu'on ne vous volera.
Les Voleurs, ANONYME

De malhonnête à voleur, il n'y a qu'un pas,. . .
Souffrida, JOSEPH-G. BOURGET

. . . on vole pas les gens riches. On les chipe.
Têtes fortes, ARMAND ROY

la volonté

Je veux vouloir! Voilà! le premier pas est fait!
Chaque jour, PAUL-ÉMILE BELLEAU

. . . l'homme sait bien ce qu'il désire—mais souvent une main inconnue se complaît à le frapper avec une sanglante ironie dans l'accomplissement même de ses vœux les plus caressés.
Le Médecin des pauvres, XAVIER DE MONTÉPIN

La résistance de la nature humaine étonnera toujours les médecins et les philosophes. Il semble en effet qu'il n'y ait pas de circonstances assez mauvaises ni d'obstacles assez gros que l'homme ne puisse vaincre.
Les Nomades, JEAN TÉTREAU

le vote

On est pas icitte pour faire les moutons, on est icitte pour voter pour ou contre...
Les Vendeurs du temple, YVES THÉRIAULT

vouloir

... on sait rarement ce qu'on veut et jamais ce qu'on voudra:...
Angéline de Montbrun, LAURE CONAN

« Je veux » n'est pas la loi du monde.
Souvenirs en accords brisés, ANDRÉE MAILLET

N'oublie pas qu'une jeune fille peut toujours résister à tout, à condition qu'elle le veuille...
Maldonne, ARTHUR PRÉVOST

Ce que je veux, je m'arrangerai pour l'obtenir. Mais il faut savoir ce qu'on veut.
Élizabeth, ANDRÉE THIBAULT

le voyage

L'art du voyage réside tout entier dans le partage à faire de la ligne et de la couleur.
Cap aux Antilles, GUY DESILETS

Les voyages lointains, quand on en fait la somme,
N'offrent rien de plus doux que la paix du hameau
Wanderlust, ROSAIRE DION

Ami, si tu t'ennuies,
Va-t'en sur les chemins.
La Bonne Entente, SYLVAIN GARNEAU

Il est vrai qu'après la musique, rien n'ouvrit le cœur comme de voyager d'un pays à l'autre; c'était la meilleure façon de comprendre les peuples;...
La Petite Poule d'eau, GABRIELLE ROY

Il est vrai, les plus beaux voyages ne coûtent que de ne pas compter ses pas.
La Montagne secrète, GABRIELLE ROY

On n'a pas besoin d'aller voir tous les pays du monde pour les connaître. Il y a les journaux, les livres, pour se tenir au courant.
Feu follet, A.-H. TRÉMAUDAN

Les voyages donnent au moins quelque chose: des sensations, qui deviendront peut-être des souvenirs.
Voyage sans suite, ROUSSEL VIEN

Westmount

Westmount, la cité des arbres, des parcs et des silencieuses demeures...
Bonheur d'occasion, GABRIELLE ROY

le zèle

—Méfiez-vous de vos emportements. Le zèle trop ardent brûle plus qu'il réchauffe.
Le Festin des morts, ALEC PELLETIER

INDEX

A

abandon (l'),	9
abondance (l'),	9
absence (l'),	9
abuser,	10
Acadien (l'),	10
accueil (l'),	10
acte (l'),	10
adapter (s'),	10
adieu (l'),	11
admiration (l'),	11
adolescent (l'),	11
adulte (l'),	11
affaires (les),	12
affection (l'),	12
agir,	16
agonie (l'),	16
agriculteur (l'),	16
agriculture (l'),	16
aide (l'),	16
alcool (l'),	17
almanach (l'),	17
amant (l'),	17
ambition (l'),	17
âme (l'),	19
amender (s'),	20
américanisme (l'),	20
Amérique (l'),	20
ami (l'),	20
amitié (l'),	21
amour (l'),	22
amour-propre (l'),	32
amuser (s'),	32
ancêtres (les),	33
ange (l'),	33
Anglais (les),	33
anglais (l'),	35
Angleterre (l'),	35
Angoisse (l'),	36
animal (l'),	36
anneau (l'),	36
anonymat (l'),	36
antéchrist (l'),	36
apathie (l'),	36
apparence (l'),	37
appétit (l'),	37
apprendre,	37
arbre (l'),	37
arbre généalogique,	38
architecture (l'),	38
argent (l'),	38
aristocratie,	40
armée (l),	41
art (l'),	41
artiste (l'),	41
ascenseur (l'),	42
athèle (l'),	42
attente (l'),	42
aube (l'),	43
automne (l'),	43
autorité (l'),	44
avarice (l'),	44
avenir (l'),	44
aventure (l'),	46
avocat (l'),	46
avril,	47

B

baiser (le),	48
banalité (la),	48
Banff,	48
baptême (le),	48
beauté (la),	49
bébé (le),	50
bedeau (le),	50
bénédiction (la),	51
ber (le),	51
bibliothèque (la),	51
Bic,	51
bien (le),	51
bizarre,	51
Blancs (les),	52
bois (le),	52
bonheur (le),	52
bourgeois (le),	56
braconnier (le),	56
bruit (le),	57
brute (la),	57

C

cabane (la),	58
cadeau (le),	58
calomnie (la),	58
calvaire (le),	58
campagne (la),	59
Canada (le),	59
Canada français (le),	61
Canadien (le),	62
Canadien français (le),	65
Canayen (le),	69
capitalisme (le),	69
caprice (le),	69
caractère (le),	69
cartes (les),	69
catalogue (le),	70
catéchisme (le),	70
catholicisme (le),	70
cause (la),	70
célibataire (le),	70
cerveau électronique (le),	71
chagrin (le),	71
chair (la),	71
chance (la),	71
changement (le),	71
chanter,	72
chantier (le),	72
chapelet (le),	72
charité (la),	72
charivari (le),	73
chasse (la),	73
château (le),	73
chauve (le),	74
chef (le),	74
chemin du Roi (le),	74
chercher,	74
choix (le),	74
chômage (le),	75
chrétiens (les),	75
ciel (le),	75
cimetière (le),	76
citadin (le),	76
citation (la),	76
civilisation (la),	77
classe sociale (la),	77
club (le),	77
cœur (le),	77
colère (la),	78
collège (le),	79
colon (le),	79
commérage (le),	80
commerce (le),	80
communication (la),	80
communisme (le),	81
compétence (la),	81
comprendre,	81
compromettre,	82
compromis (le),	82
concurrence (la),	82
confession (la),	82
confessionnal (le),	82
confiance (la),	83
confidence (la),	83
confort (le),	83

connaissance (la),	83	deuil (le),	99	espoir (l'),	123
conscience (la),	83	deuil (faire son),	100	esprit (l'),	124
conseil (le),	83	devoir (le),	100	Esquimau (l'),	124
contentement (le),	83	dévouer (se),	100	estime (l'),	124
contradiction (la),	84	diable (le),	100	Etats-Unis (les),	124
contrition (la),	84	dicton (le),	101	été (l'),	124
contrôler (se),	84	Dieu,	101	étoile (l'),	125
convaincre,	84	dignité (la),	103	étranger (lieu),	125
conversation,	84	dimanche (le),	103	étranger (l'),	125
coquette (la),	84	dîme (la),	103	étude (l'),	128
coquetterie (la),	85	diplomate (le),	103	étudiant (l'),	129
coup (le),	85	discipline (la),	103	évasion (l'),	129
coupable (le),	85	discussion (la),	104	événement (l'),	129
couple (le),	85	discuter,	104	évêque (l'),	129
courage (le),	85	disputer (se),	104	excuse (l'),	130
coureur des bois (le),	86	distinction (la),	104	exemple (l'),	130
coutume (la),	86	dompter,	104	exigence (l'),	130
couvent (le),	86	donner,	104	exil (l'),	130
craindre,	87	dormir,	105	existence (l'),	131
création (la),	87	dos (le),	105	exode (l'),	131
crédit (le),	87	douceur (la),	105	expérience (l'),	132
criée (la),	88	douleur (la),	105	extrêmes (les),	132
crime (le),	88	doute (le),	106		
croire,	88	drame (le),	106		
croix du chemin (la),	88	droit (le),	106	**F**	
crosse (la),	89	drôle,	107		
croyance (la),	89	dynamique,	107	faiblesse (la),	133
cultivateur (le),	90			faim (la),	133
culture (la),	90	**E**		famille (la),	133
curé (le),	91	eau (l'),	108	fantôme (le),	134
curiosité (la),	92	échec (l'),	108	fatalisme (le),	134
		école (l'),	108	fatuité (la),	134
D		économie (l'),	109	faux,	135
damnation (la),	93	écrire,	109	faveur (la),	135
danger (le),	93	écrivain (l'),	110	félicité (la),	135
danser,	93	éducation (l'),	111	féminisme (le),	135
décembre,	94	effort (l'),	112	femme (la),	135
déception (la),	94	égalité (l'),	112	Fêtes (les),	142
déchéance (la),	94	église (l'),	113	feu (le),	142
défauts (les),	94	Eglise (l'),	113	feuilles (les),	142
défendre,	95	égoïsme (l'),	113	fiancé (le),	142
défense (la),	95	élections (les),	114	fierté (la),	142
défi (le),	95	élève (l'),	115	fille (la),	143
demain,	95	élite (l'),	115	fille-mère (la),	144
déménagement (le),	95	éloignement (l'),	115	fillette (la),	144
départ (le),	96	embrasser (s'),	115	fils (le),	144
dépendance (la),	96	émigration (l'),	115	fin (la),	145
député (le),	96	endetter (s'),	116	foi (la),	145
désaccord,	97	enfance (l'),	116	folie (la),	146
désert (le),	97	enfant (l'),	117	folklore (le),	146
désespoir (le),	97	enfer (l'),	121	fonctionnaire (le),	146
désir (le),	98	ennemi (l'),	121	fort,	146
désirer,	98	ennui (l'),	121	fortune (la),	146
désordre,	99	enthousiasme (l'),	122	fou (le),	147
destin (le),	99	épreuve (l'),	122	foyer (le),	147
détail (le),	99	érable (l'),	122	Français (le),	147
détresse (la),	99	esclavage (l'),	122	français (le),	147
				France (la),	148

franchise (la),	149	**I**		langue (la),	190		
fraternité (la),	149	idéal (l'),	169	Laurentides (les),	190		
fréquentations (les),	149	idée (l'),	169	lecture (la),	190		
frère (le),	149	idée noire (l'),	170	lettre (la),	191		
fuir,	149	idole (l'),	170	liberté (la),	191		
fumer,	150	ignorance (l'),	171	lire,	192		
funérailles (les),	150	illusion (l'),	171	littérature (la),	192		
G		imagination (l'),	172	livre (le),	193		
gaffe (la),	151	immigration (l'),	172	loisir (le),	194		
garçon (le),	151	immobilité (l'),	172	loup (le),	194		
garçon (le vieux),	151	immortalité (l'),	172	loyauté (la),	195		
générosité (la),	152	impatience (l'),	173	Lune (la),	195		
génie (le),	152	impuissance (l'),	173	lune de miel (la),	195		
geste (le),	152	incompétence (l'),	173	lutte (la),	195		
inconnu (l'),		173					
gloire (la),	152	incroyant (l'),	174	**M**			
gouvernement (le),	153	indépendance (l'),	174	mai,	196		
grâce (la),	153	Indien (l'),	174	maigre,	196		
grandeur (la),	153	indifférence (l'),	174	main (la),	196		
grossesse (la),	153	individualisme (l'),	175	maison (la),	197		
grosseur (la),	154	industrie (l'),	175	maître (le),	197		
groupe (le),	154	infidélité (l'),	175	maîtresse de maison			
guerre (la),	154	ingrat (l'),	176	(la),	197		
		injure (l'),	176	mal (le),	197		
H		inquiétude (l'),	176	malade (le),	198		
habitant (l'),	155	instinct,	177	maladie (la),	198		
habitude (l'),	156	instituteur,	177	malchance (la),	198		
haine (la),	156	instruction (l'),	177	mâle (le),	199		
hameau (le),	157	intellectuel (l'),	178	malheur (le),	199		
hasard (le),	157	intelligence (l'),	178	malheureux (le),	200		
hasarder,	157	intolérance (l'),	179	manger,	200		
hâte (la),	158	Italien (l'),	179	manières (les),	200		
hâter (se),	158	ivrognerie (l'),	179	Manitoba (le),	200		
héritage (l'),	158			marcher,	201		
héritier (l'),	158			mari (le),	201		
héroïsme (l'),	159	**J**		mariage (le),	201		
héros (le),	159	jalousie (la),	180	marin (le),	203		
heureux,	160	jansénisme (le),	181	masse (la),	203		
Histoire (l'),	160	jeu (le),	181	matérialisme (le),	203		
histoire (l'),	161	jeûne (le),	182	matin (le),	204		
historien (l'),	161	jeune (le),	182	maturité (la),	204		
hiver (l'),	161	jeunesse (la),	183	mauvais,	204		
hommage (l'),	163	joie (la),	184	méchanceté (la),	204		
Homme (l'),	163	joual (le),	185	mécontentement (le),	205		
hommes (les),	164	jouissance (la),	185	médecin (le),	205		
honnêteté (l'),	166	jour (le),	185	médiocrité (la),	205		
honneur (l'),	166	journal (le),	186	méfiance (la),	206		
hôpital (l'),	167	journaliste (le),	186	mélancolie (la),	206		
hospitalité (l'),	167	juge (le),	186	mémoire (la),	206		
hostie (l'),	167	juif (le),	186	ménage (le),	207		
humain,	167	justice (la),	187	mensonge (le),	207		
humanité (l'),	167			menteur (le),	207		
humble (l'),	167	**L**		mentir,	207		
humeur (la bonne),	168	Labrador (le),	189	mépris,	207		
humilier,	168	lâcheté (la),	189	mer (la),	208		
humilité (l'),	168	laideur (la),	189	mère (la),	208		
hypocrite (l'),	168	langage (le),	190	messe (la),	209		

métier (le),	209
millionnaire (le),	210
misère (la),	210
missionnaire (le),	211
mode (la),	211
mœurs (les),	211
monde (le),	211
monologue (le),	212
Montréal,	213
Mont-Royal (le),	213
mort (la),	213
mort (le),	216
mot (le),	217
mourir,	217
mûrir,	218
musique (la),	219
mystère (le),	219
mysticisme (le),	219

N

naissance (la),	220
naître,	220
naïveté (la),	221
nation (la),	221
nationalité (la),	221
nature (la),	221
négligence (la),	222
neige (la),	222
nervosité (la),	223
New York,	223
Noël,	223
noirceur (la),	223
nom (le),	223
nord (le),	224
Nord-Est (le),	225
Normand (le),	225
notaire (le),	225
nouveau-né (le),	225
Nouvelle-France (la),	225
noviciat (le),	226
nuit (la),	226

O

obéir,	227
obligation (l'),	227
oisiveté (l'),	227
Ontario (l'),	228
opportunisme (l'),	228
optimisme (l'),	228
orange (l'),	228
ordre (l'),	228
orgueil (l'),	228
originalité (l'),	229
Ottawa,	229
oubli (l'),	229
œuvre (l'),	229
ouvrier (l'),	230

P

paganisme (le),	231
paix,	231
palabre (le),	232
paradis (le),	232
parents (les),	232
paresse (la),	232
pardon (le),	233
Paris,	233
parler,	233
paroisse (la),	234
parole (la),	234
parti (le),	235
partout,	235
parvenu (le),	235
passé (le),	235
passion (la),	237
paternité (la),	237
patience (la),	237
patrie (la),	238
patriote (le),	238
patriotisme (le),	238
pauvre (le),	239
pauvreté (la),	241
paysage (le),	241
paysan (le),	241
péché (le),	243
pécher,	243
peine (la),	244
pensée (la),	244
penser,	244
Père (le),	245
perfection (la),	245
personne (la grande),	245
pessimisme (le),	246
pessimiste (le),	246
peuple (le),	246
peur (la),	247
philosophie (la),	247
pionnier (le),	247
pitié (la),	248
Plaines d'Abraham (les),	248
plaisir (le),	248
pleurer,	249
pluie (la),	249
poésie (la),	249
poète (le),	250
pois (le),	251
Pôle Nord (le),	251
police (la),	251
politesse (la),	251
politique (la),	251
politicien (le),	252
pratique,	253
présent (le),	253
presse (la),	254
prêtre (le),	254
prier,	255
printemps (le),	255
prison (la),	256
prix (le),	256
professeur (le),	256
profession (la),	256
promesse (la),	256
protestant (le),	256
providence (la),	257
psychiâtrie (la),	257
puissance (la),	257
punition (la),	257
pureté (la),	257
puritain (le),	257

Q

Québec (le),	258
Québec,	259
Québécois (le),	259
question (la),	260
quêteux (le),	260

R

race (la),	262
raison (la),	263
raisonner,	263
rancune,	263
réalité (la),	264
récompense (la),	264
réfléchir,	264
refus (le),	264
regard (le),	265
religieuse (la),	265
religion (la),	265
Remparts de Québec (les),	266
repas (le),	266
réponse (la),	266
repos (le),	266
résignation (la),	266
respect (le),	267
responsabilité (la),	267
réussir,	267
rêve (le),	268
révolution (la),	270
rhumatisme (le),	271
riche (le),	271
richesse (la),	271
rire (le),	271
Rocher Percé (le),	272
roman (le),	272
rose (la),	272
routine (la),	272
rue (la),	273
rumeur (la),	273
ruse (la),	273

321

S

sacrifice (le),	274
sagesse (la),	274
Saguenay (le),	275
saint (le),	275
Saint-Henri,	275
Saint-Laurent (le),	275
sang (le),	276
santé (la),	276
satire (la),	276
sauvage (le),	276
sauvage,	277
savant (le),	277
savoir,	277
scandale (le),	277
scandaliser,	277
science (la),	278
scrupule (le),	278
sécurité (la),	278
seigneur (le),	278
semaine (la),	279
séminariste (le),	279
sens (le bon),	279
sentiment (le),	279
séparatisme (le),	279
sérénité (la),	279
sexe (le),	280
silence (le),	280
sincérité (la),	281
société (la),	281
soif (la),	282
soi-même,	282
soir (le),	282
soleil (le),	282
solidarité (la),	283
solitude (la),	283
sommeil (le),	284
songe (le),	285
sort (le),	285
souci (le),	285
souffrance (la),	285
soupe aux pois (la),	286
souper (le),	286
souvenir (le),	286
sport (le),	288
succès (le),	288
supériorité (la),	288
superstition (la),	288
survenant (le),	289
survie (la),	289
survivre,	289
syndicat (le),	289

T

tabac (le),	290
taire (se),	290
talent (le),	290
taverne (la),	290
télégramme (le),	291
téléphone (le),	291
télévision (la),	291
témoin (le),	291
temps (le),	291
temps (le bon vieux),	292
tendresse (la),	292
tentation (la),	293
terre (la),	293
tête (la),	294
têtu,	294
théâtre (le),	294
timidité (la),	294
titre (le),	295
tradition (la),	295
traître (le),	295
travail (le),	295
travailler,	296
tristesse,	297
trompe-l'œil,	297
tromper (se),	298
tuer,	298

U

université (l'),	298
utile,	298

V

vagabond (le),	299
vaincre,	299
vanité (la),	299
vendre,	299
vengeance (la),	300
vérité (la),	300
vermine (la),	300
vers (les),	300
vertu (la),	301
vêtements (les),	301
vice (le),	302
vie (la),	302
vieillard (le),	308
vieille fille (la),	308
vieillesse (la),	308
vieillir,	309
Sainte Vierge (la),	309
vieux,	310
village (le),	310
ville (la),	310
vin (le),	312
violence (la),	312
virginité (la),	312
visage (le),	312
vivre,	312
voir,	315
voisin (le),	315
voleur (le),	315
volonté (la),	315
vote (le),	316
vouloir,	316
voyage (le),	316

W

Westmount,	317

Z

zèle (le),	317

IMPRIMÉ AU QUÉBEC